Bascha Mika, Arnd Festerling (Hg.)
Was ist gerecht?

Bascha Mika

Arnd Festerling (Hg.)

Was ist gerecht?

Argumente für eine bessere Gesellschaft

SOCIETÄTS
VERLAG

Alle Rechte vorbehalten • Societäts-Verlag
© 2015 Frankfurter Societäts-Medien GmbH
Satz: Julia Desch, Societäts-Verlag
Umschlaggestaltung: Julia Desch, Societäts-Verlag
Umschlagabbildungen: © Gary Waters/Getty
Redaktion: Sabine Hamacher, Daniel Baumann,
Kai Kämpfer, Viktor Funk
Druck und Verarbeitung: freiburger graphische betriebe
Printed in Germany 2015

ISBN 978-3-95542-154-0

Inhaltsverzeichnis

I. Der (un-)gerechte Mensch .... 9 – 36

Der Mensch ist nicht des Menschen Wolf – dessen sind sich Neurologen und Psychologen sicher. Aber ob er sich für andere einsetzt, hängt von seiner sozialen Prägung und den Lebensumständen ab. Und so widersprüchlich es klingt: Auch Diktatoren sind manchmal vom Wunsch nach Gerechtigkeit getrieben.

II. Wie wir leben .... 37 – 184

Der Kapitalismus hat vielen Menschen Wohlstand gebracht. Doch die Kosten sind hoch. Zu hoch. Die einen werden immer reicher, die anderen fallen zurück. Auf Dauer zerstört das unsere Lebensgrundlage, die Demokratie – wer arm ist, hat politisch keine Stimme.

III. Wie wir leben wollen .... 185 – 245

Es mangelt nicht an Ideen, die Gesellschaft fairer, friedlicher und glücklicher zu machen. Allein der politische Wille der Regierenden fehlt. Also müssen die Bürger ran. Sie müssen Veränderungen von ihren Vertretern einfordern. Im Kleinen können sie die Welt aber schon täglich selbst verbessern.

Vorwort

Haben wir etwas verlernt? Ist uns das Selbstverständliche abhandengekommen? Oder sind urkonservative Werte wie Gerechtigkeit, Solidarität, und Respekt einfach überholt? Man könnte es bisweilen glauben. Da werden Hungerlöhne verteidigt, von denen niemand leben kann. Da werden riesige Vermögen gerechtfertigt, während in der gleichen Gesellschaft zu wenig Geld für die Ärmsten da ist. Da sind die Chancen auf Bildung und Teilhabe dramatisch ungleich verteilt. Und wer nur flüchtig hinschaut, kann glauben, dass es niemanden kümmert.

Das aber ist falsch: In Umfragen geben viele Menschen an, dass für sie Gerechtigkeit und Solidarität wichtige Werte sind. Denn eine gerechte, solidarische Welt ist keine Träumerei blauäugiger Linker. Sie ist uns in gewisser Weise in die Wiege gelegt, wie wir im ersten Teil dieses Buches zeigen. Und es ist gut, wenn wir uns das bewusst machen.

Eine Gesellschaft, die den sozialen Ausgleich nicht mehr sucht, verarmt. Sie nimmt Menschen Chancen: auf eine eigene Existenz, auf ein gelungenes Leben – und beraubt sie so ihrer Zukunft. Eine Gesellschaft, die einigen wenigen großen Reichtum zugesteht, gibt ihnen Macht über ihre Mitmenschen, legt das Schicksal des Gemeinwesens in deren Hände und erlaubt ihnen zu viel Einfluss auf die Politik. Das ist nicht nur nicht sozial, das ist auch das Gegenteil von liberal. Und leider bereits Realität.

So extrem, wie es in den USA ist, zeigt sich das Verhältnis zwischen Reich und Arm in Deutschland zwar nirgends, aber der Trend ist auch hier zu spüren. Das zeigen wir im zweiten Teil des Buches. Bereits heute besitzt ein Prozent der Bevölkerung in Deutschland ein Drittel des Vermögens. Das ist so viel, wie die unteren 90 Prozent zusammen besitzen. Und inzwischen arbeitet jeder vierte Arbeitnehmer in Deutschland für einen Niedriglohn.

Wer über soziale Gerechtigkeit sprechen will, bekommt schnell den Vorwurf zu hören, „Verteilungskämpfe künstlich zu produzieren" (Arbeitgeberpräsident Ingo Kramer). Doch was heißt hier „künstliche Verteilungskämpfe"? Wenn reiche Erben sagen, dass sie sich mit dem geerbten Reichtum nicht wohlfühlen, wenn die Bildungschancen immer noch vom Wohlstand einer Familie abhängen, wenn Investmentbanker leicht in wenigen Monaten mehr Geld verdienen, als ein Handwerker in seinem ganzen Berufsleben – kann dann tatsächlich die Rede von „künstlichen Verteilungskämpfen" sein?

Der Internationale Währungsfonds (IWF), die Industrieländerorganisation OECD und sogar die Ratingagentur S&P warnen vor zu viel Ungleichheit. Was also tun? In einem Punkt sind sich Oben und Unten, sind sich Reich und Arm, Arbeitgeber und Arbeitnehmer einig: Die Chancengleichheit muss verbessert werden. Industrie-Präsident Ulrich Grillo drückt es so aus: „Die Priorität muss eine Gesellschaft mit Chancengerechtigkeit sein, damit jeder Chancen erhält und sie nutzen kann."

Und was folgt daraus? Wir zeigen in diesem Buch: Wer das liberale Versprechen einlösen möchte, dass jeder seine faire Chance bekommt – und das heißt in einer modernen Gesellschaft nicht nur eine Startchance, sondern immer neue Chancen ein Leben lang – der kommt am sozialen Ausgleich nicht vorbei. Das ist den Reichen gegenüber nicht ungerecht. Denn was häufig vergessen wird, ist ja, dass die großen Vermögen von vielen Menschen erarbeitet worden sind, die auf diesem Weg etwas von ihrer Arbeitsleistung zurückbekommen. Deshalb darf auch ungeniert die Frage gestellt werden, wie wir mit den großen Erbschaften in diesem Land umgehen wollen.

Zudem führt Solidarität im Inneren gleichzeitig zu mehr Verantwortung und Solidarität im Äußeren. Denn soziale Verwerfungen in den entwickelten Staaten wirken sich auch auf deren Außenpolitik aus, sie können über Krieg und Frieden anderswo auf der Welt entscheiden.

Wie wir solidarischer handeln könnten, davon handelt der dritte Teil des Buches. Wir fragen, wie sich der Kreislauf der Chancenlosigkeit durchbrechen lässt, und machen uns Gedanken, wie eine gerechtere Wirtschaft aussehen könnte. Andere Länder zeigen, warum sich mehr Gerechtigkeit und mehr Gleichheit lohnen. Die Dänen zum Beispiel sind nicht nur gleicher als viele andere Völker, sie sind auch glücklicher. Das müsste das eigentliche Ziel von guter Politik sein: glückliche Menschen.

Diesem Ziel ist dieses Buch gewidmet, mit vielen Fakten, Argumenten und Ideen, die helfen, ihm näherzukommen. Es wäre nicht

entstanden ohne die Leserinnen und Leser der Frankfurter Rundschau. Die ersten Texte unserer Gerechtigkeitsserie waren gerade erschienen, da gingen bereits Anrufe und E-Mails mit der immer gleichen Frage ein: Ist ein Buch geplant?

Nein, zunächst war kein Buch geplant. Aber weil die Frage sich
wiederholte und auch das Lob für die Serie, wurde uns klar, dass wir
die Debatte über Gerechtigkeit nicht nur in der Zeitung führen müssen. Deutschland braucht diese Debatte.

Bascha Mika,
Arnd Festerling
Frankfurt, im April 2015

I.
Der (un-)gerechte Mensch

„Geld und Geldgewinne aktivieren das Belohnungssystem besonders gut und schalten den ‚vernünftigen' Teil des Gehirns aus."

Auf der Suche nach dem Gerechtigkeitsgen

Von Pamela Dörhöfer

Wenn wir sehen, wie ein Mensch sich verletzt, leiden wir mit, wir können nachempfinden, welchen Schmerz der andere fühlt. Sehen wir in einem Film eine traurige Szene, den herzzerreißenden Abschied zweier Liebender oder den Tod des Helden, so berührt uns das trotz des Wissens um die Fiktion; bei sensiblen Gemütern fließen sogar die Tränen. Und – wer kennt es nicht: Lachen kann ebenso ansteckend sein wie Gähnen.

Menschen spüren Mitgefühl, schon kleine Kinder sind dazu in der Lage: Die Empathie scheint Homo sapiens in die Wiege gelegt. Bahnt uns diese Fähigkeit automatisch den Weg zu moralischen Wesen, ist uns Gerechtigkeitssinn angeboren? So einfach ist das nicht, sagt Simon Eickhoff, Professor für Kognitive Neurowissenschaften an der Heinrich-Heine-Universität in Düsseldorf und dem Forschungszentrum Jülich. „Empathie, Moral, Gerechtigkeit – sie alle haben etwas miteinander zu tun, sind aber doch verschiedene Dinge."

Wobei der Hirnforscher den Begriff der Gerechtigkeit im Zusammenhang mit menschlichen Anlagen etwas problematisch findet: „Gerechtigkeit ist abstrakt und normenbedingt, sie ist letztendlich Auslegungssache." Fairness als Teil dessen, was man unter Gerechtigkeit verstehen kann, hätten Menschen aber sehr früh gelernt; sie habe ihnen den einzigartigen Fortschritt in der Evolution mit geebnet: „Fairness bedeutet, sich eine Beute zu teilen, die man zusammen erlegt hat. Das unterscheidet den Homo sapiens selbst von seinen nächsten Verwandten, den Menschenaffen. Dort nehmen sich die Stärksten die besten Brocken. Die Rangniedrigsten können sehen, wo sie bleiben."

Zu gewissen Formen von Mitgefühl sind unsere nächsten Verwandten jedoch wahrscheinlich fähig. Die dafür vermutlich hauptverantwortlichen Nervenzellen, die Spiegelneuronen, wurden 1992 sogar erstmals bei Makaken beschrieben. Im Gehirn von Primaten (zu denen die Menschen gehören) reagieren diese Nervenzellen sowohl bei eigenen Handlungen als auch dann, wenn man jemand bei derselben Handlung beobachtet. Sie „spiegeln" somit Beobachtungen im eigenen neuronalen System, sie liefern einen „einzigartigen Zugang zum Innenleben anderer", erklärt Simon Eickhoff. Diese speziellen Nervenzellen reagieren dabei so, als wäre man an einem Geschehen aktiv beteiligt und würde nicht nur zusehen.

Spiegelneuronen sind nach aktuellem Stand der Wissenschaft von Geburt an im menschlichen Gehirn angelegt; bereits Säuglinge sind in der Lage, Handlungen ihrer Eltern zu erkennen, zu imitieren und somit an deren Gefühlswelt teilzuhaben. Damit sie sich weiterentwickeln, brauchen die Spiegelneuronen Bezugspersonen. Aktuell geht die Forschung davon aus, dass sie zwischen dem dritten und vierten Lebensjahr voll ausgebildet sind.

Auch mehr als 20 Jahre nach ihrer Entdeckung gibt es indes noch immer viele offene Fragen zur Funktion dieser Zellen. „Es gab eine Phase, da mussten sie für alles herhalten: für Imitation und Intuition, das Lesen und Lernen bis hin zum Gerechtigkeitsempfinden. Inzwischen wird ihre Rolle aber zurückhaltender interpretiert", sagt Simon Eickhoff. Der Hirnforscher geht nicht davon aus, dass die Fähigkeit zum Nachempfinden zugleich auch moralisch gerechtes Handeln bewirkt. Das müsste sonst auch für die Menschenaffen gelten. „Die Spiegelneuronen sind wahrscheinlich ein wichtiger Bestandteil unseres sozialen Gehirns, aber eben nur ein Baustein."

Was aber sonst versetzt Menschen letztlich in die Lage, fair und unfair, moralisch und unmoralisch oder eben auch gerecht und ungerecht zu unterscheiden? Wenn wir Situationen beurteilen und unser eigenes Handeln darauf abstellen, gehe das nicht allein und vermutlich auch nicht in erster Linie auf die Spiegelneuronen zurück, sagt Eickhoff. Es hat vor allem auch mit einer Fähigkeit zu tun, die Wissenschaftler als „Theory of Mind" bezeichnen. Diese beschreibt die menschliche Gabe, sich in einen anderen hineinzuversetzen, dessen Perspektive einzunehmen. „Man kann nachvollziehen, was man sieht, kann einschätzen, was jemand denkt, welche Absichten er hat. Das ist eine wichtige Abgrenzung zur Empathie, die gefühlsmäßiges Nachempfinden ermöglicht", sagt Eickhoff.

„Theory of Mind" bedeutet auch, die Ansichten anderer von den eigenen unterscheiden zu können. Diese Fähigkeiten entwickeln Kinder etwa ab dem vierten Lebensjahr, sie bilden sich im Laufe des Lebens immer stärker aus. Hirnschädigungen und bestimmte psychische Erkrankungen können diese Funktionen stören. Während die Spiegelneuronen einen „schnellen, intuitiven, aber unpräziseren Zugang" zur Welt der Gefühle, Intentionen und Gedanken anderer ermöglichten, eröffne ihn die „Theory of Mind" „langsamer, abstrakter, aber genauer", erklärt Simon Eickhoff.

Dass die „Theory of Mind" stärker als die Empathie an moralischen Einschätzungen beteiligt ist, haben mehrere Studien ergeben. Dabei wurden die Teilnehmer mit verschiedenen Situationen konfrontiert und anschließend gefragt: Darf man das, ist das richtig, wie sollte sich die Person entscheiden? „Es zeigte sich, dass die Hirnaktivität sich bei diesen Prozessen sehr stark mit der Aktivität überlappt, die man bei der ‚Theory of Mind' findet – und sehr viel weniger mit dem Geschehen, das bei Empathie zu beobachten ist", sagt der Düsseldorfer Wissenschaftler. Vieles deute darauf hin, dass Moral eher ein rationales, kognitives Konstrukt sei. Dieser Annahme stehe indes entgegen, dass Patienten mit Demenz, deren rationale Urteilsfindung stark beeinträchtigt ist, in ihrem Handeln trotzdem oft moralischen Grundsätzen folgen können. Letztlich, so der Hirnforscher, sei noch offen, in welcher Weise bei moralischem – oder auch als gerecht empfundenem – Handeln „Theory of Mind" und Empathie zusammenspielten.

Bekannt ist, dass an diesen Prozessen mehrere Hirnregionen beteiligt sind. Ein spezielles Areal, das für Mitgefühl, die Fähigkeit zum Perspektivwechsel und moralisches Handeln zuständig wäre, existiert nicht. Jedoch, so Eickhoff, gebe es einige „Hotspots" sozialer Kognition, die bei der Interaktion mit anderen Menschen eine wichtige Rolle spielen. Der dorsomediale präfrontale Kortex ist einer davon, ein Teil des an der Stirnseite sitzenden Frontallappens der Großhirnrinde. Dort würden unter anderem Urteile gefällt, Entscheidungen vorbereitet, andere Menschen bewertet: „Zum Beispiel, wie vertrauenswürdig oder attraktiv man jemand findet".

Die Fähigkeit, verschiedene Perspektiven einzunehmen wiederum ist im temporoparietalen Übergang angesiedelt, einer seitlichen Region nahe der Schläfe. Aber auch jene Areale, in denen das autobiografische Gedächtnis sitzt, trügen ihren Teil dazu bei, wie

Menschen Situationen einschätzen und als Reaktion darauf selbst handeln.

Jeglichen Versuchen, moralische Urteile im Gehirn zu lokalisieren und zu verfolgen, seien allerdings Grenzen gesetzt, räumt der Neurowissenschaftler ein: So lasse sich echte Empathie oder moralisches Handeln im Experiment nur schwer untersuchen. „Die Teilnehmer wissen, dass es ein Test ist, dass sie sich nicht tatsächlich in der Situation befinden. Was passiert, hat für sie nicht wirklich eine Bedeutung. Das ist etwas völlig anderes, als wenn es sie selbst betreffen würde. Das ist ein Problem aller Studien im Bereich der sozialen Neurowissenschaften." Wenn es um Themen wie Fairness oder Moral gehe, sei es deshalb eine Möglichkeit, die Probanden um echtes Geld spielen zu lassen: „Das schafft dann eine größere Relevanz."

Versuchsanordnungen, in denen das Verhalten der Teilnehmer in einer Art Rollenspiel untersucht wird, seien hingegen mit größter Vorsicht zu genießen, sagt Eickhoff und verweist auf das berühmte Stanford Prison Experiment von 1971, bei dem die Probanden in Wächter und Gefangene eingeteilt wurden. Weil die Situation eskalierte, musste es abgebrochen werden. Aus dem teils sadistischen Verhalten einiger Männer, die sich in der Machtposition der Wächter befanden, Rückschlüsse auf allgemein menschliche Eigenschaften zu ziehen, hält der Düsseldorfer Wissenschaftler für unzulässig: „Es kann sein, dass die Teilnehmer Stereotype auslebten, von denen sie glaubten, dass sie erwartet würden. Oder dass der Versuchsleiter das Experiment unbewusst beeinflusst hat. Letztendlich ist es auch möglich, dass sich von vornherein Probanden mit schwierigen Persönlichkeitszügen gemeldet haben."

Hielte man es für wissenschaftlich seriös, so würde das Stanford Prison Experiment wenig Schmeichelhaftes über menschliches Miteinander offenbaren. Mitgefühl, Moral, Fairness – das alles könnte das Recht des Stärkeren dann sehr schnell verdrängen. Dass auch die menschliche Evolution alleine auf das Ziel der natürlichen Auslese der Stärksten ausgerichtet sei, haben viele Forscher im Gefolge von Charles Darwin lange geglaubt. Die Mehrheit der Wissenschaftler teilt heute diese Sicht nicht mehr.

Fakt ist: Die weitaus meisten Menschen kennen Mitgefühl und Fairness und treffen moralische Urteile, wie auch immer diese individuell ausfallen mögen. Viele Forscher gehen zudem davon aus, dass es natürliche Schranken gibt, anderen Menschen Gewalt anzutun. Doch ob uns das alles angeboren ist? Selbst wenn davon auszugehen ist, dass „Theory of Mind" und Spiegelneuronen die Grundlagen liefern und auch beteiligte Hirnregionen bekannt sind: „Es lässt sich nicht klar beantworten", sagt Simon Eickhoff.

Denn unser Gehirn kommt keineswegs „fertig" auf die Welt: Wir werden vom Tag unserer Geburt an durch Bezugspersonen geprägt und sind auf deren Zuwendung angewiesen. Das, was wir von frühester Kindheit an erleben, jede Erfahrung beeinflusst die weitere Entwicklung dieses so zentralen Organs ein Leben lang. „Das Gehirn ist darauf ausgerichtet, aus der Umwelt zu lernen und sich optimal an seine Anforderungen anzupassen", sagt der Forscher: „Einen von äußerer Prägung freien Urzustand des Gehirns kann es nicht geben."

Wie das Hirn Fairness steuert

Von Pamela Dörhöfer

Menschen lernen früh, sich fair zu verhalten – diese Ansicht vertreten heute die meisten Forscher. Bereits unsere Vorfahren lebten in Gemeinschaften, teilten sich Aufgaben, die im Team gejagte Beute und die von anderen Mitgliedern der Gruppe gesammelte Nahrung. Vermutlich war es eine der wichtigsten Fähigkeiten der Gattung Homo, die wesentlich zur Entwicklung unserer Spezies beitrug und auch in der Gegenwart heute eine Grundvoraussetzung für unser Zusammenleben darstellt.

Die Anlage zu fairem Verhalten scheint den Menschen angeboren zu sein, so der aktuelle Stand der Wissenschaft. Eine Hirnregion, die eine wichtige Rolle dabei spielt, ist der dorsolaterale präfrontale Kortex im Stirnlappen. Wissenschaftler der Universitäten Bonn und Maastricht haben nun in einem Experiment nachgewiesen, dass ein direkter Zusammenhang zwischen der Funktion dieses Areals und dem Einhalten sozialer Normen besteht. Dafür nutzten sie die Transkranielle Magnetstimulation, eine Technologie, bei der mit Hilfe starker Magnetfelder Bereiche des Gehirns stimuliert oder gehemmt werden können. In diesem Fall unterdrückten die Wissenschaftler bei den Versuchsteilnehmern die Aktivität dieser Hirnstruktur – und lösten mit dieser Manipulation bei den Probanden prompt unfaires Verhalten aus.

„Diese Gehirnregion ist für die Selbstkontrolle verantwortlich", erklärt Sabrina Strang, Mitarbeiterin von Professor Bernd Weber am Center for Economics and Neuroscience der Universität Bonn: „Davon brauchen wir ein gehöriges Maß, um unsere eigennützigen Impulse zurückzudrängen." Denn auch das ist bekannt: Menschen sind eher bereit zu teilen, wenn ihnen ansonsten Sanktionen drohen: „Bei Kindern ist die Bereitschaft viel größer, Süßigkeiten zu teilen, wenn ihnen als Strafe angedroht wird, die Leckereien ganz weggenommen zu bekommen", führt Sabrina Strang aus. Und das verhalte sich auch bei Erwachsenen nicht anders.

Diese Erkenntnisse nutzten die Forscher als Basis eines „Diktator-Spiels" im Labor der Universität Maastricht. 17 von insgesamt 77

Teilnehmern schlüpften dabei in die Rolle der Diktatoren. Sie durften frei entscheiden, welchen Anteil eines vorher festgelegten Geldbetrages sie mit ihren Mitspielern teilen wollten.

Diese Situation ließen die Wissenschaftler in zwei Varianten durchspielen: In einer Version mussten die Geldempfänger hinnehmen, welche Entscheidung die Diktatoren trafen. In der zweiten Variante hatten sie dagegen die Möglichkeit, die Herrschenden zu bestrafen: Fiel der Betrag ihrer Ansicht nach zu gering aus, konnten sie den Diktatoren eine Geldstrafe auferlegen. Die Folge: Mussten letztere keine Sanktionen befürchten, so waren sie deutlich knausriger, als wenn die Empfänger sie für ihren Geiz bestrafen konnten.

Wie nun die Gehirnfunktion ins Spiel kommt? Kurz vor Beginn des Experiments schalteten die Forscher den dorsolateralen präfrontalen Kortex mit Hilfe der Transkraniellen Magnetstimulation kurzfristig aus. Das funktionierte, indem mit einer Spule von außen durch die Schädeldecke der Teilnehmer hindurch ein Magnetfeld erzeugt wird, das wiederum die Aktivität bestimmter Hirnregionen hemmen kann: „Diese Methode ist für die Testpersonen ungefährlich und nach wenigen Minuten reversibel", versichert Sabrina Strang.

Das Ergebnis: War bei den Diktatoren diese Region gehemmt, so handelten sie beim Verteilen der Geldbeträge egoistischer und waren auch schlechter darin, ihr Verhalten den drohenden Sanktionen anzupassen. „Obwohl die Probanden genau wussten, dass ihr unfaires Verhalten zu einer Geldstrafe führen würde, konnten sie offensichtlich aufgrund der eingeschränkten Aktivität der Hirnstruktur nicht mit angemessenen Strategien reagieren", erklärt Weber. Es sei „ganz erstaunlich, dass ein solch komplexes Verhalten möglicherweise auf eine einzige Gehirnstruktur zurückzuführen" sei. Auf jeden Fall sei der dorsolaterale präfrontale Kortex ein Schlüssel dazu: „Es gibt allerdings noch keine Möglichkeit, die Gehirnstruktur bei einer Unterfunktion langfristig zu steigern, um faires Verhalten zu befördern", sagt Weber.

Moral entwickelt sich ein Leben lang

Ein Gastbeitrag von Werner Stangl

Unter Moral versteht man die Übereinstimmung des Verhaltens eines Menschen mit sozial vorgegebenen Erwartungen und Normen, wobei diese im Laufe des Lebens erlernt werden müssen. Solche Normen sind später Grundbausteine für das moralische Verhalten eines Menschen, wobei diese Rechte und Pflichten sowie Gebote und Verbote umfassen. Viele Normen entstammen kulturellen, oft religiösen Traditionen einer Gemeinschaft. Moralische Normen können daher mit kulturell vorherrschenden Erwartungen gleichgesetzt werden, wobei der Einzelne den Erwartungen gerecht werden möchte und daher versucht, negative interne (schlechtes Gewissen) oder externe Sanktionen (Strafen) zu vermeiden. Auch wird erwartet, dass ein Mensch auch dann den Regeln gemäß handelt, wenn er die Neigung spürt, diese zu übertreten, auch wenn weder eine Überwachung vorhanden ist noch Strafen zu fürchten sind.

Daher ist auch der Aspekt des Schuldgefühls wichtig, das heißt, dass nach der Verletzung von Normen selbstbestrafende Empfindungen wie Reue und Angst auftreten. Aus diesem Lernprozess folgt schließlich auch, dass ein Mensch nicht nur Urteile über eigenes, sondern auch fremdes Verhalten fällen kann.

Zusätzlich spielt Freiheit eine entscheidende Rolle, wenn es darum geht, Handlungen eines Menschen als moralisch zu bewerten. In Gesellschaften, in denen Moralität gleichgesetzt wird mit strikter, nicht hinterfragbarer Anpassung an Normen, fehlt jede Möglichkeit, zwischen wichtigen und unwichtigen Normen zu unterscheiden, so dass Gebote wie „Du sollst nicht töten" den gleichen Rang wie Kleiderregeln haben.

Obwohl Gerechtigkeit sich als Prinzip einer ausgleichenden Ordnung in allen Kulturen finden lässt, basiert diese weniger auf moralischen Normen, sondern ist der Verantwortung untergeordnet, die mit sozialer und moralischer Kompetenz einhergeht. Was als gerecht empfunden wird, verändert sich im Laufe der Entwicklung, wobei diese auf einem zweistufigen Lernprozess basiert: Der erste Schritt ist der frühe und allgemeine Erwerb moralischen Wissens, der zweite ist der langsamere, mühevollere Prozess des Aufbaus einer moralischen Motivation. Dieser zweite Lernprozess wird von Kindern in unterschiedlicher Art und Weise durchlaufen. Manche entwickeln eine tief verankerte und umfassende moralische Motivation, manche ein eher oberflächliches und eng umgrenztes Engagement. Kinder unterscheiden sich daher in Entwicklungsgeschwindigkeit, Intensität und Inhalt ihrer moralischen Motivation. Moralische Entwicklung ist letztlich ein lebenslanger Prozess, wobei die kindlichen und jugendlichen Lernprozesse für die spätere Entwicklung von zentraler Bedeutung sind.

Zunächst muss man von einer Abfolge von Entwicklungsschritten ausgehen, die mit der geistigen Entwicklung einhergehen. Die meisten basieren auf den drei Stufen Jean Piagets. Er unterschied zwischen einem einfachen moralischen Realismus (Was nicht bestraft wird, ist erlaubt. Was bestraft wird, ist verboten), einer fremdbestimmten Moral (Was andere Personen gutheißen beziehungsweise vormachen, ist erlaubt. Was andere Personen nicht gutheißen, ist verboten) und schließlich einer selbstbestimmten Moral, die unabhängig von anderen ist, wobei man sich an allgemeinen ethischen Prinzipien orientiert, wie etwa dem kategorischen Imperativ.

Es ist problematisch, genaue Altersangaben zu den einzelnen Stufen zu machen, doch mit dem Abschluss der Adoleszenz sollten die in der jeweiligen Kultur gültigen Normen verinnerlicht sein. Aber es gibt bekanntlich auch Menschen, die auf Dauer moralisches Desinteresse zeigen.

Zahlreiche moralische Normen sind kulturspezifisch, denn so können in den westlichen Kulturen Kinder im Alter zwischen zweieinhalb und fünf Jahren meist gut zwischen moralischen Regeln, die auf dem Verständnis von Gerechtigkeit beruhen und sich damit egoistischer Willkür entziehen, und Konventionen, die nur bei Zugeständnis aller Beteiligten geändert werden dürfen, unterscheiden. So akzeptieren Kinder etwa das Essen mit den Fingern, wenn alle Beteiligten damit einverstanden sind, verneinen aber das Schlagen anderer Menschen, auch wenn es nicht verboten wäre. Hingegen sehen indische Hindu-Kinder das Schlagen der „ungehorsamen" Ehepartnerin nicht als moralisch verwerflich an. In Korea wird selbst das nicht herzliche Grüßen der Eltern, das tief in ihrer Tradition verwurzelt ist, als unmoralisch angesehen.

Individualistische Kulturen wie die westlichen Kulturen werden durch die moralischen Rechte auf Selbstbestimmung sowie individuelle Freiheiten gekennzeichnet, was sich auch in der Bedeutung von Verträgen und Konventionen widerspiegelt. Im Gegensatz dazu sind kollektivistische Kulturen, wie jene in Asien, dem mittleren Osten, Afrika und Lateinamerika, durch eine gegenseitige Abhängigkeit sowie die Verpflichtung gegenüber der Gemeinschaft geprägt.

Diese Unterschiede in den Kulturen begründen daher auch Unterschiede in den moralischen Normen. Während westlich orientierte Kinder und Jugendliche das Stehlen eines Zugtickets, um rechtzeitig zu einer Hochzeit zu gelangen, bei der man den Ehering dem Brautpaar überreichen muss, als moralisch falsch einstufen, bejahen indische Kinder und Jugendliche einen solchen Diebstahl, da sie das Wohlergehen der Gemeinschaft stärker gewichten.

Der Mensch kennt bekanntlich so etwas wie eine doppelte Moral: Was für mich gilt, muss noch lange nicht für Menschen gelten, die nicht meiner Gruppe angehören. So unterscheidet sich zum Beispiel das Völkerrecht vom allgemeinen Recht. Man kann in den meisten Kulturen eher dann Hilfsbereitschaft beobachten, wenn es um die eigene Familie oder Freunde geht. Je fremder ein Mensch ist, desto weniger Hilfe kann er meist erwarten. Das bedeutet, dass etwa allgemeinverbindliche Menschenrechte eher naturfern sind und somit durch menschliche Verantwortlichkeit eingehalten werden müssen, um solche wohl biologisch verankerten Prinzipien zu überwinden.

Um die Herkunft von moralischen Verhaltensweisen zu bestimmen, muss man sich erst einmal klar machen, wodurch sie sich eigentlich auszeichnen. Moralisches Handeln setzt absichtliches Agieren, eine freie Entscheidungsmöglichkeit zwischen verschiedenen Handlungsalternativen, die Möglichkeit der Abschätzung der eigenen Folgen und die Wahrnehmung einer personalen Identität in Bezug auf sich selbst und auf andere voraus. Erst wenn diese Bedingungen erfüllt sind, kann man von moralischem Handeln sprechen. Erst das soziale Umfeld eines Menschen setzt allgemeingültige Verhaltensregeln, die bei Verstoß mit Sanktionen belegt werden können.

In Tierversuchen mit Primaten konnte gezeigt werden, dass schon diese einen Sinn für Gerechtigkeit entwickeln, was aber auch damit zusammenhängen dürfte, dass solche instinktgeleiteten Verhaltensweisen evolutionär sinnvoll sein können, sofern sie der Art einen Überlebensvorteil verschaffen.

Übrigens hat Friedrich Nietzsche trefflich formuliert: Moralische Entrüstung besteht in den meisten Fällen nur zu zwei Prozent aus Moral, 48 Prozent aus Hemmung und 50 Prozent aus Neid.

Werner Stangl ist Psychologe und war bis zu seinem Ruhestand im Jahr 2012 Assistenzprofessor am Institut für Pädagogik und Psychologie der Johannes Kepler Universität Linz.

Das feine Gespür der Kinder

Von Franziska Schubert

Ist es gerecht, wenn die Mehrheit der Schüler bei einer Abstimmung, wohin der Klassenausflug dieses Mal gehen soll, immer wieder für den Besuch des Schwimmbads stimmt – aber alle anderen Kinder, die lieber in den Zoo gegangen wären, jedes Mal von dieser Entscheidungsfindung enttäuscht sind? Mit solchen Fragen hat die Frankfurter Familienforscherin Sabine Andresen in einer Studie untersucht, wie stark das Gerechtigkeitsempfinden bereits bei Kindern ausgeprägt ist.

Bei der Befragung von 2.500 Kindern im Alter von sechs bis elf Jahren ist herausgekommen, dass schon Grundschüler einen guten Gerechtigkeitssinn haben, vor allem wenn es um konkrete Alltagssituationen, um Konflikte in der Familie, der Klasse oder im Verein geht. Andresen findet es erstaunlich, mit welcher Klarheit Kinder ihre Umwelt und ihre Mitmenschen betrachten und bewerten. „Selbst Kinder ab drei Jahren haben bereits ein ausgeprägtes Gerechtigkeitsempfinden und teilen beispielsweise Süßigkeiten relativ gerecht auf."

Laut der 2013 veröffentlichten Studie des Kinderhilfswerks World Vision zum Wohlbefinden der Kinder in Deutschland finden 75 Prozent, dass es nicht immer gerecht zugeht. Jedes fünfte Kind dagegen hält die Welt für gerecht, so wie sie ist. „Vor allem Armut ist aus Sicht der Kinder die Hauptursache für Ungerechtigkeit", sagt Andresen im Gespräch an der Frankfurter Goethe-Universität, wo die 48-Jährige seit drei Jahren als Professorin für Sozialpädagogik und Familienforschung forscht und lehrt.

„Kinder aus armen Familien erfahren die Ungerechtigkeit besonders stark, sie fühlen sich benachteiligt, ihr Wohlbefinden ist eingeschränkt, weil ihre gesellschaftliche Teilhabe begrenzt ist und sie Mangelerfahrungen ausgesetzt sind", kritisiert die Wissenschaftlerin. Zwölf Prozent der Befragten kommen demnach aus Familien, wo das Geld knapp ist.

Viele Kinder auch aus besseren Verhältnissen plädieren aus diesem Grund dafür, dass die Reichen von ihrem Geld etwas abgeben sollen. In einem Fallbeispiel ging es um einen Flohmarkt, den die

Schulklasse organisierte. Mit dem eingenommenen Geld wollten sie gemeinsam in den Zirkus gehen. „Jedes Kind sollte etwas zum Verkaufen mitbringen, doch drei hatten nichts dabei", erläutert Andresen, die wissenschaftliche Leiterin der Studie, die Fragestellung. „Und dürfen sie dann trotzdem mit zum Zirkus kommen?" Die Befragten interessierten sehr detailliert die Gründe für das Verhalten der drei Schüler.

„Haben sie gute Gründe, dann müsste die Gemeinschaft sie unterstützen", lautete der Urteilsspruch der Kinder. „Die Verantwortung dafür, dass die Schere zwischen Arm und Reich immer weiter auseinandergeht, liegt aus ihrer Sicht bei den Wohlhabenden", betont Andresen.

Knapp ein Drittel der Kinder fühlt sich aufgrund ihres niedrigen Alters ungerecht behandelt, zudem gibt jeweils ein Fünftel an, dass sie Ungerechtigkeiten erfahren, weil sie einen Migrationshintergrund haben oder aber Mädchen sind. Dagegen empfinden nur acht Prozent der Jungen, ungleich behandelt zu werden.

Insgesamt erkennt Andresen bei Kindern eine große Ablehnung gegenüber Ungleichheit – sowohl wenn es um die eigene Person geht als auch bei anderen Menschen. Ob jemand Einzelkind ist oder Geschwister hat, mache dabei aber keinen Unterschied. „Sich damit auseinanderzusetzen, was gerecht ist, fanden die Kinder sehr spannend", hat Sabine Andresen beobachtet. „Sie hatten großen Spaß, sich Lösungen zu überlegen."

In qualitativen Interviews wurden zwölf Kinder zudem gefragt, was sie zu folgendem Fall sagen: Bei einem Streit auf dem Schulhof prügeln sich zwei Kinder. Der Erwachsene, der hinzukommt, sieht aber nur das Ende und bestraft nur ein Kind. „Da lautete die Antwort, dass es gerecht sei, beide Kinder anzuhören und erst dann ein Urteil zu fällen", sagt Andresen.

Grundsätzlich sei es den Kindern sehr wichtig, dass Leistungen und Fehler transparent bewertet würden – gerade auch, wenn es um Belohnungen geht. Entscheidungen sollten erklärt werden, nachvollziehbar und überprüfbar sein. „Das wäre auch wichtig in Kitas und Schulen", sagt Andresen. Mit Hilfe eines Beschwerdesystems in diesen Einrichtungen könnten Kinder sicher sein, dass sich jemand ihrer Sache annimmt.

Die Autoren der Studie kommen zu dem Ergebnis, Kinder mehr einzubeziehen, da sie sehr wohl beurteilen können, wie wir unsere Gesellschaft gerechter machen können. „Viele fühlen sich nicht genug beteiligt", sagt Andresen. In der Konsequenz daraus erfahren sich die Kinder selbst gar nicht oder nur selten als handlungsmächtig. „Es geht natürlich nicht darum, jedem ihrer Vorschläge zu folgen, aber die Meinung der Kinder sollte zu Hause, in der Schule oder im Verein wertgeschätzt werden."

Verteilen macht glücklich

Ein Gastbeitrag von Hans Diefenbacher

Statistiken der Organisation für wirtschaftliche Zusammenarbeit in Europa (OECD) zeigen, dass die Einkommensungleichheit in vielen Industriestaaten seit Mitte der 1980er Jahre fast kontinuierlich zugenommen hat. Gemessen wird dies – unter anderem – an der Entwicklung des Gini-Index, der vom Wert 0 (vollkommene Gleichheit) bis zum Wert 1 (eine Person besitzt alles) reicht. In den USA veränderte sich dieser Wert für das verfügbare Einkommen von 0,34 im Jahre 1985 auf 0,39 im Jahre 2011, in Frankreich von 0,28 (1996) auf 0,31 (2011), in Finnland von 0,21 (1986) auf 0,26 (2011). In Deutschland geht die Entwicklung von 0,25 (1985) auf 0,29 (2011), wobei der Wert hier im Jahr 2005 noch höher lag.

In Lehrveranstaltungen und Vorträgen habe ich ein von Christian Felber, Autor des Buches zur „Gemeinwohlökonomie", ebenfalls häufig durchgeführtes Experiment übernommen: Das Auditorium soll angeben, das Wievielfache der Vorstand eines Unternehmens im Verhältnis zu den Beschäftigten mit den niedrigsten Löhnen verdienen darf, damit die Verteilung noch als gerecht angesehen werden könne. In der Regel empfinden Studierende der Wirtschaftswissenschaften im Vergleich zu Studierenden anderer Fächer deutlich ungleichere Verteilungen noch als gerecht, wirtschaftsnahe Kreise finden gegenüber Teilnehmerinnen und Teilnehmern kirchlicher Tagungen ebenfalls viel höhere Einkommensunterschiede akzeptabel.

Im Ländervergleich kann es zu paradoxen Ergebnissen kommen, wie Judith Niehues vom Institut der Deutschen Wirtschaft gezeigt hat. In vielen Ländern weicht die Wahrnehmung der Ungleichheit der Verteilung durch die Bevölkerung von den tatsächlichen Verhältnissen deutlich ab. In Deutschland sind die Menschen in der Mehrheit der Auffassung, dass die größte Gruppe der Bevölkerung in der Schicht der Niedrigverdiener lebt; tatsächlich sind die mittleren Einkommen weitaus häufiger anzutreffen. In den USA ist die Differenz zwischen Wahrnehmung und der Realität gerade umgekehrt: Die untere Einkommensklasse ist viel größer als von der Bevölkerung vermutet.

Unterschiede bestehen aber nicht nur zwischen der Realität und ihrer Wahrnehmung, sondern auch in der Bewertung von Einkommensunterschieden durch die Bevölkerung. Es kann in einem Land die Einkommensverteilung deutlich ungleicher sein als in einem anderen, und trotzdem kann dessen Bevölkerung sie als gerechter empfinden als in dem Land mit den geringeren Einkommensunterschieden.

Der Befund lässt die Frage aufkommen, wie Gerechtigkeitsurteile entstehen. Hängen Sie von der tatsächlichen Veränderung der Einkommensverteilung ab oder von ganz anderen Faktoren? Forschungsergebnisse der letzten beiden Jahrzehnte zeigen ein vielschichtiges Bild. Menschen werden bei der Entwicklung ihrer Gerechtigkeitskriterien stark durch die eigene soziale Lage und auch durch die Höhe der eigenen Einkommen beeinflusst. So fanden im Jahre 2010 in Deutschland 86 Prozent der leitenden Angestellten und höheren Beamten, dass sie einen „gerechten Anteil" am Lebensstandard hätten, aber nur 28 Prozent der Arbeitslosen in Westdeutschland und nur zehn Prozent dieser Gruppe in Ostdeutschland. Studierende fanden dagegen zu 75 Prozent (West) und 63 Prozent (Ost) ihren Anteil als gerecht (Datenreport 2013).

Genau diese Einschätzungen können von Land zu Land aber stark variieren. Diese Verschiedenheiten können kulturell und von der aktuellen wirtschaftlichen und sozialen Situation geprägt sein und, wie Studien von Bodo Lippl gezeigt haben, durch die Frage, wie das Verständnis von Wohlfahrt und das soziale Sicherungssystem eines Landes generell beschaffen ist. Je weniger die Bevölkerung traditionell Leistungen des Wohlfahrtsstaates in Anspruch nehmen kann, weil dessen Institutionen weniger entwickelt sind, desto weniger wird soziale Ungleichheit abgelehnt.

Weiter kann die Einstellung zu Einkommensungleichheit stark dadurch bestimmt sein, wie sich die Menschen das Zustandekommen von Reichtum erklären: Ist es Fleiß und die Bereitschaft, unternehmerisches Risiko zu tragen, oder hält man andere Gründe dafür überwiegend verantwortlich wie Erbschaften, soziale Beziehungen oder gar Korruption? Außerdem scheinen Menschen bereit zu sein, in Krisenzeiten ihre Ansprüche zu reduzieren und empfinden Ungleichheit daher weniger ungerecht, in Zeiten des wirtschaftlichen

Aufschwungs wollen sie aber an Einkommenssteigerungen teilhaben.

Auffallend ist schließlich eine recht deutliche Korrelation des Gini-Index mit der Zufriedenheit mit dem „Funktionieren" der Demokratie im eigenen Land: In der Tendenz ist die Zufriedenheit in Europa umso höher, je weniger ungleich das Einkommen verteilt ist. In Dänemark etwa sind 88 Prozent der Bevölkerung mit der Demokratie im Land zufrieden, in Finnland 76 Prozent, in Deutschland insgesamt 68, in Ostdeutschland aber nur 50 Prozent.

Insgesamt besteht aber – wie die viel diskutierten Forschungsergebnisse von Kate Pickett und Richard Wilkinson zeigen – ein ausgeprägter Zusammenhang zwischen Ungleichheit in einer Gesellschaft und einer Vielzahl von Faktoren, die deren Lebensqualität entscheidend beeinflussen: Lebenserwartung, Gesundheit, Bildung, Kriminalität, soziale Mobilität. Betrachtet man diese Befunde im Licht der Entwicklung, der Wahrnehmung und der Einschätzung von Einkommensungleichheit, so wird deutlich, dass man die Unterschiede in der subjektiven Bewertung nicht gegen objektive Faktoren ausspielen sollte, die nur gemeinsam das Verständnis von Gerechtigkeit bestimmen können.

Hans Diefenbacher ist Professor für Volkswirtschaftslehre am Alfred-Weber-Institut der Universität Heidelberg und stellvertretender Leiter der Forschungsstätte der Evangelischen Studiengemeinschaft in Heidelberg.

„Wir alle wollen unsere Gier befriedigen"

Ein Gespräch mit Hirnforscher Christian Elger

Christian Elger leitet die Epileptologie an der Universitätsklinik Bonn. Im Jahr 2003 war der Neurologe Mitbegründer des ebenfalls auf dem Gelände der Uniklinik gelegenen Instituts Life & Brain, das er seit 2006 leitet. Es erforscht auch im Auftrag von Unternehmen das menschliche Gehirn.

Herr Professor Elger, was ist ein gerechter Lohn?
Das kann ich Ihnen nicht pauschal beantworten. Ich kann Ihnen aber darlegen, was unser Gehirn dazu sagt.

Ja bitte!
Wir haben Probanden parallel in unsere Kernspintomographen gelegt und gegeneinander antreten lassen. Sie mussten Punktewolken schätzen. Wenn sie richtig lagen, wurde ihnen gesagt, dass sie beispielsweise 100 Euro bekommen – und der in der Nachbarröhre nur 80 Euro, obwohl der auch richtig geschätzt hatte. Die Folge: Der eine freute sich wie Bolle, das Belohnungszentrum im Gehirn wurde aktiviert. Der andere, der weniger bekam, fühlte sich sehr schlecht. Dabei kam es aber bei der Aktivierung des Belohnungssystems nicht darauf an, wie hoch die gewonnene Summe war und auch nicht, wie viel weniger der andere bekam – es ging alleine darum, dass man eben mehr bekam. Das sind wichtige Erkenntnisse, die die meisten Unternehmen leider ignorieren.

Inwiefern?
Die Unternehmen müssten noch stärker an anderen Anreizsystemen arbeiten. Geld alleine macht Mitarbeiter nicht zufrieden, denn sie vergleichen sich immer. Und wenn jemand mehr erhält, sind sie gleich unzufrieden – auch wenn sie eigentlich sehr gut verdienen. Firmen müssten vermutlich individualisiertere und weniger vergleichbare Prämien anbieten. Zum Beispiel einem Mitarbeiter,

27

der Kinder hat, freistellen, dass diese ein Jahr lang von einer von der Firma organisierten Nanny mit dem Auto aus der Kita abgeholt werden.

In Deutschland gibt es eine Debatte über maßlose Managergehälter. Wenn ich Sie richtig verstehe, müssten die aber gar nicht so hoch sein. Solange alle weniger bekämen, wären auch alle zufrieden?
Ich saß bei einem Abendessen mal neben Josef Ackermann, dem damals noch amtierenden Chef der Deutschen Bank. Wir redeten an dem Abend auch über Gehälter und da sagte er: „Ich kann doch nicht weniger verdienen als der Chef der Commerzbank." Ich glaube, dass es ihm egal war, ob er vier oder zehn oder acht Millionen Euro verdient. Aber eine Rolle spielte für ihn offensichtlich, dass er mehr verdient als der Chef der Konkurrenz. Es wäre vermutlich schwer, die Gehälter der Manager jetzt einfach zu reduzieren. Aber sie würden sich daran gewöhnen, spätestens in der nächsten Generation.

Sie haben kürzlich in Frankfurt einen Vortrag darüber gehalten, was man von Hirnforschern aus der Finanzkrise lernen könnte. Was sind Ihre Erkenntnisse?
Die zentrale Aussage ist erst einmal: Wir alle haben in uns einen Bedarf, Gier zu befriedigen. Schon in den 50er Jahren wurde getestet, wie Tiere reagieren, wenn man mit Hilfe von Elektroden ihr Belohnungssystem aktiviert. Sobald die Tiere gelernt hatten, wie sie die Elektroden selbst bedienen konnten, taten sie nichts anderes mehr. Am schlimmsten waren die Makaken: Sie stimulierten nur noch das System; sie verhungerten, verdursteten und wollten sich nicht mehr paaren, alleine die Aktivierung des Belohnungssystems zählte. Es erzeugt ein wunderbares Wohlgefühl. Ähnlich verhält es sich bei Drogen- und Spielsüchtigen. Die Drogeneinnahme und das Spielen aktivieren das Belohnungssystem, den Leuten wird alles egal, auch wenn sie sich damit ruinieren.

Was genau hat das mit der Finanzkrise zu tun?
Besonders großen Schaden haben in den Banken die Hochfrequenzhändler angerichtet, die mit riesigen Beträgen jonglieren. Das Beloh-

nungssystem eines Händlers wird aktiviert, wenn er Gewinne macht –
und noch stärker, wenn er mehr Gewinn macht als sein Kollege.
Er ist wie auf Kokain. Das Belohnungssystem regelt die Vernunft
herab. Für vernünftige Entscheidungen ist nämlich ein anderer
Teil des Gehirns verantwortlich, im mittleren Stirnhirn. Geld und
Geldgewinne aktivieren das Belohnungssystem besonders gut und
schalten den „vernünftigen" Teil des Gehirns aus, das haben auch
andere Tests gezeigt.

Was für Tests?
Wir haben Leute in den Kernspintomographen darauf untersucht, wie
sie auf Rabatte reagieren. Wir haben Rabattzeichen auf Kleidungs-
stücke gepackt, die sich in Qualität und Optik kaum unterschieden.
Durch die Rabattzeichen wurde das Entscheidungszentrum, das uns
sagt, ob wir etwas überhaupt brauchen oder der Preis wirklich angemessen ist, total herunterreguliert und das Belohnungssystem aktiviert. Dabei wurde das Belohnungssystem umso stärker aktiviert,
je höher der Rabatt war. Wir haben etwa zwei Mäntel auf 450 Euro
heruntergesetzt, einen von 1.000 Euro, den anderen von 800 Euro.
Die Leute wollten unbedingt das Kleidungsstück haben, das stärker
heruntergesetzt war als das ursprünglich teurere. Wir haben auch
Tests auf der Straße gemacht, wo wir Menschen Einzelpaare Socken
für drei Euro anboten oder drei Paar Socken im Paket für zwölf Euro.
Mehr als 80 Prozent kauften das Dreierpack, obwohl das einzeln teurer war.

**Kommen wir zurück auf die Hochfrequenzhändler der Banken.
Sie sagen also, dass sie wie auf Drogen sind – also quasi nichts
dafür können, wie sie sich benehmen?**
Es ist auf jeden Fall so, dass das Belohnungssystem der Händler ständig aktiviert wird, wenn sie Gewinne machen. Sie werden dadurch
sehr unkritisch. Aber eine Frage an Sie: Ist Ihr Ringfinger länger, oder
ihr Zeigefinger?

Mein Zeigefinger.
Tja, dann würden Sie vermutlich keinen guten Hochfrequenzhändler
abgeben.

Den Zusammenhang verstehe ich jetzt nicht.
Es gibt empirische Belege, dass besonders risikobereite – und dadurch häufig auch sehr erfolgreiche – Hochfrequenzhändler einen längeren Ringfinger als Zeigefinger haben. Das ist eine seriöse Publikation, und die Untersuchung ergab statistisch hochsignifikante Unterschiede zwischen Händlern und anderen Berufsgruppen. Die Entwicklung von Hand und Gehirn hängt sehr eng miteinander zusammen.

Hieße das aber nicht auch, dass die Risikobereitschaft eines Menschen angeboren ist? Der Ringfinger wächst ja nicht plötzlich, wenn man Händler wird.
Das ist eine interessante Frage. Aber leider nicht untersucht.

Woher haben Sie eigentlich Ihre Erkenntnisse? Hatten Sie schon mal Hochfrequenzhändler in Ihrer Röhre?
Nein, leider nicht – hätte ich aber wirklich sehr gerne mal. Was ich Ihnen berichte, sind Erkenntnisse, die wir aus Untersuchungen mit unseren Probanden gewinnen und mit großer Verlässlichkeit auf andere Bereiche und Situationen übertragen können.

Wir haben darüber geredet, was im Gehirn von Händlern passiert, wenn sie Gewinne machen. Was passiert denn bei Verlusten?
Ganz tief im Gehirn sitzt ein Bereich, den wir „Insel" nennen. Er wird beispielsweise aktiviert, wenn wir Geld verlieren. Wir fühlen uns dann sehr unwohl. Diese Hirnregion wird auch aktiv, wenn wir Schmerzen haben. Bei Hochfrequenzhändlern dagegen tut sich in dieser Region nichts, da sie ja nicht ihr eigenes Geld verlieren. Hinzu kommt noch, dass die Kumpanei in den Handelssälen, dieses Zusammengehörigkeitsgefühl dort, zu erhöhten Testosteronausschüttungen führt, die wiederum die Risikobereitschaft erhöhen. Und: Für die Händler bleibt völlig anonym, wem sie schaden. Untersuchungen haben gezeigt, dass es eben viel einfacher ist, einem anonymen Gegenüber Schaden zuzufügen als jemandem mit einem Namen und Gesicht. Ich sage aber auch: Das Verhalten dieser Menschen ist kulturlos. Einen Teil der menschlichen Evolution haben sie offenbar verpasst.

Das hört sich sehr harsch an. Erklären Sie das bitte genauer.
Ich glaube, ein wichtiger Teil der menschlichen Evolution war das Erlernen des „Fairplays". In der Hirnforschung machen wir mit unseren Probanden einen Test mit dem Namen „Ultimatum-Spiel". Das wurde schon weltweit gespielt, auch mit Naturvölkern. Es geht so: Wir beide liegen in der Röhre. Ich habe 500 Euro, Sie gar nichts. Mir wird gesagt, dass ich Ihnen einen Teil abgeben muss und den Rest dann behalten darf. Lehnen Sie mein Angebot aber ab, dann verfällt der ganze Betrag. Es hat sich gezeigt, dass die zwei Probanden immer bei etwa 50 Prozent übereinkommen. Bietet der Geldhalter deutlich weniger als 50 Prozent, lehnt der andere ab – er bestraft sein Gegenüber sozusagen dafür, dass es sich asozial verhält. Logisch ist das nicht, denn immerhin hatte er vorher nichts und hätte Geld bekommen können. Aber die Evolution hat uns zu kulturvolleren Menschen mit einem ausgeprägten Gerechtigkeitssinn gemacht. Bei den Hochfrequenzhändlern scheint das zu fehlen. Ihr Verhalten geht zulasten anderer Menschen, denn einer ist immer der Verlierer; das hat nichts mit Fairplay zu tun.

Hätte es denn geholfen, wenn die Banken ihren Händlern Strafen für ihr Verhalten angedroht hätten?
Das kommt natürlich darauf an, wie schmerzhaft diese Strafen sind. Ich glaube allerdings, dass der Gruppendruck in den Handelsräumen zu hoch ist, um durch Strafen etwas zu bewirken. Und grundsätzlich gilt: Die Aktivierung des Belohnungssystems macht Menschen blind für Bestrafung. Ich denke, es würde nur helfen, wenn Banken Händler nicht mehr am Umsatz messen, sondern pro Handel einen Pauschalbetrag zahlen und die Zahl der täglich erlaubten Transaktionen begrenzen. Ich weiß aber nicht, ob das geht. Vor allem aber braucht es einen grundlegenden Kulturwandel in den Banken.

Das Interview führte Nina Luttmer

Wenn Unrechtsgefühl
zu Rachsucht führt

Von Pamela Dörhöfer

G erechtigkeitssinn ist ein Grundgefühl des Menschen und bereits bei Kleinkindern zu beobachten. Das sagt Léon Wurmser.
Der 1931 in Zürich geborene und später in die USA emigrierte Psychoanalytiker und Psychiater ist davon überzeugt, dass sich dieser
Wunsch nach Gerechtigkeit nicht in erster Linie nur auf unsere eigenen Bedürfnisse bezieht: „Das Urgefühl ist es, dass wir alle gleich viel
haben sollen, dass keiner benachteiligt und keiner bevorteilt wird."
Ein solches Grundempfinden sei universell, unabhängig von den unterschiedlichen Werten, die sich im Laufe des Lebens durch die Zu-
gehörigkeit zu einem Kulturkreis ausbilden. Indes: Die Idealvorstel-
lung von Gerechtigkeit ist ein äußerst sensibles Gebilde, das leicht
ins Wanken geraten kann. Dann zum Beispiel, wenn es in Konflikt
mit Egoismen kommt: der Aussicht auf mehr Macht, Ehre, Geld oder
auch Liebe etwa. Manche Menschen verspürten in einem solchen Fall
ein Gefühl innerer Zerrissenheit, weil Wollen und Sollen in einem so
starken Widerstreit stehen, sagt der Forscher. „Häufig reden wir uns
auch gerne ein, wir hätten es verdient, weil wir vorher vielleicht zu
kurz gekommen sind, uns etwas vorenthalten wurde."

Sich den eigenen Vorteil „gerecht zu biegen", weil man ein höhe-
res Gehalt bekommt als der früher vermeintlich bevorzugte Kollege
oder weil man einem ewig beneideten Bekannten die Freundin aus-
gespannt hat, mutet als Reaktion auf empfundene Benachteiligung
vergleichsweise harmlos an. Der subjektive Eindruck, Ungerechtigkeit erlitten zu haben, gehört zu den am stärksten einschneidenden
emotionalen Erfahrungen, sagt der renommierte Psychoanalytiker.

Materielle Güter spielten bei diesem Empfinden aber keineswegs
die Hauptrolle, erläutert Wurmser: „Furchtbar ist vor allem das Er-
leben von Seelenblindheit." Unter diesem Begriff versteht er die
Blindheit gegenüber den seelischen Anliegen und Bedürfnissen des
Anderen. In unserer Gesellschaft sei das weit verbreitet, findet der
Psychoanalytiker: „Die menschlichen Werte werden in einseitigem

32

Pragmatismus auf das Quantitative und Nützliche als Spitze der Wertpyramide reduziert."

Traumatisch könne es werden, wenn jemand eine solche „Seelenblindheit" im engsten persönlichen Umfeld erfahre, von den eigenen Eltern gar: „Mangelt es Vater und Mutter an Empathie, können sie nicht auf Bedürfnisse eines Kindes eingehen, erkennen und würdigen sie es nicht, so kann das bei einem Menschen früh zu einem Grundgefühl von Ungerechtigkeit führen."

Das wiederum könne viele mögliche Folgen haben – und sie sind immer schlimm. Sich ungerecht behandelt zu wähnen, könne Schmerz, verzehrenden Neid, nagende Eifersucht und ein Gefühl der Demütigung bewirken. „Es macht ohnmächtig und hilflos und löst den machtvollen Wunsch aus, die Gerechtigkeitsbalance wiederherzustellen. Kommt es nicht zur Befriedung, so bewirkt das einen dauerhaften Zustand des Ressentiments gegen Andere." Bei manchen entwickle sich auch Rachgier, als Abwehr gegen Gefühle von Scham, Verlust, Schuld, Ohnmacht und Trauer – und um den Stolz wieder herzustellen. Vermeintliche „Vergeltung" zu üben, könne dem Betroffenen zunächst subjektiv helfen, „schafft aber neues Unrecht und stellt somit die Gerechtigkeit nicht wieder her; auch, wenn sie genau das vorgibt. Vielmehr kommt es zu einem Teufelskreis." Die Möglichkeit des Verzeihens – eine Geste, die den quälenden Zustand beenden oder zumindest lindern könnte – werde dann immer schwieriger. Das alles kann sich im kleinen, privaten Rahmen mit überschaubaren Folgen abspielen – aber auch im großen; dann mit fatalen Konsequenzen für viele.

Je nach Persönlichkeit löse eine wahrgenommene Verletzung der Gerechtigkeit verschiedene konkrete Verhaltensweisen aus, erläutert der Psychiater: „Eine häufige ist Zorn." Léon Wurmser selbst kennt den Fall eines kleinen Jungen, der sich von seiner Mutter unfair behandelt fand und mit ständigen Wutausbrüchen reagierte. Ein anderer fing an, übermäßig viel zu essen, um auf diese Weise das Gefühl der Ungerechtigkeit auszugleichen und wurde stark übergewichtig. „Einige Menschen ziehen sich in die Passivität zurück, sehen sich selbst als ein Häufchen Dreck und als wertlos an", sagt Wurmser. „Andere hingegen entwickeln das Gefühl, die Gerechtigkeit in der Welt wiederherstellen zu müssen und werden zu missionarischen Eiferern."

Fast jeder dürfte solche Menschen kennen, die andere hartnäckig für eine „gute Sache" oder auch einen Lebensstil gewinnen wollen; es sind mitunter nervende, aber meist harmlose Zeitgenossen.

Im Extremfall jedoch könne subjektiv erlittene Ungerechtigkeit zu enormer Destruktivität führen und Extremisten hervorbringen, sagt der Psychoanalytiker. „Es kommt zum Totalanspruch, der Absolutheit von Recht und Unrecht, und damit zur Entpersönlichung und Entmenschlichung der Anderen." Deren Gefühle und Eigenrechte gingen schließlich völlig verloren: „Der Wiedergutmachungsanspruch, die Korrektur der gestörten Gerechtigkeitsbalance, verdinglicht alle anderen." Als aktuelles Beispiel führt Wurmser jene Terrorgruppe auf, die seit einiger Zeit die Welt in Schrecken versetzt: die islamistischen Kämpfer des IS. „Diese Leute fühlen sich benachteiligt, unter anderem als Sunniten im Irak oder unter dem Assad-Regime in Syrien, wo die Alawiten eine privilegierte Rolle spielen. Deshalb wollen sie massiv Rache nehmen an der ganzen Welt."

Auch Adolf Hitler hätten ähnliche Motive angetrieben, seine verstörenden Erfahrungen im Ersten Weltkrieg, seine Besessenheit von dem Gedanken, als Künstler verkannt worden zu sein, vermutet Wurmser. Zudem seien viele Diktatoren misshandelte Kinder gewesen. So sei Stalins Vater ein Alkoholiker gewesen, der seinen Sohn täglich schwer geprügelt habe.

Das Fatale an solchen Gewaltherrschern und an den Terroristen dieser Welt ist, dass sie das absolute Recht auf ihrer Seite wähnen, sagt Léon Wurmser. „Das Vernichtende kleidet sich in den Mantel des guten Gewissens." Mit diesen inneren Mechanismen erklärt sich der Psychoanalytiker auch jene grässlichen Verbrechen, denen die meisten Menschen fassungslos gegenüberstehen: „Wir sind in der Tat heutzutage immer wieder erschüttert von der Urgewalt des Bösen, den scheinbar unerklärlichen Durchbrüchen von Grausamkeit, wilder oder kalt berechnender Mordlust, den immer wieder neu aufflammenden Massenmorden und Genoziden."

Oft werde in solchen Zusammenhängen das Phänomen des grundlosen Hasses bemüht; nach Ansicht Wurmsers ein problematisches Begriffspaar. Denn: Nichts in unserer inneren Welt geschehe außerhalb der Kausalität, sagt der Psychoanalytiker. Für ihn bedeuten solche Auswüchse eine ins Maßlose gewucherte Ausprägung eben jener von ihm beschriebenen verhängnisvollen Reaktionskette aus gefühltem Unrecht und der daraus erwachsenden Verbindung von Beschämung, Ressentiment und Rache. „Das Böse", erklärt Léon Wurmser, „ist die Nach-außen-Wendung der Macht-, Selbst- und Rachsucht, die entfesselte Macht des Gewissens."

Unter Gewissen versteht der Wissenschaftler den inneren Richter eines Menschen. Es muss eine sehr machtvolle Kraft sein, wie der Psychoanalytiker sie schildert. Nicht nur unser Gerechtigkeitssinn sei ein Teil davon, sondern auch unsere Gottesvorstellung. Diese sei in den verschiedenen Religionen eine Projektion des inneren Richters, wie ihn die jeweiligen Kulturen mit ihren Werten und Normen prägen.

Dabei gibt es auch große Gemeinsamkeiten: So macht Léon Wurmser in den monotheistischen Religionen stets einen Widerspruch zwischen einem rachsüchtigen und einem barmherzigen Gott aus. „Beide Gottesbilder kommen in Judentum, Christentum und Islam gleichermaßen vor, da gibt es kein Entweder-Oder." Der urmenschliche Wunsch, nach erlittener Ungerechtigkeit Rache zu üben, spiegele sich also auch in unserem Bild von Gott, sagt der Psychoanalytiker – und ebenso die Möglichkeit ganz anders zu reagieren: mit Liebe und Verzeihen.

II.
Wie wir leben

„Recht haben statt Recht tun ist das Motto"

Die Metropole der Ungleichheit

Von Sebastian Moll

Man ist ihn eigentlich gar nicht mehr gewohnt in New York, den Anblick von Obdachlosen in Parks, Bahnhöfen und auf der Straße. Jenen Anblick, der noch vor 15 Jahren ein selbstverständlicher Teil des Stadtbildes war. Die beiden letzten Stadtregierungen der konservativen Bürgermeister Giuliani und Bloomberg hatten es geschafft, die Obdachlosenbevölkerung effektiv zu „verwahren" und die empfindlichen Augen und Nasen ihrer treuen und teuren Steuerzahler davor zu schützen.

Doch seit einigen Monaten gibt es diesen Anblick wieder – auf Parkplätzen, leerstehenden Grundstücken und unter Brücken. In Parkanlagen werden Konflikte mit Anwohnern gemeldet. Die städtischen Asyle, die oft an den äußersten Rändern der Metropole stehen, sind schlicht und einfach überlastet, die Zustände sind dort, wie jüngst in einer großen Reportage der „New York Times" gezeigt, zum Teil katastrophal. Die Stadt kann ihre nahezu 55.000 Wohnsitzlosen nicht mehr, wie das Gesetz es fordert, adäquat beherbergen. Die Zahl derer, die auf der Straße leben, ist im vergangenen Jahr um sechs Prozent auf rund 3.400 gestiegen.

Zugleich liest man in der Lokalpresse Meldungen wie diese: In einem neuen Luxus-Apartmentkomplex im Manhattaner Stadtteil SoHo kostet der Parkplatz zusätzlich zum Wohnungspreis von acht Millionen eine weitere Million. Eine Million, nur um sein Auto abzustellen. In der ganzen Stadt schießen neue Apartmenthochhäuser für die Superreichen aus dem Boden, es werden Spitzenpreise von bis zu 95 Millionen Dollar pro Wohnung bei einer globalen Kundschaft erzielt, die von New Yorker Immobilien gar nicht genug bekommen kann.

Cartoonhafte Kontraste wie diese illustrieren dramatisch eine wohl bekannte Tatsache: In New York herrscht ein soziales und wirtschaftliches Ungleichgewicht, das in der westlichen Hemisphäre seinesgleichen sucht. Das mittlere Haushaltseinkommen des wohlhabendsten Prozents der Bevölkerung beträgt 716.000 Dollar, das mittlere Einkommen der unteren 20 Prozent rund 14.000 Dollar. Die Einkommen von mehr als 200.000 Dollar im Monat machen 34 Prozent der Gesamteinkommen aus, die Mittelschicht verdient gerade einmal 8,8 Prozent aller Einkommen. Die Armutsrate in der Stadt, die die höchste Dichte an großen Vermögen in den USA aufweist, liegt bei schockierenden 21 Prozent. In Problemgebieten wie der Bronx, dem ärmsten Wahlbezirk der USA, beträgt sie knapp 30 Prozent. Laut dem von der Weltbank verwendeten Gini-Koeffizienten für Einkommensverteilung liegt New York auf dem Niveau von Swaziland.

Natürlich ist New York mit dieser Entwicklung alles andere als alleine. Die Stadt liegt bei der Verschlimmerung der sozialen Ungleichheit in den USA ganz im nationalen Trend. Laut einer OECD-Studie aus dem Jahr 2013 hat sich in den USA in den vergangenen 50 Jahren die Einkommensungleichheit so stark verschlechtert wie nirgendwo sonst in der westlichen Welt. Doch New York ist schon deshalb einzigartig, weil hier die Mechanismen der sozialen Polarisierung so ungefiltert und ungehemmt gegriffen haben wie nirgendwo anders. Wer Ungleichheit in Amerika verstehen will, der braucht nicht weiter als nach New York zu schauen.

Anfang der 1970er Jahre war die Stadt in eine tiefe fiskalische Krise gerutscht. Das sich beschleunigende Schwinden von Handwerk und Industrie aus dem Stadtgebiet hatte die Steuereinnahmen ebenso verringert wie die einsetzende Stadtflucht. New York musste massive Kredite aufnehmen, um die Sozialausgaben zu decken und die Infrastruktur zumindest notdürftig am Leben zu erhalten. Als dann die Banken kalte Füße bekamen und die Kommunalobligationen abstießen, kam es zur finanziellen Katastrophe.

Die Stadt schrammte haarscharf am Bankrott vorbei, die Regierung musste im letzten Augenblick New York vor demselben Schicksal bewahren, das jüngst Detroit ereilt hat. Der finanzielle Ruin konnte gerade noch abgewendet werden. Der politische Schaden hingegen dauert bis in die Gegenwart an.

Die Beinahe-Pleite von New York spielte der konservativen Bewegung in die Hände, die sich gerade in Amerika als Reaktion auf die Gegenkultur der 1960er Jahre formierte und den Weg für die Reagan-Ära bereitete. Das liberale New York wurde als Exempel dafür dargestellt, welchen Schaden sozial orientierte Regierungen anrichten können. Die Stadt wurde als Hort für Sozialschmarotzer aller

Art von Gewerkschaftern über Einwanderer bis hin zu Hippies dargestellt, die das Gemeinwohl gefährden.

Die Kritik hatte nachhaltige Folgen für die Stadtregierung. Eine
neue Generation von Politikern kam an die Macht, für die „Austerität
eine Frage der Ehre" war, wie die Stadthistorikerin Kim Philips Fein
schreibt. Es wurde der Weg für das bereitet, was der Stadtsoziologe
Julian Brash jüngst die „Neo-Liberalisierung New Yorks" nennt.

Diese Neo-Liberalisierung der Stadt bestand in einer radikalen
Neu-Orientierung der Politik. Laut Brash wurde der Haushaltsaus-
gleich zum obersten, wenn nicht gar zum einzigen Ziel der Stadtpoli-
tik: „Sparmaßnahmen sowie der Zugang zum Markt für Staatspapie-
re wurden zur obersten Priorität." Auf der Einnahmenseite wurden
die Anstrengungen darauf fixiert, durch Steuervorteile und andere
Privilegien private Investitionen anzulocken." Mit all dem einher
ging eine immer engere Verbindung der Stadt mit der Geschäftselite.
Organisationen wie die Municipal Assistance Corporation, eine Ver-
einigung von Wall-Street-Institutionen, die der Stadt Zugang zu den
Finanzmärkten sicherte, gewannen enorm an Einfluss.

Die Belange der einfachen Leute und der Minderheiten der Stadt
gerieten allerdings noch immer nicht völlig unter die Räder. Auch
wenn in den 1990er Jahren unter Bürgermeister Giuliani die Stadt
immer rabiatere Polizeimethoden anwandte, um New York für die Ge-
schäftswelt – vor allem die mächtige Immobilienbranche – sauber und
sicher zu machen. Gewerkschaften und Bürgerrechtsgruppen hatten
im weiterhin zutiefst liberalen New York noch immer ein gewichtiges
Wort. Gänzlich zu sich selbst kam das neo-liberale New York erst
mit dem Amtsantritt von Bürgermeister Bloomberg unmittelbar nach
den Anschlägen des 11. September 2001. Der erfolgreiche Geschäfts-
mann und Multi-Milliardär versprach, die Stadt unideologisch und
pragmatisch zu führen und mit seinem Können als Manager durch
die ökonomischen Untiefen zu steuern, die die Terroranschläge nach
sich zogen. In Wirklichkeit stellte sich die Regierung von Bloomberg jedoch als alles andere als unideologisch heraus. „Bloomberg",
schreibt Julian Brash in seinem Buch über das New York seit dem
11. September, „betrieb eine ungehemmte Klassenpolitik. Er hat alle
Anstrengungen unternommen, die Stadtregierung und die physische
Gestalt der Stadt den Interessen einer einzigen sozialen Gruppe zu

unterwerfen." Bloombergs vermeintlich ideologisch neutraler Führungsstil deutete die Stadt vollständig in ein Unternehmen um. Der Bürgermeister, so schreibt Brash, wurde zum CEO, die Regierung ein Vorstand, die Kunden waren finanzkräftige Individuen und Firmen, die es zu umwerben galt. Die Stadt selbst wurde zum Produkt, das es an eben diese globale Klientel zu vermarkten galt.

Unter Bloomberg wurden die Verschränkungen zwischen der Geschäftselite und der Politik enger denn je. Großbauprojekte, die praktisch ausnahmslos der Errichtung von Luxuswohnungen, Luxuseinkaufsgelegenheiten und hochpreisigem Büroraum dienten, wurden unter Umgehung, ja teils Verhöhnung des demokratischen Prozesses durchgesetzt. Eine Ära der „Hypergentrifizierung", wie der einflussreiche Blogger Jeremiah Moss es nennt, setzte ein.

Die Mittel- und Arbeiterschicht wurde unter Bloomberg marginalisiert wie noch nie. In seiner Äußerung, New York sei ein Luxusprodukt und wem das nicht passe, der müsse eben wegbleiben, kam ungefiltert Bloombergs Vision der Stadt zum Ausdruck. Das New York des 21. Jahrhunderts ist ein New York, das fest in der Hand einer transnationalen, postindustriellen Geschäftselite ist.

Wie sehr diese Bloomberg am Herzen lag, kam während der Occupy-Proteste im Jahr 2011 zum Ausdruck. Bloomberg eilte an die Wall Street, um den Bankvorständen zu versichern, dass die Stadt weiterhin hinter ihnen stehe. Bei der ersten Gelegenheit, die sich Bloomberg bot, ohne allzu großen politischen Schaden zu nehmen, ließ Bloomberg das Occupy-Lager im Finanzdistrikt von der Polizei räumen.

Dass sich die Botschaft von Occupy im Bewusstsein auch der New Yorker Wähler festsetzt, konnte Bloomberg jedoch nicht verhindern. Spätestens zur Mitte seiner dritten Amtszeit hatten die New Yorker Bürger nicht nur von seinem plutokratischen Regierungsstil die Nase voll, sondern auch davon, dass sich immer weniger Menschen, die nicht zur globalen Business-Elite gehören, die Stadt noch leisten konnten. Zwischen 2002 und 2012 stieg die mittlere Miete in New York um 75 Prozent an. New Yorker bezahlen im Schnitt 50 Prozent ihres Einkommens für ihre Wohnung. In der Bronx sind es 66 Prozent.

Bloombergs Nachfolger Bill De Blasio, der nun seit beinahe einem Jahr im Amt ist, hat sich auf die Fahne geschrieben, diese Entwicklung wieder umzukehren. Er gewann die Wahl mit einem einzigen Wahlkampfthema: Der extremen Spaltung der Stadt in Arm und Reich. Ob De Blasio es schafft, gegen die tiefsitzenden neoliberalen Strukturen und die extreme Verquickung von Politik und Business in New York anzukommen, ist allerdings noch eher ungewiss. Erste Anzeichen geben dabei wenig Anlass zum Optimismus. Ähnlich wie US-Präsident Barack Obama scheint De Blasio als Amtsinhaber weit weniger Biss zu haben denn als Kandidat.

So heuerte De Blasio eine neue stellvertretende Bürgermeisterin an, die 200.000 Einheiten an „bezahlbarem Wohnraum" schaffen soll. Alicia Glen war vorher Leiterin der „Urban Investment Group" beim Bankhaus Goldman Sachs, was ihr, wie sie sagt, bei Verhandlungen mit der anderen Seite, der Immobilienbranche, zugute kommt, weil sie diese versteht. Aber ob sie auch die bedürftigen Mieter versteht?

Bei der Polizeireform, einem seiner zentralen Wahlkampfthemen, zeigt De Blasio sich zur Enttäuschung seiner Wähler deutlich mehr als Hardliner, denn als echter Progressiver. Er heuerte Law-and-Order-Mann Bill Bratton als Polizeichef an und sträubte sich lange gegen die Entkriminalisierung trivialer Drogenvergehen.

Das alles erinnert eindeutig an Obama. Auch Obama konnte oder wollte sich letztlich nicht in letzter Konsequenz gegen die herrschenden Strukturen und Eliten durchsetzen. Und so muss die Hoffnung auf wahrhaft soziale Politik, wie De Blasio sie versprochen hat, in den USA wohl weiterhin gedämpft bleiben. Ob in Washington oder Manhattan.

Arm, krank – und nicht schuld daran

Ein Gastbeitrag von Heike Köckler

Die großen Einfallstraßen sind in der Regel nicht die besten Wohnlagen einer Stadt. Dort wohnen insbesondere Menschen mit einem relativ geringen Einkommen. Ein Blick auf die Klingelschilder in diesen Straßen zeigt zudem häufig Namen ausländischen Ursprungs. Da der Lärm an Hauptverkehrsstraßen verkehrsbedingt ist, herrscht dort in der Regel auch eine hohe verkehrsbedingte Luftbelastung mit Feinstaub und Stickstoffdioxid vor. In der Summe führen die verschiedenen Belastungen zu gesundheitlichen Auswirkungen wie Asthma, Schlafproblemen oder Herz-Kreislauferkrankungen.

Häufig verfügen einkommensschwache Haushalte gar nicht über ein Auto und tragen somit kaum zu den entsprechenden Belastungen bei. Betrachtet man nicht nur Einfallstraßen, sondern auch Stadtquartiere, sind es häufig Stadtteile, in denen mehrere Umweltbelastungen auftreten und gesundheitsfördernde Umweltfaktoren wie Parks und Gärten knapp sind. Hinzu kommen weitere Aspekte wie Energiearmut, die bei einkommensschwachen Haushalten in zum Teil schlecht gedämmten Häusern nicht nur zu kalten Räumen, sondern auch einer erhöhten Schimmelpilzbelastung führt.

Die Wirkungsweisen solcher Mehrfachbelastungen zu untersuchen, ist derzeit Gegenstand von Forschung. Als gesichert gilt jedoch, dass dieselbe Belastung bei vor- und mehrfachbelasteten Menschen zu stärkeren gesundheitlichen Auswirkungen führt. Diese Menschen sind vulnerabler, also verletzlicher, gegenüber Umweltbelastungen als andere Menschen in derselben Stadt. Vergleicht man die Lebenserwartung zwischen Stadtteilen einer Stadt, so lassen sich Stadtteile identifizieren, in denen die Bewohner ein um sechs Jahre niedrigeres Sterbealter als der städtische Durchschnitt haben. Dies ist nicht allein auf die Umweltqualität im Wohnumfeld zurückzuführen, sie trägt aber dazu bei.

In verschiedenen Studien konnten für Deutschland gesellschaftliche Gruppen identifiziert werden, die in einer schlechteren Umweltqualität leben als der Durchschnitt der Gesellschaft. Als benachteiligte Gruppen werden Empfängerinnen und Empfänger von Transferleistungen, Menschen mit einem niedrigen sozialen Status und Menschen mit Migrationshintergrund festgemacht.

Lassen sich Ungleichheiten in der Umweltqualität an sozialer Benachteiligung festmachen, so ist dies eine umweltbezogene Ungerechtigkeit. Ein weiteres, im globalen Nachhaltigkeitsdiskurs etabliertes Gerechtigkeitsargument kommt auch auf lokaler Ebene zum Tragen: Ungerecht ist auch, wenn vor allem diejenigen betroffen sind, die eine Umweltlast nicht verursachen.

Es gibt in Europa ein umfassendes System von Umweltgesetzen, das neben dem Schutz der Umwelt auch das Ziel verfolgt, umweltbezogene Belastungen für Menschen zu vermeiden oder möglichst gering zu halten. Als prominenteste Vertreter seien hier die Luftreinhalte- und Lärmaktionsplanung sowie die Prüfung der Umweltverträglichkeit bei Neuplanungen genannt. Der Gesetzgeber sieht in den bestehenden Umweltgesetzen jedoch lediglich vor zu prüfen, wie viele Menschen von Lärm- oder Luftbelastung betroffen sind. Die besondere Vulnerabilität Betroffener spielt hier keine Rolle.

Der Stadtplanung, welche nach dem Baugesetzbuch der Schaffung gesunder Wohn- und Arbeitsverhältnisse ebenso wie einer sozial gerechten Bodennutzung verpflichtet ist, kommt hier eine zentrale Rolle zu. In Verfahren der Stadtplanung sind unterschiedliche Ansprüche an den Raum untereinander abzuwägen (Mobilität versus gesunde Wohnverhältnisse) und die Entwicklung einer Stadt strategisch zu lenken. Die Öffentlichkeit ist eingeladen, sich an verschiedenen Verfahren der Stadtplanung und des Umweltschutzes zu beteiligen. Doch hier kommt ein weiterer zentraler Aspekt von umweltbezogener Gerechtigkeit zum Tragen: die soziale Benachteiligung in der Teilhabe an umweltpolitisch relevanten Entscheidungsprozessen. Denn nur wer sich einbringt, findet seine oder ihre Belange berücksichtigt. Von der Gesellschaft benachteiligte Haushalte wohnen nicht nur häufiger in relativ schlechter Umweltgüte, sie folgen auch seltener der Einladung von Stadtplanungsamt und Umweltamt. Auch nutzen sie andere Wege seltener, um auf ihre Belange aufmerksam zu machen. Zudem nehmen an der Wahl zu den Kommunalparlamenten, die die Pläne der Stadtplanung beschließen, Menschen aus benachteiligten Stadtteilen in der Regel weniger teil, oder sind aufgrund ihrer Staatsangehörigkeit erst gar nicht zugelassen. Wer nicht die Rechte oder Ressourcen hat sich einzubringen, kann seiner oder ihrer Belastungssituation wenig erfolgreich begegnen. Auch dies ist Ausdruck von Vulnerabilität.

Das Thema der umweltbezogenen Gerechtigkeit kommt mehr und mehr in der deutschen Politik an. In Berlin werden erste Analysen zu umweltbezogener Verteilungsgerechtigkeit, die die Senatsverwaltung federführend entwickelt hat, in der lokalen Presse diskutiert. In der Hamburger Bürgerschaft wird eine Anfrage zur Situation umweltbezogener Gerechtigkeit bearbeitet. Das Umweltbundesamt verfolgt das Thema seit Jahren.

Um umweltbezogene Gerechtigkeit zu verfolgen, müssen Ungerechtigkeiten und dahinter liegende Mechanismen und Akteure klar benannt werden. So sind fehlende Grenzwerte in der Lärmaktionsplanung als mangelnder politischer Wille einzuordnen und werden in der aktuellen Rechtslage durch mehr Partizipation ersetzt. Angesichts der Kenntnis um soziale Benachteiligung bei der Teilhabe an Planungsverfahren sicherlich ein zweifelhafter Weg. Dies ist kein Plädoyer für mehr Ordnungsrecht und weniger Beteiligung, sondern für eine konsequente Berücksichtigung der Vulnerabilität Betroffener. Dies schließt ausdrücklich eine Kultur der Teilhabe aller an gesellschaftlichem und somit auch umweltpolitisch relevantem Leben ein. Allerdings auf der Basis von für alle gesicherten Mindeststandards, die im Grundgesetz verbuchte Rechte wie das auf körperliche Unversehrtheit sicherstellen. Ein Argument, das auch Armatya Sen in seinem gerechtigkeitsbezogenen Capabilities-Ansatz verwendet.

Das Programm „Soziale Stadt", das auf die Förderung der Lebensbedingungen in sozial benachteiligten Quartieren abzielt, wurde in diesem Jahr in seinem Volumen fast vervierfacht. Umwelt und Gesundheit sind in diesem Programm bislang nicht zwingend eingebunden. Die Akademie für Raumforschung und Landesplanung fordert dies in einem aktuellen Positionspapier und zeigt konkrete Wege auf.

Lärmaktionsplanung und „Soziale Stadt" sind nur zwei Beispiele, wie in dem bestehenden deutschen Rechtssystem mit etablierten Instrumenten mehr umweltbezogene Gerechtigkeit erwirkt werden kann. Die Vulnerabilität Betroffener muss jedoch konsequent berücksichtigt werden und die Lebensbedingungen, insbesondere in mehr-fachbelasteten Räumen, müssen verbessert werden.

Die aktuelle Debatte auf Bundesebene über ein Präventionsgesetz könnte in Zeiten leerer Kassen auch hier neue Spielräume eröffnen. Nach Diskussionen eines derzeit in Aufstellung befindlichen Referen-tenentwurfs erhalten Krankenkassen die gesetzliche Grundlage, Ge-sundheitsförderung im Wohnumfeld zu betreiben. Denn die bislang finanzierten Präventionskurse, die nur Mitgliedern zustehen und ak-tiv abzurufen sind, sind wieder eine Einladung, die nicht von allen angenommen wird.

Heike Köckler koordiniert an der Fakultät Raumplanung der TU Dortmund die Junior-Forschungsgruppe Salus (Stadt als gesunder Lebensort unabhängig von sozialer Ungleichheit).

Ungleichheit ist gewollt

Ein Gastbeitrag von Albert F. Reiterer

Die Ungleichheit wächst seit Jahrzehnten. Das ist nicht zuletzt das Ergebnis politischen Handelns. Einkommensverteilung und Ungleichheit sind nicht vorrangig technisch-ökonomisch bestimmt. Das ist eine politische Frage.

„Politische Ökonomie" hieß bis Ende des 19. Jahrhunderts jene Disziplin, die im Englischen und Französischen danach einfach Ökonomie hieß, im Deutschen „Volkswirtschaftslehre" oder „National-ökonomie". Weder die alte noch die neue Bezeichnung war ein Zufall. Die Politische Ökonomie interessierte sich für die Gestaltung von Produktion und Verteilung. Sie war im Grunde Entwicklungspolitik. Die neue Ökonomie aber sah sich als Mechanik und wollte Staat und Politik nicht kennen.

Einkommen ist das Thema, wo die Verleugnung von Politik und Macht besonders fatal jedes Verständnis unmöglich macht. Schauen wir uns die langfristige Entwicklung an! Großbritannien als alte und die USA als neue Hegemonialmacht sind besonders interessant, Deutschland folgt. Als Kennzahl soll der Anteil des obersten Prozents, der Elite, herhalten.

Der Anteil der Elite am Einkommen war im anglo-amerikanischen Bereich Anfang des 20. Jahrhunderts besonders hoch. Die zwei Weltkriege senkten ihn. In Deutschland hingegen kam den Eliten Hitlers Machtantritt zugute. Zuerst in den USA und Anfang der 1980er in Großbritannien begann der Anteil der Elite am Einkommen wieder stark zu steigen. Inzwischen liegt er dort, wo er im 19. Jahrhundert war.

Simon Kuznets war einer der raren Ökonomen, die sich für die ökonomische Realität und nicht nur für Modell-Spielereien interessierten. Er arbeitete maßgebend am Aufbau der Volkswirtschaftlichen Gesamtrechnung (VGR) in den USA mit, an jenem Gebäude der Wirtschaftsstatistik, das heute praktisch alle Informationen über den wirklichen Ablauf liefert. Mitte der 1950er sah er sich die Einkommensverteilung in Großbritannien an. Und er entdeckte: In der Industriellen Revolution stieg die Ungleichheit; erst dann sank sie deutlich ab.

Dieser Verlauf wurde als Kuznets-Kurve berühmt. Der Grund-
gedanke wird auch anderswo eingesetzt, etwa in der Umweltver-
schmutzung: Sie wird zuerst schlimmer, bevor sie sich mit zunehmendem Wohlstand wieder bessert.

Kuznets zeichnete seine Kurve 1955. Bald danach setzte in den
USA die Umkehr zum „Great U-Turn" ein. Die Ungleichheit stieg neu-
erlich enorm an. Allein damit wurde Kuznets Erklärungsversuch hin-
fällig. Er argumentierte: In der vorindustriellen Zeit bildet der größte Teil der Bevölkerung als Bauern eine kompakte Unterschicht. Die
löste sich auf und wurde in den Städten teils zum Proletariat, teils
zur Mittelschicht. Mit dieser Differenzierung musste die Ungleichheit
rechnerisch steigen.

Sehen wir davon ab, dass dies für Großbritannien im 19. Jahrhundert sowieso schlecht passte. Sehen wir auch davon ab, dass unser
Kennwert, der Anteil der Elite, davon wenig berührt würde. Aber
selbst wenn alles zuträfe: Wie lässt sich die neue starke Ungleichheit
heute erklären?

Kuznets und seine Kollegen, Keynes unter ihnen, standen mit beiden Füßen in der neoklassischen Theorie. Die hat eine eigene Art,
sich die Verteilung zu erklären: Es gibt eine Produktionsfunktion mit
technisch abnehmenden Erträgen („substitutive Produktionsfunktion"). Soll heißen: Kapital und Arbeit werden in variablen Propor-
tionen eingesetzt. Wenn mehr Arbeit aufgewendet wird, sinkt ihr
Ertrag, ihr „Grenzprodukt". Und nach diesem „Grenzprodukt" wird
die Arbeit entlohnt. Es sind eiserne technisch-ökonomische Gesetze,
welche die Verteilung regeln.

In der Realität war diese Grenzprodukt-These nicht viel wert.
So gab es einige Ökonomen, die festhielten: Löhne werden aus-
gehandelt, individuell wie kollektiv („bargaining-Lohntheorie").
Damit kommen ganz andere Bestimmungsgründe ins Spiel: Höhe
der Arbeitslosigkeit, Macht oder Ohnmacht der Gewerkschaften,
allgemeines politisches Klima, Zuwanderung. Die Einkommensverteilung ist nicht eine technische, sie ist eine politische Frage.

Thomas Piketty hat dies ergänzt. Er kommt zwar auch nicht aus
dem Korsett der Neoklassik heraus. Das zeigen seine „Formel" und
seine fragwürdige Erklärung mit dem Kapital-Koeffizienten. Aber er
bringt einen fundamental wichtigen Punkt ins Spiel: das Steuersys-

tem. Er zeigt, wie sich im 20. Jahrhundert mit dem Steuersystem und seinen Sätzen die Verteilung änderte. Konservative Mainstream-Ökonomen, Bofinger, Sinn, Hombach, halten ihm entgegen: Der eiserne Strukturzwang kann nicht von der Politik ausgehebelt werden. Es sind die ökonomischen Gesetze, welche in einer globalisierten Welt den Wohlstand verteilen. Und wenn das Argument gegen die Daten nicht hält, sind sie bereit, zu manipulieren. Bofinger zitiert im „Spiegel"-Interview vom 14. Juni 2014 eine Graphik, die ihm scheinbar Recht gibt, lässt aber eine andere Graphik auf der Seite zuvor aus, die das Gegenteil besagt.

Diese Konservativen haben theoretisch und empirisch unrecht. Zum Einen lässt sich belegen, dass Umverteilung eine wesentliche Rolle spielt. Das tut Piketty seit 15 Jahren: Die neoliberale Politik der Steuersenkungen für die hohen Einkommen erhöht den Anteil der Spitzen-Einkommen und der Vermögenden ständig. Zum Anderen spielt Politik eine noch viel fundamentalere Rolle, und das zeigt Piketty nicht: Verteilung ist kein spontaner Prozess. Sie entsteht aus langfristig-strategischem, politischem Handeln. Die Prekarisierung des Arbeitsmarkts ist ein politischer Prozess, der bewusst eingesetzt wird. In Deutschland hat insbesondere der Komplex „Hartz IV" dies vorangetrieben. Die Struktur von heute wurde durch die Politik der letzten zwei, drei Jahrzehnte zielgerichtet aufgebaut. Sie wollte die Einkommens-Verteilung so machen, wie sie ist. Der kurzfristige Sachzwang ist das Ergebnis von langfristiger Politik.

Eine Umkehr braucht einen Paradigmenwechsel. Wer eine andere Verteilung will, muss zwingend diese Struktur in Politik und Wirtschaft ändern, national, kontinental und global.

Albert F. Reiterer ist Politikwissenschaftler und hat an den Universitäten Innsbruck, Wien und Graz gelehrt. Außerdem war er wissenschaftlicher Leiter eines Minderheitenforschungsinstituts in Villach.

„Die meisten Reichen leben in einer Parallelwelt"

Ein Gespräch mit Elitenforscher Michael Hartmann

Michael Hartmann hat an der TU Darmstadt die Professur für Elite- und Organisationssoziologie inne. Er studierte Soziologie und Politikwissenschaften in Hannover und habilitierte an der Universität Osnabrück in Soziologie.

Herr Hartmann, mögen es die Reichen, wenn sie Reiche genannt werden?
Nein. Normalerweise mögen es die Reichen, wenn sie überhaupt nicht genannt werden. Reichtum liebt es, anonym zu bleiben, weil jede öffentliche Diskussion über Reichtum die Gefahr beinhaltet, dass man sich ernsthaft damit auseinandersetzt, wo der Reichtum herkommt oder ob der Reichtum angemessen besteuert wird.

Sie forschen seit Jahren zum Thema Reichtum. Wie gut lässt sich denn da überhaupt forschen?
Es ist sehr schwer.

Was macht es schwierig?
Es ist außerordentlich schwer, an Reiche heranzukommen. Meistens schafft man es nur, an die Reichen heranzukommen, die nicht zu den ganz Reichen zählen. Leute, die 50 bis 60 Millionen besitzen. Das ist für Normalsterbliche schon unendlich viel, aber in den oberen Zirkeln reicht es gerade, um dabei zu sein.

Wann ist man reich, und wann ist man sehr reich?
Es gibt ja keine offizielle Definition. Reichtum fängt bei mir dann an, wenn man von den Erträgen seines Vermögens einen relativ hohen Lebensstandard finanzieren kann. Wir sprechen von jährlichen Kapitaleinkünften in Höhe von 100.000 bis 120.000 Euro. Dafür brauchen sie dreieinhalb bis vier Millionen Euro flüssiges Kapital. Sehr reich ist man ab Minimum 100 Millionen Euro.

Wer sind die Reichen in Deutschland?

Es ist auffällig, dass in Deutschland der Anteil der Erben sehr hoch ist. Das hat damit zu tun, dass in Deutschland unter den Reichen sehr viele Firmenbesitzer sind, die ein Unternehmen schon in der dritten, vierten, fünften oder sechsten Generation führen. Auf der neuen Liste der zehn reichsten Deutschen sind erstmals nur Erben, wenn man Bettina Würth anstelle ihres Vaters Reinhold nimmt. Reinhold Würth hat den Schraubenhändler Würth aufgebaut, doch seit 2006 führt seine Tochter das mächtigste Gremium der Würth-Gruppe.

Also haben wir keine Leute wie Bill Gates, die aus einer Idee ein Vermögen gemacht haben?

Die Gründer des Walldorfer Softwarekonzerns SAP sind die Ausnahme. Unsere sehr Reichen sind Leute wie die Schäfflers, die Quandts, die Reimanns, die große Firmen geerbt haben. Und es gibt Leute wie Hasso Plattner von SAP, die im Wohlstand aufgewachsen sind, und aus diesem Wohlstand Reichtum gemacht haben. Tellerwäscher-Karrieren sind hingegen selten.

Wie sehen die Reichen ihren Reichtum?

Die meisten Reichen sagen von sich – meines Erachtens zurecht –, dass sie selbst hart arbeiten. Aus ihrer Sicht resultiert ihr Reichtum daraus, dass nicht nur sie hart arbeiten, sondern dass schon ihre Väter, ihre Großväter und ihre Urgroßväter hart gearbeitet haben. Das heißt, es ist alles ein Produkt harter Arbeit. Das ist die Legitimation ihres Reichtums. Über mehr wird nicht nachgedacht.

Haben Sie ein Beispiel?

Nehmen Sie Michael Otto vom Handelskonzern Otto. Der hat dem „Manager Magazin" ein gemeinsames Interview mit dem Filmstar Kevin Costner gegeben. Um zu zeigen, dass auch er ein Selfmade-Mann ist, hat er erklärt, dass Otto noch ein mittelständisches Unternehmen gewesen sei, als er es von seinem Vater übernommen habe, und dass er daraus qua eigener Kraft einen Weltkonzern gemacht habe. Ich habe das mal überprüft. Faktisch war es so, dass das Unternehmen schon über 10.000 Beschäftigte und einen Umsatz von über drei Milliarden Euro hatte, als Michael Otto die Führung übernommen hat.

Das heißt, er hat in seiner Erinnerung das Unternehmen deutlich kleiner gemacht, um seine Leistung herausstellen zu können. Das ist typisch für das Denken in diesen Kreisen. Ich bestreite nicht, dass sie hart arbeiten, aber das erklärt nicht, dass sie über 100 Millionen oder gar Milliarden Euro verfügen.

Wie sehen diese Menschen den Rest der Gesellschaft?
Die Reichen räumen zwar durchaus ein, dass sie ein bisschen Glück hatten, in die richtige Familie hineingeboren worden zu sein. Aber ansonsten glauben sie, dass sie mehr Ideen haben, innovativer sind, härter arbeiten, disziplinierter sind. Und ab einem bestimmten Punkt hört die Argumentation dann auch auf. Man versucht nicht zu begründen, warum es gerechtfertigt ist, dass die Krankenschwester und der Feuerwehrmann so wenig verdienen und man selber ein Vielfaches davon. Das ist bei den Top-Managern auch so. Diese Leute haben mit den anderen Mitgliedern der Gesellschaft ohnehin nichts zu tun. Und in den eigenen Kreisen reichen diese Argumente völlig aus. Das sind Lebenswahrheiten, die die Reichen schon als Kinder gelernt haben.

Ist es nicht geradezu menschlich, dass die Reichen ihren Wohlstand nicht infrage stellen?
Natürlich ist es das. Der Unterschied zu den Normalsterblichen ist aber, dass ihre Entscheidungen auch das Leben von vielen anderen Menschen beeinflussen. Nehmen wir das Beispiel Steuerhinterziehung. Steuerhinterziehung hatte bei den Reichen immer den Status eines Kavaliersdelikts. Das war Notwehr gegen einen Staat, der alles für sich haben will. Doch das hat Konsequenzen für die Masse der Bevölkerung, wenn man sich die Summen anschaut, die da zusammenkommen: Da werden Kindern Chancen genommen, weil nicht genügend Geld für die Bildung bereitsteht. Da werden Straßen nicht repariert, die der kleine Gewerbler braucht etc.

Sind Reiche glücklicher?
Das habe ich nie untersucht. Einen Vorteil haben sie aber ganz klar: Sie müssen bestimmte Dinge nicht tun, wenn sie nicht wollen. Sie sind unabhängig.

Zu Zeiten des ersten Wall-Street-Films galten jährliche Einkommen von zwei bis drei Millionen Dollar als obszön. Heute erhält VW-Chef Winterkorn 15 Millionen Euro im Jahr, die Top-Hedgefonds-Manager kommen sogar auf über eine Milliarde. Die Maßstäbe sind flexibel. Früher war eine Million schon viel. Heute sind wir bei Hedgefonds-Managern bei Summen angekommen, mit denen man früher höchstens das Vermögen bezeichnet hätte. Das bedeutet: Nach oben hin gibt es überhaupt keine Grenze mehr. Früher war eine Milliarde als Einkommen ein Märchen aus Tausend und einer Nacht. Heute ist das realistisch. Damit verändern sich die Ansprüche.

Und das Volk empört sich einmal und vergisst oder akzeptiert es dann.
Ich glaube nicht, dass das vergessen wird. Das ist nur Ohnmacht. Ich halte viele Vorträge. Und eines hat sich in den vergangenen Jahren gravierend verändert: Früher gab es ein Bashing der Hartz-IV-Empfänger. Das ist heute selten geworden. Aber die Verärgerung oder die Wut über Reichtum hat deutlich zugenommen. Im Augenblick wird das dadurch überdeckt, dass es hierzulande im Vergleich zum Rest von Europa relativ gut läuft. Was passiert, wenn das vorbei sein sollte, weiß ich nicht.

Wie kommt denn dieser Unmut bei den Reichen an?
Das nehmen die schon zur Kenntnis. Aber es ist nichts, was sie derzeit groß beschäftigt.

Wie gut weiß man in diesen Kreisen Bescheid über die gesellschaftlichen Verhältnisse und über die Herausforderungen, mit denen Geringverdiener und der Mittelstand zu kämpfen haben?
Die meisten Reichen haben davon keine Ahnung. Das ist eine Parallelwelt da oben. Die bewegen sich im Wesentlichen unter Ihresgleichen. In Königstein zum Beispiel sind die Grundstücks- und Mietpreise so hoch, dass jemand mit einem eher geringen Einkommen da gar nicht wohnen kann. In Großbritannien wurden Banker einmal gefragt, wo das Durchschnittseinkommen liegt und wo die Armut anfängt. Die haben die Armut da verortet, wo das Durchschnittsein-

kommen liegt – und das Durchschnittseinkommen da, wo das oberste Zehntel anfängt.

Das wirkt sich dann vermutlich auf die Bereitschaft aus, Abgaben zu bezahlen, um steuerliche Aufgaben zu finanzieren.
Natürlich. Wenn Sie heute auf einen Schlag Steuersätze für Vermögen und Kapitaleinkünfte einführen würden, wie wir sie unter Helmut Kohl hatten, dann würden die Reichen das als sozialistischen Unfug bezeichnen.

Warum gründen Reiche dann eigentlich Stiftungen?
Da gilt: Wenn wir schon helfen, dann machen wir das mit Stiftungen, denn der Staat kann das ohnehin nicht richtig. Bei diesem ganzen „Stiftungsunwesen" geht es darum, dass die Reichen selber bestimmen können. Sie wollen sich dem demokratischen Verfahren nicht unterwerfen.

Wie verändern sich Politik und Gesellschaft, wenn eine Gruppe immer reicher wird?
Das führt dazu, dass eine kleine Gruppe immer mehr Macht bekommt. Fast die Hälfte der 100 größten deutschen Unternehmen ist im Familienbesitz. Das finden sie in keinem anderen Industrieland. Das gab es auch in Deutschland lange nicht. Diese Familien können mit Produktionsverlagerung und Investitionsverweigerung drohen. Das ist für ganze Regionen eine massive Bedrohung. Der zweite Punkt: Wenn Reichtum massiv zunimmt, greift das um sich. Dann wollen auch andere Führungspersonen mehr haben. Schauen Sie mal, was heute die Chefs von Krankenkassen oder der Kassenärztlichen Bundesvereinigung verdienen. Die haben sich an der Wirtschaft orientiert. Und damit verändert sich auch deren Lebenswirklichkeit. Die Elite wird zunehmend homogener und die Wirklichkeit der meisten Menschen wird ihnen immer fremder.

Es ist immer wieder die Rede davon, dass sich die reichen Unternehmer ihre eigenen Fürstentümer aufbauen.
Da ist schon was dran. Aber diese Spielräume sind ihnen von den Staaten gegeben worden und man kann sie auch wieder einschrän-

ken. Dass das Steuergeheimnis so schnell gekippt wird, hätte vor sechs Jahren niemand geglaubt. Wenn man es ernsthaft will, geht das. Das ist der Unterschied zum Mittelalter. Wir haben heute große Nationalstaaten, an denen auch die großen Unternehmen nicht einfach vorbeikommen. Große Nationalstaaten sind immer noch in der Lage, sehr große Unternehmen in die Schranken zu weisen.

Gilt das auch für Vermögen?
Ja.

Das Interview führte Daniel Baumann

Durch die Hintertür an die Uni

Von Corina Silvia Socaciu

Mit seiner Abiturnote 3,6 hätte Peter Lohmann (Name geändert) 18 Semester warten müssen, um Psychologie zu studieren. Doch der Abiturient durfte sich gleich nach dem Zivildienst immatrikulieren – „durch die Hintertür", wie er scherzt. Per Losverfahren erhielt der heute 31-Jährige seinen Studienplatz in Göttingen. „Ich hatte unfassbares Glück", sagt der Doktorand, der in einer Forschungseinrichtung in Frankfurt am Main arbeitet. Per Los gelangen jedoch nur die wenigsten zum Traumstudium.

Nach wie vor ist der Numerus clausus (NC) entscheidend. Während einst Fächer wie Psychologie und Betriebswirtschaftslehre über die Zentralstelle für die Vergabe von Studienplätzen (ZVS) zugewiesen wurden, erfolgt inzwischen eine örtliche Zulassung an den Hochschulen. Zentral geregelt über die einstige ZVS – seit 2008 in Stiftung für Hochschulzulassung (SfH) umbenannt – sind nur noch Fächer wie Humanmedizin, Tiermedizin, Zahnmedizin und Pharmazie. Einige Hochschulen nutzen das Portal der SfH (www.hochschulstart.de) auch für ihr dezentrales Vergabeverfahren von weiteren zulassungsbeschränkten Studiengängen. Von den rund 400 deutschen Universitäten verknüpften im Januar 2015 allerdings nur 62 Hochschulen ihre Bewerberportale mit der SfH-Plattform. Eine mögliche Ursache könnten technische Startschwierigkeiten gewesen sein. Dennoch liegen die Vorteile auf der Hand: Das Portal registriert Mehrfachbewerbungen – derzeit 3,6 Bewerbungen pro Studieninteressent – und ermöglicht ein beschleunigtes Nachrücken für die begehrten Plätze, sobald ein Bewerber ein Studienangebot annimmt oder ablehnt.

Gerecht sei dieses Verfahren allerdings nicht, sagt Daniel Katzenmaier (Grüne Hochschulgruppe), Asta-Vorstand der Uni Frankfurt. „Der Asta lehnt jegliche Zulassungsbeschränkung durch einen Numerus clausus ab." Dadurch werde Studierenden ein Grundrecht verwehrt, sagt er und verweist auf das Grundgesetz. Der NC führe seiner Ansicht nach dazu, dass die sozio-ökonomische Herkunft der Studierenden bei der Studienplatzwahl ausschlaggebend werde. Interessierte, die zwar einen schlechten NC, jedoch ein reiches Elternhaus hätten, könnten sich einklagen. „Der NC wird dadurch zum sozialen Ausschlusskriterium. Das kann nicht das Ziel sein."

Für den Heidelberger Medizinstudenten Lukas Hörnig war die Studienplatzklage nach dem Abitur keine Option: „Ich hätte mir das niemals leisten können. Da muss man bis zu 20 Unis verklagen", sagt er. Um trotz eines NC von 2,3 Medizin zu studieren, absolvierte er Praktika sowie eine Ausbildung als Rettungssanitäter. Der Student hätte zwar lieber gleich studieren wollen, doch das Praxiswissen aus seiner Ausbildung nutze ihm im Studium. Auf diesem Weg seien auch einige seiner Studienkollegen zugelassen worden.

Das Einkommen der Eltern spiele bei der Entscheidung über eine Studienplatzklage nicht immer eine Rolle, hält Mirjam Rose dieser Auffassung entgegen. Die Anwältin hat sich auf Studienplatzklagen spezialisiert. Unter ihren Mandanten gebe es auch Studieninteressierte, die eine Klage selbst finanzierten. Und nur für Studiengänge wie Medizin reiche eine einzelne Klage nicht mehr aus, da hier sehr viele Interessenten klagten. In medizinischen Fächern spiele die finanzielle Unterstützung der Eltern tatsächlich eine Rolle, wenn der NC nicht ausreiche. Früher galt die Klage als absoluter Geheimtipp unter Medizinern", sagt sie. Inzwischen werde hin und wieder auch in Fächern wie Japanologie oder in Medienwissenschaft geklagt." Allerdings weiß bei weitem noch nicht jeder Student, dass es die Option gibt", sagt Rose. Dass der NC bei der Vergabe von Studienplätzen entscheidend ist, erachtet die Juristin zwar als „ungerecht für den einzelnen Studenten", findet jedoch, dass es „bei der Masse an Bewerbern irgendein Kriterium geben" müsse.

Eine Universität, an der sich jedes Jahr Hunderte Studierende einzuklagen versuchen, ist die Ludwig-Maximilians-Universität (LMU) in München. Deren Vizepräsident Martin Wirsing kennt die Kritik. „Die absolute Gerechtigkeit kann es nicht geben", sagt der Professor für Informatik. Jede Schule vergebe unterschiedliche Noten. Das lasse sich auch durch das Zentralabitur nicht vermeiden. „Statistisch gesehen ist es nun mal so, dass jemand, der im Abitur eine sehr gute Note hatte, eine ziemlich große Chance hat, auch ein Studium erfolgreich abzuschließen", sagt Wirsing.

Der Informatikwissenschaftler hat im Lauf der Zeit viele Härtefälle erlebt. „Ich persönlich denke, dass Eignungstests deshalb die bestmögliche Variante sind." Vor Jahren habe es an der Ludwig-Maximilians-Universität ein an Eignungstests angelehntes Zulassungsverfahren gegeben, das inzwischen wieder abgeschafft worden sei. Gegen das Verfahren hätten Anwälte geklagt, weil es rein nach Eignung ging und nicht nach Kapazität. Studierende mit schlechtem Ergebnis im Eignungstest hätten geklagt, weil sie trotz bestehender Kapazitäten keinen Studienplatz erhalten hätten.

Das Eignungsfeststellungsverfahren im Fach Medizin hält Wirsing für gerecht, da es beide Kriterien berücksichtige, sowohl Kapazitäten als auch Ergebnisse aus einem Eignungstest. Ausschlaggebend sei jedoch auch ein drittes Kriterium – ein persönliches Gespräch. „Die Kombination halte ich für sehr gut, ist aber nach der deutschen Rechtsprechung schwierig. Denn wie will man jemandem belegen, dass er nicht geeignet ist, falls er die Eignungstests nicht besteht?" Deshalb sei der Numerus clausus ein „einigermaßen objektives Kriterium", argumentiert Wirsing. „An den Klausuren in NC-Fächern sieht man, dass Studierende, die allein aufgrund ihrer sehr guten Abiturnote zugelassen wurden, besser abschneiden."

Nichtsdestotrotz betrachtet Helena Szlamenka, Asta-Referentin für Sozialpolitik an der Uni Frankfurt (Grüne Hochschulgruppe), den NC mit Skepsis. „Finanzielle Fragen können nicht ausgeblendet werden", sagt Szlamenka. Bei Abiturienten, die schon während der Schulzeit jobben, spiegele der NC nicht unbedingt die tatsächlichen Fähigkeiten wieder. „Wir bräuchten für jedes Studienfach vorbereitende Veranstaltungen und Selbsttests, so dass sich Abiturienten noch vor Studienbeginn einen Eindruck verschaffen", verlangt Szlamenka. Auf diese Weise könnten Studieninteressierte ihre Eignung selbst feststellen. Die am stärksten nachgefragten, zulassungsbeschränkten Studiengänge sind nach Angaben der SfH Psychologie, Jura, Betriebswirtschaft und die MINT-Fächer Mathematik, Informatik, Naturwissenschaft und Technik.

An der LMU ist diese Option zum Selbsttest bereits umgesetzt worden, wie Wirsing berichtet. So könnten sich Studierende davon überzeugen, ob sie das Studienfach tatsächlich noch interessiere, nachdem sie sich mit den Inhalten befasst hätten. Wer auch dann noch an der Studienwahl festhalte, aber keinen guten NC mitbringe, sollte nach Ansicht von Wirsing auch Universitäten mit weniger Zulauf in Erwägung ziehen.

Laut Statistischem Bundesamt ist die Zahl der Studienbewerber im ganzen Bundesgebiet in den letzten 30 Jahren um etwa das 2,5-fache angestiegen. Während es damals etwa 200.000 Studienanfänger gab, waren es im Jahr 2013 rund 508.000. Dabei zeichnet sich im Bundesgebiet ein ungleichmäßiger Anstieg ab. Während Berlin etwa drei mal mehr Studienanfänger an den Universitäten zählt, stieg die Studierendenzahl in den neuen Bundesländern unterproportional an – in Thüringen um 1,7 und in Mecklenburg-Vorpommern um 2,0. Diese beiden Bundesländer haben auch die meisten ungenutzten Kapazitäten. Nach einer Umfrage von „Spiegel Online" blieben 2014 in Thüringen 12,8 Prozent aller Bachelor-Studienplätze ungenutzt. Unter Berücksichtigung der Fachhochschulen waren es in Mecklenburg-Vorpommern sogar 16,1 Prozent der Bachelor-Studienplätze, die nicht besetzt werden konnten.

„Wir haben in Deutschland ein sehr gutes Niveau an Hochschulen. Auch an weniger begehrten Universitäten erhält man ein gutes Studium", sagt Wirsing. Den NC abzuschaffen, hält der LMU-Vizepräsident für keine Option. „Wenn Sie eine Universität völlig aufmachen und beliebig viele Studierende zulassen, dann wird das Studium schlecht, weil es völlig überfüllte Seminare gibt", sagt er.

An dieser Stelle setzt Daniel Katzenmaiers Kritik an: Gemäß der Kapazitätsverordnung der Hochschulen müsste es mehr Studienplätze geben. Dadurch würde der NC auf allen Fachebenen fallen. Hochschulen müssten ihre Mittel viel stärker für die Verbesserung der Lehre einsetzen und nicht, um Einsparungen auszugleichen. „Es liegt an den Landesregierungen, die wesentlich mehr Mittel bereitstellen müssen." Den Unis stünde deutlich mehr Geld zu, gemessen an der gestiegenen Anzahl von Studienbewerbern, sagt Katzenmaier.

Für Peter Lohmann liegt die Studienzeit inzwischen einige Jahre zurück. Was er getan hätte, wenn er seinen Studienplatz nicht per Los erhalten hätte, kann er sich heute schwer vorstellen. „Ich weiß nur, dass ich niemals die Geduld gehabt hätte, 18 Semester zu warten. Ich hätte wahrscheinlich nicht mehr studiert – andere Fächer haben mich ja nicht interessiert", sagt er. „Das Forscherleben gefällt mir gut." Lohmann denkt darüber nach, Professor zu werden.

Die hässliche Seite des Zinses

Ein Gastbeitrag von Helmut Creutz

Im Jahr 1950 musste jeder Erwerbstätige etwa drei Wochen für die Zinsbedienung arbeiten, 2010 waren es bereits 15 Wochen." – „Das Gros der Haushalte wird durch jede Senkung der Zinsen – die wie gesagt in allen Preisen stecken – immer entlastet."

Was für eine Welt! Da produzieren reiche Länder immer kostspieligere Waffen, liefern sie in alle Welt und entrüsten sich, wenn sie dort zum Einsatz kommen. Da können angeklagte Milliardäre sich durch Millionen-Zahlungen von einem Gerichtsverfahren freikaufen und fortan als unbescholten gelten. Da verdoppeln sich in Demokratien die Zahlen der Multi-Millionäre und Milliardäre in immer kürzeren Zeitabständen, während Anpassungen im Sozialbereich jahrelanger Auseinandersetzungen bedürfen.

Wer auf all das eine Antwort sucht, findet sie vielleicht schon im Vergleich der eher linearen Entwicklung der Wirtschaftsleistung mit der eher exponentiellen Zunahme der Geldvermögensbestände. So wurde zum Beispiel die Wirtschaftsleistung in Deutschland, das nominelle BIP, von 1950 bis 2010 auf das 50-Fache gesteigert, während in der gleichen Zeit die gesamten Geldvermögen auf das 256-Fache förmlich explodierten.

Diese Geldvermögen müssen dann, zur Schließung des Kreislaufs, in möglichst gleichem Umfang wieder über Kredite in die Wirtschaft zurückgeführt werden, was jedoch – wie die letzten Jahrzehnte zeigen – mit zunehmenden Überschuldungsproblemen verbunden ist. Das gilt vor allem für die Staaten, die immer mehr zur Aufnahme jener Überschüsse gezwungen sind.

Ursache dieser im Übermaß zunehmenden Geldvermögen und damit wiederum der Schulden, ist jedoch weniger die Ersparnisbildung der Bürger aus ihren Arbeitseinkommen, sondern vielmehr jener zinsbedingte Vermehrungsautomatismus, den der Ökonom Bert Rürup in seiner Berliner Zeit einmal als das „8. Weltwunder" bezeichnet hat.

Das heißt: Im Durchschnitt der 50er Jahre lag die Zunahme der Geldvermögen durch Zinsgutschriften erst bei 17 Prozent pro

Jahr und stammte damit weitgehend noch aus den laufenden Neu-Ersparnissen der Bürger. Bis Anfang der 90er Jahre hatten sich diese Relationen jedoch völlig umgekehrt und die Ausweitung der Geldvermögen resultierte bereits zu 80 Prozent (!) aus den Zinseinkommen. Und damit letztlich aus den Taschen jener, die dieses zinsbedingte Vermögens-Wachstum mit jeder Geldausgabe finanziert hatten.

Denn alle von uns bezahlten Preise in der Wirtschaft setzen sich nicht nur aus den jeweils aufgewendeten Personal- und Material-kosten zusammen, sondern ebenso aus den produktionsbedingten Kapitalkosten, den Zinsen, gleichgültig, ob aufgenommenes oder eigenes Geld zum Einsatz kommt. Und das heißt wiederum: Mit dem zinsbedingten ständigen Überwachstum der Geldvermögen – und deren Rückführung über Kredite in den Wirtschaftskreislauf – nehmen die Umverteilungen von der wachsenden Verlierer-Mehrheit zu einer zahlenmäßig immer kleiner werdenden Gewinner-Minderheit zwangsläufig ständig zu.

Angeregt durch meine ersten zinsbezogenen Umverteilungsberechnungen in den 1980er Jahren, wurde dieser Sachverhalt sogar schon einmal im Leitartikel der monatlich erscheinenden Kundenzeitschrift des Sparkassenverbandes behandelt, sogar in der Oktober-Ausgabe 1989, zum damaligen Weltspartag: „Der Zins hat eine schöne und eine hässliche Seite. Es ist schön, seine Sparguthaben ohne weiteres Zutun vermehrt zu sehen. Die Zinsbelastungen für Bankkredite sind aber eine Quelle steten Missvergnügens. Im schlimmsten Falle bedeuten sie den wirtschaftlichen Ruin." Und weiter heißt es, in zwar vorsichtigen und dennoch klaren Worten: „Zwar kann jeder Geschäftsfähige in den ‚Genuss' beider Seiten kommen, aber bei einer Gesamtbetrachtung von Zinsgeben und Zinsnehmen zeigt sich, dass Freud und Leid recht asymmetrisch verteilt sind. Grund ist die ungleiche Vermögensverteilung."

Hinzuzufügen wäre allerdings noch, dass die Arbeitseinkommen durchweg nur bei gesteigerten eigenen Leistungen zunehmen, die Vermögenseinkommen jedoch immer auf Kosten anderer. Die Folge ist, dass die Löhne nur verzögert mit der Wirtschaftsleistung steigen, die Kapitaleinkommen, verursacht durch den zinseszinsbedingten Selbstvermehrungseffekt, dagegen gewissermaßen „im Quadrat". Diese steigenden Lasten für die Zinszahlungen tragen letztlich die

Bürger. Denn sowohl der Staat als auch die Wirtschaft geben sie weiter: über die Preise, über Steuern und Gebühren.

Auch wenn in der momentanen Krise, als Folge der radikalen Zinssenkungen der Zentralbanken, die Zinslasten und Zinseinkommen deutlich gefallen sind – so zum Beispiel die Zinserträge der Banken von 433 Milliarden Euro 2008 auf 267 Milliarden 2012 – , bleibt das Gros aller mittel- und längerfristigen Zinsvereinbarungen noch lange auf dem alten Stand.

Das heißt, man kann davon ausgehen, dass die zu tragenden Zinslasten, im Durchschnitt aller Haushaltsausgaben, immer noch bei etwa 30 Prozent liegen. Und bei besonders kapitalintensiven Investitionen mit langer Lebensdauer, wie zum Beispiel allen Gebäuden und damit auch den Wohnungsmieten, liegt der Zinsanteil sogar noch um die Hälfte höher. Selbst in den staatlich vorgegebenen Kostenmietberechnungen im sozialen Wohnungsbau wurden diese Zinsanteile schon in den ersten Nachkriegs-Jahrzehnten mit mehr als 60 Prozent zugrunde gelegt. Und das nicht zuletzt auch deshalb, weil – über die Bauwerk-Kosten hinaus – auch der meist teure Boden, ob gepachtet oder im Eigentum, als Sachkapital über die Zinsen mitverzinst werden muss.

Zieht man für die Zinsbelastung einmal die Größe der Bankzinserträge heran und beachtet, dass die Schulden deutlich schneller gewachsen sind als die Einkommen, dann musste ein Haushalt 1950 im Schnitt 102 Euro Zinsen bezahlen, was sechs Prozent seines Einkommens entsprach. Diese Summe lag 2010 bereits bei 11.400 Euro oder 28 Prozent des Einkommens. Rechnet man diese Prozentzahlen in Arbeitszeiten um, dann musste jeder Erwerbstätige 1950 etwa drei Wochen für die Zinsbedienung arbeiten, 2010 waren es bereits 15 Wochen, also mehr als ein Vierteljahr. Und dies nur bezogen auf die Schulden-Zinslasten, während die ebenfalls in die Preise eingehenden Verzinsungen des schuldenfreien Sachkapitals damit nicht erfasst sind.

Wenn man den Sachverhalt nach zehn gleich großen Haushaltsgruppen analysiert, dann verfügten noch in den 80er Jahren alle zehn Gruppen über Vermögen und Vermögenseinkommen, wenn auch schon in sehr unterschiedlicher Höhe. Inzwischen aber fallen die ersten vier Gruppen als Vermögens-Besitzer völlig „unter den

Tisch" und damit entsprechend auch als Zinsbezieher. Erst ab der fünften Gruppe fallen überhaupt Zinseinnahmen an, liegen aber, bis zur neunten Gruppe, immer noch unter den Zinslasten. Das heißt, die positiven Zinsergebnisse konzentrieren sich per saldo nur noch bei dem reichsten Zehntel der Haushalte – und das dann in entsprechenden Größenordnungen.

Die häufig zu lesenden Schreckensmeldungen von der Gefährdung der Altersrenten durch sinkende Zinsen lösen sich deshalb bei genauer Betrachtung in Wohlgefallen auf. Denn das Gros der Haushalte wird durch jede Senkung der Zinsen – die wie gesagt in allen Preisen stecken – entlastet! Nachteile ergeben sich nur für das Zehntel der Gewinner-Haushalte.

Dass die hier dargelegten Probleme mit sinkenden Zinssätzen erträglicher werden, dürfte nachvollziehbar sein. Ebenfalls, dass dieser Vorgang zweifellos zuerst einmal eine Senkung jener Leitzinsen voraussetzt, mit denen die Notenbanken die Banken – und über diese wiederum die Wirtschaft – bei Bedarf mit Zentralbankgeld versorgen.

Aber ist das genug? Wie können wir erreichen, dass dieser Weg der Zinssenkungen, der heute zweifellos zu noch mehr Bargeldhortungen und damit Inflationsgefahren führen dürfte, keine negativen Folgen hat? Hier hilft nur die Erkenntnis weiter, dass das Geld – also jenes von der Zentralbank bereits dosiert vergebene Zahlungsmittel – eine „Öffentliche Einrichtung" ist, die jeder nutzen, aber niemand vermehren oder blockieren darf.

Das heißt, nicht nur die Leitzinsen für den relativ kleinen Kreislauf des Geldes zwischen Zentralbank und Banken muss abgesenkt werden, sondern auch die Marktzinsen müssen gesenkt werden, die sich aus den vielmals größeren und ständig wachsenden Reichtumsbildungen der Bürger bei Banken und Börsen sowie den sich daraus vergebenen Krediten ergeben! Also jene Zinsen, die man für die Freigabe des immer knappen Geldes in barer Form bei den Banken erhält und die von den Bürgern – soweit Geld übrig – durch künstliche Blockierungen dieser Geld-Freigabe noch in die Höhe getrieben werden können.

Das heißt, ähnlich wie man die Blockierungen öffentlicher Straßen oder Parkplätze durch Gebühren eingrenzt, müsste dies auch bei der öffentlichen Versorgung der Wirtschaft mit Geld geschehen. Man müsste die Bargeldhaltung – und damit die entscheidende Größe des Zentralbankgeldes innerhalb der Wirtschaft – mit Kosten verbinden, was durch gelegentlichen Einzug und Umtausch einzelner Stückelungen ebenso möglich wäre, wie durch eine regelmäßig erhobene „Geldhaltegebühr". Kurz: Es geht nicht um eine „Abschaffung" oder ein „Verbot der Zinsen" wie manchmal zu hören ist, sondern nur um einen möglichst gleichbleibenden Umlauf des Geldes, der auch bei Zinsen um null weiterhin funktioniert.

In notwendigen Wachstumsphasen kann diese Sicherung des Umlaufs über geringe positive Zinsen durchaus sinnvoll sein. In Sättigungsphasen jedoch müssten die Zinssätze im Mittel marktgerecht gegen null sinken und diese Grenze gegebenenfalls auch unterschreiten können. Das heißt, der Zins – der Leihpreis des Geldes – müsste mittelfristig um null pendeln, vor allem damit unsere Volkswirtschaften – auch ohne ständiges Wirtschaftswachstum – sozial gerecht funktionieren.

Eine solche Geldhalte- oder „Umlaufsicherungs-Gebühr" haben wir heute zwar in Ansätzen bereits in der allgemeinen Inflation. Sie wird deshalb bis heute von den Notenbanken immer noch eingeplant, wenn auch inzwischen von der EZB nur noch mit einem Satz von „unter, aber nahe zwei Prozent". Diese geringen Entwertungen des Geldes wirken zwar in die gewünschte Richtung, haben aber zu viele negative Nebenwirkungen. Das vor allem, weil die mit Inflationen verbundenen Substanzverluste meist durch erhöhte Zinsforderungen bei der Geld-Freigabe ausgeglichen werden.

Richtiger wäre also jener Weg, den die von Gesell ausgehende Freiwirtschafts-Schule schon seit fast 100 Jahren vertritt und die auch bereits von Keynes als sinnvoll anerkannt wurde: eine Gebühr auf die Bargeldhaltung, die ja – durch die heute noch möglichen künstlichen Verknappungen des Umlaufs – die Ursache der ständig positiven Zinsen ist! Das heißt, es geht letztlich nur darum, die Nutzung des Geldes zu verstetigen und von allen Geldblockierungen und Zins-Erpressungen zu befreien.

Als praktikable Lösung für eine solche Reform bieten sich in unseren Tagen zum Beispiel Geldscheine mit Magnetstreifen an, so dass an den Kassen der jeweilige zeitbezogene Wert des Scheins ausgewiesen und die Differenz als „Geldhaltekosten" in Abzug gebracht werden kann. Ein Vorschlag, mit dem die unsäglich großen und problembeladenen Hortungen des Geldes ebenso überwunden werden könnten wie die daraus resultierenden Armut-Reichtums-Gegensätze.

Helmut Creutz ist der vermutlich bekannteste deutsche Zinskritiker. Seit 1982 ist er Wirtschaftsanalytiker und Publizist. Er untersucht den Zusammenhang zwischen Geld, Gesellschaft und Wirtschaft.

„Reichtum ist keine Privatsache"

Ein Gespräch mit dem Wirtschaftsethiker Ulrich Thielemann

Ulrich Thielemann ist Direktor der Denkfabrik für Wirtschafts-ethik in Berlin. Für ihn ist Fairness ein zentrales Ziel, das in der Marktwirtschaft angestrebt werden sollte. Studiert hat Thielemann Wirtschaftswissenschaften in Wuppertal; an der Universität St. Gallen hat er promoviert.

Herr Thielemann, Reichtum wird in Zahlen gemessen: 10.000 Euro, 100.000, eine Million, eine Milliarde. Welche Summe können Sie sich noch vorstellen?
Ich kann mir einen Hundert-Euro-Schein vorstellen, das ist leicht. Ich kann mir auch Geldbeträge in Konsumgüter übersetzen. Ein teures Fahrrad kostet 2.000 Euro, eine sehr teure E-Gitarre 10.000 Euro. Aber bei einer Milliarde, da wird es schwierig.

Es gab mal einen Fernseh-Spot, in dem ein Mensch mit seinem Besitz prahlte: „Mein Haus, mein Auto, mein Boot." Ist das Reichtum?
Ein Haus zu besitzen, ist eine normale Option einer Mittelklasse-Gesellschaft, das würde ich eher als Wohlstand bezeichnen, nicht als Reichtum.

Kommt auf das Haus an.
Luxusgüter können ein Statussymbol sein: Meine Villa ist größer als deine. Sie sind aber ein eher unbedeutender Teil des Reichtums. Milliardäre haben mehr Geld als sie jemals ausgeben können. Der US-Milliardär Warren Buffett hat einmal gesagt, ihm reiche für den Rest seines Lebens eine knappe halbe Milliarde Dollar für seinen Konsum. Sein Vermögen beträgt aber mehr als 60 Milliarden Dollar, und laut Wirtschaftsdienst Bloomberg ist es zuletzt um eine knappe halbe Milliarde Dollar gewachsen – im Monat.

Dagobert Duck aus Entenhausen gibt sein Geld auch nicht aus, er hortet es und ab und zu nimmt er ein Bad in seinem riesigen

Goldschatz. Hier liegt Reichtum konkret vor. Gibt es das in der wirklichen Welt?

Die Reichen dieser Welt bunkern ihr Geld nicht, höchstens ein paar Goldbarren liegen im Tresor. Sie besitzen keinen statischen Schatz, sondern etwas Dynamisches, dessen Wert tendenziell steigt.

Und das wäre?

Der ökonomische Reichtum besteht heute im Wesentlichen aus Finanzvermögen – aus Fonds, Aktien und Anleihen. Dieses Vermögen ist kein Haufen Metall, sondern es ist angelegt. Es repräsentiert einen Anspruch auf die zukünftige Wertschöpfung, auf zukünftige Arbeitsleistung. Anleihebesitzer haben Anspruch auf Zinsen. Aktionäre haben Anspruch auf einen Teil des Unternehmensgewinns. Dieses Vermögen bedeutet Macht.

Was vermögen die Reichen mit ihrem Reichtum?

Sie können bestimmen über das Wohl und Wehe der Wirtschaft – und damit letztlich auch der Gesellschaft. Sie haben das Recht, die Ausrichtung der Unternehmenspolitik zu bestimmen. Und sie nutzen dieses Recht in der Regel so, dass ihre Geldanlage möglichst hohe Erträge abwirft. Großaktionäre können etwa sagen: Das ist mein Unternehmen, die Rendite ist nicht hoch genug, ihr müsst noch mehr auslagern, noch mehr Personal abbauen. Sie können auch sagen: Oh, in diesem Land gibt es eine höhere Rendite, weil die Steuern niedriger sind, da gehen wir hin. Damit setzen sie Staaten automatisch unter Druck.

Ist das verwerflich?

In der herrschenden Wissenschaft gilt das Streben nach Gewinnmaximierung als ethisch korrekt.

Das müssen Sie erklären.

In der Betriebswirtschaftslehre gelten die Aktionäre als die Prinzipale des Unternehmens. Das heißt, sie sind diejenigen, denen das letzte Entscheidungsrecht zusteht. Dabei wird unterstellt, dass Aktionäre keine Rendite kennen, die zu hoch ausfallen könnte. Gewinnmaximierung gilt als rationales Verhalten des Homo oeconomicus – und damit als richtiges Verhalten.

67

Warum streben Reiche eine hohe Rendite an, wo sie doch schon mehr als genug Geld haben?

Mir scheint, die einzig plausible Erklärung besteht darin, dass es hier um Statuswettbewerb geht. Die Reichen wollen reich sein und reicher werden, um über anderen zu stehen. Schließlich öffnet Geld alle Türen, man kann sich jeden gefügig machen, man hat Macht über andere Menschen. Reiche, die von der protestantischen Ethik geprägt sind, leben relativ bescheiden, reinvestieren mehr – und werden gerade dadurch noch mächtiger.

Andererseits hat Microsoft-Gründer Bill Gates die Initiative „The Giving Pledge" gestartet, in der Milliardäre versprechen, Geld für wohltätige Zwecke zu spenden. Er selbst hat angeblich 28 Milliarden Dollar in seine Stiftung gesteckt. Ist das nicht großzügig?

Ein höherer Status kann sich auch in solchen Spendenaktionen ausdrücken. Gates hat die Mittel, Milliarden in seine Stiftung zu stecken und als Wohltäter gefeiert zu werden. Und er hat die Macht zu entscheiden, wofür die Stiftung das Geld ausgibt. Trotz der vielen Milliarden, die Gates in seine Stiftung eingebracht hat, ist sein Vermögen im vorigen Jahr um 16 Milliarden Dollar gestiegen und beläuft sich heute auf über 80 Milliarden. Er ist nun wieder der reichste Mann der Welt.

Hat er das verdient?

Es ist ein Mythos, dass jeder seines Glückes Schmied ist. Niemand produziert ein Einkommen allein. Andere haben mitgearbeitet, andere haben für das hergestellte Produkt gezahlt, andere haben Kapital bereitgestellt und gar nicht gearbeitet. Wiederum andere wurden im Wettbewerb verdrängt und sind nun arbeitslos.

Wollen Sie damit sagen, dass Gates gar nichts mehr leistet?

Er wird schon irgendetwas arbeiten. Seine Kapitaleinkommen allerdings fallen ihm leistungslos zu. Das gilt generell. Die Familie Quandt hat im letzten Jahr mehr als 700 Millionen Euro Dividende von BMW erhalten. Musste die Familie dafür etwas tun? Nein, sie musste einfach nur warten. Andere haben dafür gearbeitet, die Beschäftigten bei BMW und bei den Zulieferbetrieben. Es ist nie der Kapitalbesitzer selbst, der aus dem Geld mehr Geld macht.

Privateigentum ist in unserer Gesellschaft geschützt. Man kann also argumentieren: Weil die Quandts die Aktien besitzen, ist ihr Anspruch auf die Dividende legitim.

So argumentieren Marktlibertäre. Jedes marktkonform, also ohne Gewaltanwendung oder Betrug erzielte Einkommen ist demzufolge legitim. Steuern sind aus dieser Sicht Diebstahl. Wer so denkt, versteht nicht, dass Einkommen faktisch keine Privatangelegenheit sind.

Sondern?

Ein Einkommen wird immer mit anderen und gegen andere erzielt. An der Produktion und dem Verkauf von BMW sind Zehntausende Menschen beteiligt. Bei der Verteilung der Wertschöpfung konkurrieren Beschäftigtengruppen und Aktionäre gegeneinander. Bekommen die einen mehr, bleibt für die anderen weniger. Dann konkurriert BMW noch mit Daimler und Audi. Gewinnt BMW Marktanteile, verlieren die anderen. All dies mündet in der Frage: Sind die faktisch erzielten Einkommen als leistungsgerecht und fair zu beurteilen?

Und? Sind sie?

Die Einkommens- und Vermögensunterschiede sind mittlerweile absurd groß. In den USA bezieht das reichste eine Prozent der Haushalte fast ein Viertel aller Einkommen. Dies ist wohl kaum mit dem Gedanken der Leistungsgerechtigkeit vereinbar. Dass die einen nur gerade so über die Runden kommen und ständig um ihren Arbeitsplatz fürchten müssen, während eine kleine Gruppe da ganz oben in unvorstellbarem Ausmaß absahnt, ist nicht nur eine Frage der Solidarität „mit den Armen", sondern eine Fairnessfrage. Denn zwischen beiden besteht ja ein Zusammenhang: Die da unten schuften einerseits zu guten Teilen für die da oben, werden dabei gegeneinander ausgespielt, im globalen Wettbewerb nämlich, und erhalten für die Früchte ihrer Arbeit einen deutlich zu tiefen Lohn. Die Reichen schöpfen zu viel Wohlstand ab. Das sieht mittlerweile auch der Internationale Währungsfonds so.

Im populären Verständnis gilt vor allem die Erbschaft als leistungslos. Für die Millionenerbin Paris Hilton haben viele nur Verachtung übrig.

Das Vererben hat schon eine Legitimität. Die Bande zwischen Familienangehörigen sind nun einmal stärker als zwischen Hinz und Kunz. Aber wenn die Erbschaften immer größer werden, entstehen irgendwann Dynastien: Familien, die nur dank ihres Erbes superreich und supermächtig sind. Das ist nicht nur mit Blick auf die Leistungsgerechtigkeit kaum zu rechtfertigen, sondern auch politisch hochgefährlich, weil der Geldadel sich Einfluss kaufen kann. Deshalb sollten Erbschaften ab einer bestimmten Höhe stark besteuert werden.

Die Gegner sagen, damit würde man mittelständische Unternehmen in den Ruin treiben.

Der Wissenschaftliche Beirat beim Bundesfinanzministerium hat vor zwei Jahren berichtet, dass die Regierung keinen einzigen Fall angeben konnte, bei dem ein Unternehmen wegen der Erbschaftssteuer pleitegegangen ist. Die Ökonomen wundern sich nicht: Wenn ein Unternehmen profitabel arbeitet, können die Erben ja Anteile davon verkaufen, um die Erbschaftssteuer zu zahlen. Selbst wenn die Erben den Betrieb komplett verkaufen, ist das Unternehmen nicht infrage gestellt. Es wechselt lediglich der Eigentümer.

Viele Menschen wären aber gern reich. Könnte theoretisch jeder reich sein?

Wohlhabend ja, reich nicht. Denn erstens ist Reichtum ein relativer Begriff: Ich habe mehr als du, daher bin ich reich und du arm. Zweitens: Finanzieller Reichtum existiert heute als Forderung an andere. Meine Anleihe, meine Lebensversicherung, mein Investmentfonds, mein Bankkonto – all das sind Gelder, die ich verliehen oder anderen überlassen habe, damit sie mehr draus machen. Wenn ich Zinsen auf mein Bankguthaben haben will, brauche ich jemanden, der in der Lage ist, einen Kredit aufzunehmen und dafür Zinsen zu bezahlen. Das kann der Staat sein, eine Privatperson oder natürlich eine Firma. Kurz: Wer reich ist, ist in der Regel Gläubiger. Und jeder Gläubiger braucht einen Schuldner, der die Renditen erwirtschaftet. Nicht alle können Gläubiger, nicht alle können reich sein.

Die Reichen sind in den vergangenen Jahrzehnten reicher geworden. Woran liegt das?
Mit der Globalisierung haben die Rechtsstaaten ihre Souveränität eingebüßt. Sie mussten das machen, was Ifo-Chef Hans-Werner Sinn einmal so formulierte: Deutschland muss, wie jedes andere Land, das Kapital „hofieren", andernfalls gehen Arbeitsplätze verloren. Das Hofieren besteht zum Beispiel darin, dass man die Reichen weniger besteuert. 1950 lag der Spitzensteuersatz in Deutschland noch bei 95 Prozent und betrug dann lange Zeit 56 Prozent. Selbst in den USA betrug er im Jahre 1980 noch 70 Prozent. Heute werden die Kapitaleinkommen der Superreichen deutlich geringer besteuert.

Normalerweise gilt Armut als Problem. Wieso halten Sie auch den Reichtum für ein Problem?
Was tun die Reichen mit ihrem wachsenden Vermögen? Mehr konsumieren? Das fällt ab ein paar Hundert Millionen Vermögen schwer. Selbst russische Oligarchen können nur einen Bruchteil ihrer Einkünfte verkonsumieren. Wenn aber wachsende Anteile der volkswirtschaftlichen Wertschöpfung zu den wenigen Reichen wandern und diese gar nicht mehr wissen, wohin mit dem ganzen Geld, ergibt sich ein Problem. Den Unternehmen kommt nämlich die Kundschaft abhanden. Der Wirtschaftskreislauf gerät ins Stocken, wenn die Reichen ihm Kaufkraft entziehen. Die Normalbürger haben ihre Kaufkraftverluste dann durch Konsumentenkredite zu kompensieren versucht. Dies allerdings führte geradewegs in die Finanzkrise.

Aber die Reichen sollen doch ihr Geld nicht verprassen, sondern investieren!
Sie investieren es ja. Doch ist dies keine Schönwetterveranstaltung. Das Investieren verschärft nämlich den Wettbewerb zwischen den Unternehmen, die dadurch immer produktiver werden, und letztlich zwischen den Beschäftigten. Diese stehen aber offenbar, global gesehen, unter einem zu hohen Druck. Das zeigt sich in hoher Arbeitslosigkeit und spiegelbildlich dazu daran, dass die Konzerne auf gigantischen Bar-Reserven sitzen, also gar keinen Investitionsbedarf mehr haben. Das Kapital gerät so in den Anlagenotstand. Als Ausweg wählt es die Spekulation. Dadurch werden aber vor allem Blasen er-

zeugt. Das Ergebnis kennen wir: Finanzkrisen und die Nötigung zum Bail-out.

Sie glauben, dass es zu viel Geld auf der Welt gibt?
Daran besteht kaum ein Zweifel. Die weltweite Wirtschaftsleistung ist seit 1980 um rund 100 Prozent gewachsen, das weltweite Finanzvermögen um 350 Prozent. Wir haben eine riesige Vermögensblase, die theoretisch irgendwann platzen müsste. Die Kapitalbesitzer würden dann vom Markt enteignet, und nicht etwa von den Beschäftigten. Aber das wird nicht geschehen, jedenfalls nicht in großem Stil. Die Regierungen werden das verhindern, solange sie sich vom global zirkulierenden, stets zum Absprung bereiten Kapital weiterhin gegeneinander ausspielen lassen. Auch bei der sogenannten Bankenrettung wurden ja die Vermögen gerettet, die auf den Konten der Banken liegen.

Was würden Sie tun, wenn Sie völlig leistungslos eine Milliarde Euro bekämen und sie behalten dürften?
Okay, ich stelle mir mal vor, dass die Milliarde vom Himmel fällt. Dann würde ich das allermeiste davon in die von mir gegründete Denkfabrik für Wirtschaftsethik stecken.

Keine Jachten, kein kleines Schloss?
Ich würde nicht wesentlich mehr Geld für mich persönlich ausgeben, ich brauche nicht mehr als ich habe. Allerdings hätte ich finanzielle Sicherheit für meinen weiteren Lebensweg, das wäre sehr angenehm.

Was würde Ihre Denkfabrik produzieren?
Eine globale Debatte darüber anstoßen, welche Wirtschaft wir wollen und inwieweit die Marktlogik unser Leben bestimmen soll. Damit wäre die Denkfabrik ein Gegengewicht zu den etablierten Wirtschaftswissenschaften, innerhalb derer man die Marktlogik verteidigen muss und sie niemals relativieren darf. Und gegenüber finanziell bestens ausgestatteten Denkfabriken, bei denen es ja eine Beziehung gibt zwischen der Finanzausstattung und der Ausrichtung der Empfehlungen auf Finanzinteressen.

Das Interview führten Stephan Kaufmann und Eva Roth

Wachstum muss bei allen ankommen

Ein Gastbeitrag von Philipp Rösler

Die Vermeidung von Ungleichheit ist aus Sicht des World Economic Forums auf globaler Ebene eine der größten Herausforderungen. Denn wachsende Ungleichheit würde eine der bisher gängigsten Annahmen über unsere Wirtschaft grundlegend infrage stellen: dass Wachstum für Wohlstand für alle sorgt, indem es zu mehr Beschäftigung führt, zu mehr Einkommen und zu weniger Armut.

Positive Beispiele für diese Theorie lassen sich weltweit finden. Dank starken Wirtschaftswachstums in Entwicklungs- und Schwellenländern wie China, Indien und Brasilien ist die globale wirtschaftliche Ungleichheit in den vergangenen Jahrzehnten gesunken. Gleiches gilt jedoch nicht für die Ungleichheit innerhalb von Volkswirtschaften. Vielerorts ist diese gestiegen. Das ist ein Problem, denn wenn Wachstum nicht zu breitem Wohlstand führt, geht die Legitimation für die geltende Wirtschaftsordnung verloren. Wachstum an sich wird infrage gestellt. Einer der prominentesten Kritiker wachsender Ungleichheit ist der französische Ökonom Thomas Piketty. Er argumentiert, dass Einkommen aus Kapital dauerhaft schneller wachsen kann als die restliche Volkswirtschaft. Dadurch wächst wirtschaftliche Ungleichheit. Sein Vorschlag ist, diesem durch stärkere Umverteilung entgegenzuwirken.

Selbst wenn man nicht folgen möchte, so wäre es falsch, reflexartig in alte ideologische Verhaltensmuster zurückzufallen. Denn richtig ist, dass zwar die Ungleichheit zwischen den Staaten erwiesenermaßen abgenommen hat, dies aber nicht automatisch für die Verteilung von Einkommen und Vermögen innerhalb einer Gesellschaft gilt. Betrachtet man die globale Entwicklung des Gini-Koeffizienten, der die Einkommensverteilung beschreibt, dann geht der globale Trend sogar eher in Richtung Ungleichheit. Doch wenn Wachstum nur noch zu mehr Wohlstand für einige wenige führt, dann wird der Wert von Wachstum für eine Gesellschaft infrage gestellt. Pikettys Analyse wachsender Ungleichheit ist von großem Wert. Seine Lösungsvor-

73

schläge gilt es jedoch zu hinterfragen. Zum Thema Gerechtigkeit gehört nämlich nicht nur die der Verteilungsgerechtigkeit, sondern auch die der Leistungs- und Chancengerechtigkeit.

Erstens, eine übermäßige Umverteilung kann zu Leistungsungerechtigkeit führen, da das „mehr", das man sich legitim erarbeitet hat, einem dann – ungerechterweise – genommen wird. Die Bekämpfung einer Form der Ungerechtigkeit kann also zu einer neuen Ungerechtigkeit führen. An dieser Stelle die richtige Balance zu finden, ist eine Seite der Herausforderung.

Zweitens, es ist wichtig, die Bedeutung von Chancengerechtigkeit zu erkennen. Wachstum kann seinen gesellschaftlichen Wert nur entfalten, wenn möglichst viele Menschen daran teilhaben. Allerdings nicht durch bloßes Umverteilen am Ende, sondern durch möglichst viele Chancen auf Teilhabe am Anfang. Daraus folgt, dass bei der Bekämpfung von Ungleichheit das Eintreten für bessere Bildungs-, Aufstiegs- und Teilhabechancen für alle die eigentliche Aufgabe ist.

Zugegebenermaßen ist dieser Lösungsansatz nicht so populär wie der Ruf nach Umverteilung, da auch schwerer umzusetzen, aber vielleicht deshalb so besonders wichtig. In den internationalen Debatten ist deswegen und vollkommen zu Recht der Ansatz des „Inclusive Growth" als ein möglicher Lösungsansatz zu sehen. Nur ein Wachstum, das möglichst bei allen ankommt, wird auf Dauer von den Menschen akzeptiert werden. Das erklärt das große Engagement des World Economic Forum für Inclusive Growth weltweit.

Die erkennbare Herausforderung ist also zweierlei: Zum einen die richtige Balance zwischen Verteilungs- und Leistungsgerechtigkeit zu finden und zum anderen die umfassende Teilhabe am Wachstum für die Menschen möglich zu machen, unabhängig von Herkunft, Geschlecht oder gesellschaftlicher Gruppe, der man angehört.

Wachstum, das alle erreicht, das Wohlstand für alle auch in Zukunft möglich macht, also Inclusive Growth, ist in einer globalisierten Welt der Schlüssel für umfassende Gerechtigkeit.

Philipp Rösler ist Direktor des World Economic Forums. Der 41-Jährige war FDP-Vorsitzender und von Mai 2011 bis Dezember 2013 Bundeswirtschaftsminister.

„Die Banker leben in einem Paralleluniversum"

Ein Gespräch mit Ex-Investmentbanker Rainer Voss

Rainer Voss studierte nach humanistischem Gymnasium und Banklehre an der Universität zu Köln Volkswirtschaftslehre; von 1986 bis 2008 war er in unterschiedlichen Leitungsfunktionen bei verschiedenen europäischen Investmentbanken tätig. Von 2012 bis 2013 drehte er mit dem bekannten Filmemacher Marc Bauder einen Dokumentarfilm namens „Master of the Universe", der anhand der Vita von Rainer Voss die Entfremdung eines Individuums durch die Arbeit in einem moralfreien System thematisiert. Rainer Voss ist heute Privatier.

Herr Voss, Banker haben bedingt durch die Finanzkrise einen miserablen Ruf, gelten als skrupellos und gierig. Ist ihnen in den vergangenen Jahrzehnten ihr Gerechtigkeitssinn abhanden gekommen?
Bankern generell sicher nicht. Wenn, dann reden wir vielleicht über fünf Prozent, die Probleme machen. Sehen Sie, Gerechtigkeit ist doch ein kontextbezogener Begriff. Ein Isis-Kämpfer im Nordirak und eine Nonne im Kloster in Nordfrankreich haben beide eine Vorstellung von Gerechtigkeit, aber die ist in keiner Weise miteinander kompatibel. Der Gerechtigkeitsbegriff funktioniert immer innerhalb solcher geschlossenen Räume. Ich dachte, Sie fragen mich als erstes, ob es gerecht war, dass ich als Investmentbanker so viel Geld verdient habe.

Und was würden Sie darauf antworten?
Das war eine Frage, die ich mir nie gestellt habe. Ich habe mich gewundert, aber ich habe es einfach akzeptiert. Sie müssen sich vorstellen: Ich habe bei meinem Berufsstart im Bankgeschäft mehr verdient als mein Vater am Ende seiner Karriere als Heizungsingenieur. Das ist natürlich nicht gerecht. Auf der anderen Seite gibt es viele Leute im Investmentbanking, die sich chronisch unterbezahlt fühlen. Das

Bankwesen ist ein gesellschaftliches Paralleluniversum und dort gibt es einen eigenen Gerechtigkeitsbegriff, ein eigenes Verständnis von fairer Entlohnung.

Aber den Bankern war es doch offenbar egal, dass sie durch ihr Handeln ein ganzes Finanzsystem zum Wanken bringen können und die Allgemeinheit sie mit Steuergeldern retten muss.
Man könnte natürlich sagen: Die zocken alle drauflos und setzen darauf, dass der Staat sie raushaut. Aber so einfach ist das nicht. Wenn Sie die Konsequenzen Ihres Handelns verstehen wollen, müssen Sie ja die Wirkungskette kennen. Die Finanzwelt ist aber so komplex und intransparent, dass Banker meistens gar nicht abschätzen können, was für Folgen ihr Handeln hat. Das Problem ist, dass im Bankgeschäft einzelne Personen einen riesigen Schaden für die ganze Welt anrichten können, das gibt es woanders nicht. Klar ist aber auch: In den Banken ist nicht gewünscht, dass man sein Tun hinterfragt. Es geht alleine um das Know-how, nie um das Know-why.

Haben Sie auch nie hinterfragt, was Sie da eigentlich machen?
Nein, jedenfalls sehr lange nicht. Ich vergleiche das immer mit dem Manhattan-Projekt, also dem Bau der Atombombe in den USA. Da saßen die Physiker zusammen und bastelten an etwas, von dem sie wussten, dass es schlimmen Schaden anrichten würde. Aber das haben sie vermutlich ausgeblendet, es war ja auch nicht gewünscht, dass sie das hinterfragen. In den Banken ist es ein wenig wie beim Militär. Im Krieg werden moralische Maßstäbe über Bord geworfen, um sein Land oder bestimmte Werte zu verteidigen. Wenn ich nun aber die Notwendigkeit eines hohen Profites zum obersten Gut erhebe, dann bin ich quasi auch entschuldigt für moralische Vergehen.

Und das haben die Banken getan?
Das ist nicht nur ein Problem der Banken. Die Leute machen es sich gerade sehr einfach: Sie wollen glauben, auf der einen Seite stünden die armen betrogenen Anleger und auf der anderen die bösen Banker. Dabei ist die ganze Gesellschaft auf Profit getrimmt. Wir wollen keine Kinderarbeit, aber gehen zu Primark und kaufen T-Shirts für 1,50 Euro; wir wollen nicht, dass mit unserem Geld Schindluder getrieben

wird, aber eine Rendite von sechs Prozent sollte es bitte schon geben. Das ist die Janusköpfigkeit, die es gerade gibt und es kann sich keiner freimachen davon und sagen, er sei nicht Teil von dem Spiel. Es gibt in unserer Gesellschaft eine „institutionalisierte Verantwortungslosigkeit". Das zeigt sich auch an der genutzten Semantik.

Beispielsweise?
Es wird etwa immer davon geredet, „die Märkte" würden irgendetwas tun. Da delegieren wir die Verantwortung an irgendeinen diffusen Apparat. Oder „die Globalisierung" sei an etwas schuld. Ich schaffe mir eine abstrakte Institution, auf die ich die ganze Verantwortung abschieben kann.

Kommen wir zurück zu den Banken. Es ist ja nun eine Tatsache, dass die ihren Kunden teilweise den größten Schrott verkauft haben. Sind die Kunden den Beratern total gleichgültig?
Ich frage mich wirklich oft, wie das so kommen konnte. Meine Theorie ist: Die Berater haben das gemacht, weil sie es konnten. Punkt. Die wussten natürlich, dass es nicht richtig ist, einer alten Oma einen langlaufenden Schiffsfonds zu verkaufen. Aber niemand hat sie daran gehindert oder ihnen vorgeschrieben, das nicht zu tun. Sie konnten sich damit entschuldigen, „die Bank" akzeptiere oder fordere das sogar für den Profit. Noch so ein Beispiel für institutionalisierte Verantwortungslosigkeit. Das Problem sind ja nicht die Kriminellen, die gibt es in jeder Branche und es sind nur wenige. Das Problem ist, dass sich das Bankgeschäft immer mehr in Richtung Illegalität verschoben hat. Recht haben statt Recht tun ist das Motto.

Zieht das Bankgeschäft möglicherweise eher skrupellose Leute an?
Sie machen nicht aus einem Pfarrschüler ein Raubtier, also eine gewisse Veranlagung ist vielleicht da. Aber ich glaube, dass das ein Beruf ist, der eher schwache Menschen anzieht. Da beziehe ich mich explizit selbst mit ein. Ich möchte betonen: Alles, was ich hier sage, ist rein subjektiv. Die Leute, die ins Investmentbanking reingehen, sind alle super ausgebildet, aber sie haben kein starkes Selbstbewusstsein. Ihre Sucht nach Anerkennung ist glaube ich stärker ausgeprägt als

bei der Normalbevölkerung. Ein Psychologe hat mal zu mir gesagt, der beste Beruf für jemanden, der eine schwache Persönlichkeit hat, ist Aktienhändler, weil er durch den Blick auf den Monitor und die Kurven in Sekundenbruchteilen immer bestimmen kann, ob er gerade erfolgreich ist, oder nicht.

In der Bevölkerung hat sich der Eindruck verfestigt, es gingen vor allem geldgierige Menschen ins Investmentbanking.
Meiner Meinung nach geht es nicht ums Geld. Es ist schon so, dass es für die Händler total wichtig ist, mehr zu verdienen, als der Kollege am Nebentisch. Auf einem Trading Floor können Sie das Testosteron riechen. Aber ich glaube, die absolute Summe ist dabei nebensächlich. Die Investmentbanker werden von dem System total absorbiert – sonst würden sie ja auch nicht Tag und Nacht arbeiten und mehr oder weniger nur noch für den Job leben. Sie verlieren vollkommen den Bezug zum normalen Leben und normalen Menschen. Sie suchen im Job nicht nach Geld, sondern nach Anerkennung und Liebe – also nach Dingen, die man eigentlich zu Hause suchen sollte. Der Fall Jérôme Kerviel, der die französische Société Générale mit seinen Geschäften an den Rand des Abgrunds getrieben hat, ist da ein interessanter Fall: Er hat sich ja nicht selbst bereichert. Er ist offenbar enorme Risiken eingegangen, um irgendwem zu gefallen.

Die Bankvorstände behaupten immer, sie müssten den Leuten hohe Boni zahlen, damit sie nicht abwandern…
Das halte ich für Quatsch. Natürlich könnten einige Leute wechseln. Aber ein Arbeitgeber ist ja mehr als nur der Geldgeber. Menschen arbeiten da ja auch, weil sie sich wohlfühlen oder die Familie dort wohnt. Die Bevölkerung – und auch viele Banker selbst – glauben, der Bonus sei eine Anerkennung für eine gute Leistung. Das glaube ich nicht mehr. Es geht darum, dass man an der Höhe der Boni ablesen soll, wie gut eine Bank ist. Die Vorstände glauben, wenn sie besonders hohe Boni zahlen, dann würde ihr Institut im Markt als besonders gut angesehen. Anders kann ich mir nicht erklären, warum Manager gegen ihren Aufsichtsrat und ihre Eigentümer für hohe Lohnkosten kämpfen. Das ist ja absurd.

Sie waren sehr lange im Bankgeschäft aktiv. Können Sie beschreiben, wie sich das Selbstverständnis der Banker verändert hat?
Ich bin mit einem sehr klaren Wertekanon aufgewachsen und habe den auch mit in den Beruf genommen. Glauben Sie mir, eigentlich bin ich ein echter Spießer. 1979 habe ich meine Banklehre bei einer Sparkasse in Nordrhein-Westfalen begonnen. Das hatte fast seelsorgerische Aspekte. Da haben wir den alten Omis die Einkaufstasche nach Hause getragen und ihnen ihre Überweisungen ausgefüllt. Aber so um die Jahrtausendwende ist das Geschäft sehr aggressiv geworden. Der ordentliche Bankkaufmann verschwand. Da saßen sie plötzlich in internen Konferenzen und wenn sie sagten: „Ich denke, im Kundeninteresse sollte man ...", da verdrehten die Kollegen die Augen und schauten demonstrativ an die Decke. Ich habe da aber ja auch lange mitgemacht und will mich nicht ausnehmen.

Was war passiert?
Ich denke, es war die Amerikanisierung des Bankgeschäfts. In den 80er Jahren war das noch gut, nur so konnte Deutschland sich den Notwendigkeiten eines globalen Finanzmarkts anpassen. Aber die rot-grüne Regierung unter Gerhard Schröder hat mit ihrer Deregulierung die Büchse der Pandora geöffnet. Das Klima änderte sich. Ein Beispiel: Ich habe immer schon drei Wochen Familienurlaub im Jahr gemacht. In den Neunzigern begrüßte mein Chef das und wünschte einen schönen Urlaub. Zehn Jahre später sagte ein anderer Chef als ich den Urlaubsantrag einreichte wörtlich: „Wenn Sie meinen, dass Sie sich das leisten können ...".

Nun behaupten ja viele Banken, sie arbeiteten an einem Wertewandel. Sie betonen, sie wollen nur noch moralisch saubere Geschäfte machen und ihren Kunden wieder mehr Respekt zollen. Glauben Sie daran?
Ich kann das nicht erkennen, nein. Ich kann es nur noch mal betonen: Die Banker leben in ihrer eigenen Welt. Diese Welt hat ihre eigene Logik. Die können sie nicht einfach über Bord werfen, nur weil sie es sich vornehmen, die haben sie ja verinnerlicht – dafür brauchen sie externe Hilfe. Auf Selbstheilungskräfte können Sie lange warten.

Wie könnte Ihrer Meinung nach eine Lösung aussehen?
Die Zivilgesellschaft ist der Meinung, die Banken hätten sich asozial verhalten. Dann müsste man sich doch mal zusammensetzen und denen sagen, dass sie Mist gebaut haben – das würde man bei einem Kind ja auch so machen. Warum nicht einen runden Tisch machen mit Vertretern aller gesellschaftlichen Gruppen, also Gewerkschaften, Kirchen, Arbeitgebern, Arbeitnehmern, Politikern etc.? Die müssten sich einmal grundsätzlich überlegen, was für ein Finanzsystem sie künftig eigentlich haben wollen. So eine Diskussion kann Monate oder Jahre dauern, aber das wäre es meines Erachtens nach wert. Ich bin auch ein großer Fan eines hippokratischen Eids für Banker. Man könnte doch mal genau festhalten, was ein Banker eigentlich tun sollte.

Sie sagten anfangs, dass das Finanzsystem viel zu komplex geworden ist. Kann man das denn überhaupt deutlich vereinfachen?
Wissen Sie wie viele spekulative Produkte für Privatanleger es in Deutschland gibt? 1,2 Millionen! Aldi und Lidl haben etwa 15.000 Produkte, Vollsortimenter wie Rewe 55.000. Die Banken können so viele Produkte kreieren, weil sie das nichts kostet. Die Grenzkosten sind null. Da setzt sich irgendein Händler hin, legt bei Bloomberg das Produkt an, holt sich bei der Börse eine Wertpapierkennnummer und dann gibt es das Ding. Würde man Börsenzulassungskosten von 25.000 Euro erheben, dann gäbe es deutlich weniger Produkte – und die Anleger wären nicht schlechter gestellt. Aber eins ist klar: Eine Reduktion der Komplexität des Finanzsystems wird mit Wohlstandsverlusten einhergehen.

Wieso das? Sie sagen doch selbst: Die meisten dieser Produkte sind total überflüssig.
Klar, viele Produkte können verschwinden, die keinen Mehrwert bringen. Allerdings gibt es Instrumente, die können unglaublich nützlich sein, aber man kann auch großen Unsinn damit machen. Beispielsweise Kerosin-Kontrakte. Die Lufthansa braucht die, denn nur so kann sie Kunden überhaupt verlässliche Ticketpreise stellen – sie sichert sich gegen Preisschwankungen beim Kerosin ab. Wenn da-

gegen ich einen Kerosin-Kontrakt kaufe ist das riesiger Schwachsinn und rein spekulativ. Die regulatorische Aufgabe wäre es, dafür zu sorgen, dass in unserem Beispiel nur die Lufthansa so einen Kontrakt abschließen kann, ich aber nicht. Das ist unglaublich schwierig – und wird zu Wohlstandsverlusten führen, wenn das nicht richtig gemacht wird. Allerdings denke ich: Bei den Anwaltskanzleien sitzen Tausende intelligente Leute rum. Wenn die halb so viel Energie aufwenden würden, dafür ein ordentliches Gesetz zu schreiben, wie sie derzeit nutzen herauszuarbeiten, wie man Gesetze umgeht, dann würde das gehen.

In dem Film „Master of the Universe", in dem Sie ja der alleinige „Darsteller" sind, berichten Sie sehr offen über die Welt der Banker, so wie Sie sie erlebt haben. Was waren denn die Reaktionen Ihrer ehemaligen Kollegen?
Den Film haben nun weltweit mehr als eine Million Menschen gesehen. Und das Bemerkenswerte ist: Kein einziger meiner Ex-Kollegen hat in irgendeiner Weise darauf reagiert. Ich denke, das liegt daran, dass sie Gedanken, wie ich sie habe, nicht zulassen dürfen, wenn sie weiter in dem System arbeiten wollen. Sie dürfen sich die Sinnfrage nicht stellen.

Zuletzt lief der Film „The Wolf of Wall Street" im Kino, nach der wahren Geschichte des US-Börsenmaklers Jordan Belfort. Der Film zeichnet ein krasses Bild des Investmentbankings in den USA. Finden Sie sich in diesem Film wieder?
Ich bin ja in Zeiten des Films „Wall Street" sozialisiert worden. Ich muss gestehen: Ich hatte auch mal breite rote Hosenträger und zurückgegelte Haare. Aber Filme wie „The Wolf of Wall Street" betonen zu sehr das Operettenhafte. Meiner Meinung nach gibt es zwei Filme über die Finanzkrise, die wirklich sehenswert, da realistisch sind: „Margin Call" als Spielfilm und „Inside Job" als Dokumentarfilm.

Wie lange hat es bei Ihnen gedauert, nach dem Ausscheiden aus dem Bankgeschäft, in ein normales Leben zurückzufinden?
Ich habe fünf Jahre gebraucht, um zu verstehen, was mit mir passiert war. Ich habe meinen Freundeskreis wieder aufgebaut, den ich sträf-

lich vernachlässigt hatte. Und ich habe langsam bestimmte Fähigkeiten zurückgewonnen.

Das hört sich an, als hätte das Bankgeschäft Sie vorübergehend zum Invaliden gemacht.
Ich weiß, das hört sich seltsam an, aber ich konnte zum Beispiel lange Texte nicht mehr verstehen und strukturieren, weil ich nur noch in Powerpoint-Folien gedacht habe. Ich war der König der Powerpoint-Folien. Jetzt kann ich das wieder.

Das Interview führte Nina Luttmer

Die ewigen Sklaven

Ein Gastbeitrag von Heinz-Josef Bontrup

Im Jahr 1516 schreibt der englische Lordkanzler, Sir Thomas Morus, in seinem Buch Utopia: „Vom Taglohn der Armen zwacken die Reichen täglich noch etwas ab – nicht nur durch private betrügerische Manipulationen, sondern auch aufgrund staatlicher Gesetze." Daran hat sich im Grundsatz bis heute nichts geändert. Den abhängig Beschäftigten steht immer noch nicht, trotz einer demokratischen Verfassung, der volle Gegenwert ihrer Arbeit zu. Die Abhängigen erhalten im Produktionsprozess nur einen Lohn für ihre Arbeitskraft, und selbst dieser ist häufig so niedrig, dass er weder zum Leben noch zum Sterben reicht.

Der bekannte US-amerikanische Ökonom John Kenneth Galbraith spitzt den Ausbeutungsprozess der abhängig Beschäftigten zu und bezeichnet diesen kapitalismusimmanenten Vorgang als „plumpen Diebstahl" an der Arbeiterschaft. Und der deutsche Jesuitenpater und Ökonom Oswald von Nell-Breuning machte dies noch einmal 1960 in seinem Buch „Kapitalismus und gerechter Lohn" anhand der Verteilung der Wertschöpfung deutlich, als er schrieb: „Man könnte das auch so ausdrücken: Die Arbeitnehmer schenken den Unternehmern die Kapital- oder Investitionsgüter und sind zufrieden, als Entgelt für ihre Leistung im Produktionsprozess denjenigen Teil der produzierten Güter zu erhalten, der in Konsumgütern besteht. Auf diese Weise werden die Unternehmer reicher und reicher, die Arbeitnehmer bleiben Habenichtse."

Dies hat jetzt in langen empirischen Reihen der zurzeit viel diskutierte französische Ökonom, Thomas Piketty, zur Aufregung vieler Kapitalapologeten, endgültig nachgewiesen.

Wäre es anders, gäbe es keinen Gewinn, auch keine Zinsen, Mieten und Pachten, eben keine kapitalistischen Besitzeinkünfte und somit auch keine Ausbeutung. Die Arbeitswerttheorie, die Lehre von der Wertschöpfung durch produktive menschliche Arbeit, die dies zeigt, wurde von William Petty bereits im 17. Jahrhundert wissenschaftlich begründet. Sie wurde von den britischen Wirtschaftswissenschaftlern Adam Smith und David Ricardo weiterentwickelt und dann mit der Theorie des absoluten und relativen Mehrwerts von Karl Marx vollendet.

Von Petty stammt dabei der Satz: „Die Arbeit ist der Vater und das aktive Prinzip des Wohlstandes, so wie der Boden seine Mutter ist." Kapital entsteht erst aus der Kombination von beiden. Es ist dabei als vergegenständlichte („tote") Arbeit zu seiner Verwertung auf die lebendige Arbeit des Menschen angewiesen.

In jedem Produktionsprozess kommen, neben einem Naturgebrauch, immer zwei Inputfaktoren zum Einsatz: Arbeit und Kapital. Mit nur einem Faktor ist kein Output möglich. Arbeit und Kapital stehen in der Produktion interdependent zueinander.

Außerdem unterliegt die Produktionsfunktion zur Hebung von ständig zu erhöhenden Arbeitsproduktivitäten einem laufenden Substitutionsprozess von Arbeit durch Kapital, ohne dass letztlich ein vollständiger Ersatz gelingt. Obwohl dies alles uneingeschränkt als ökonomisches Gesetz gilt, unterliegt im Kapitalismus der vom Unternehmer abhängige Mensch dem entscheidenden „Investitionsmonopol des Kapitals" (Erich Preiser). Das heißt, nur das Kapital entscheidet wann, wie und wo investiert wird.

Hier liegt ein systemisch immanentes, kapitalistisches Paradoxon vor. Denn wenn mit nur einem Produktionsfaktor (dem Kapital) kein Output in der Produktion, also keine Wertschöpfung möglich ist, warum haben dann in den Unternehmen nur die Kapitaleigner über die Arbeitsnachfrage, den Arbeitseinsatz, Entlassungen, Investitionen und die Gewinnverwendung zu bestimmen?

Dies hat mehrere, aber gesellschaftlich nicht akzeptable Gründe. Zunächst einmal verfassungsrechtliche. Die Verfassung schützt das Kapital einseitig durch das Privateigentum an den Produktionsmitteln und durch die unternehmerische Freiheit zum ökonomischen Handeln nach maximalem Profit, bezogen auf das eingesetzte Kapital. Im Ergebnis bedeutet dies: Die schon im Produktionsprozess völlig abgeschriebene Maschine zählt in der Verfassung mehr als der arbeitende Mensch, der diese Maschine erst geschaffen hat. Dadurch sind die abhängig Beschäftigten im Produktionsprozess den Kapitaleignern hoffnungslos ausgeliefert.

Der Unternehmer (Kapitalist) darf dem Menschen sogar seine ökonomische Existenzgrundlage, seinen Arbeitsplatz, jederzeit durch

Entlassung zur Steigerung der Profitrate nehmen. Um Abhilfe zu schaffen, müssten die unzureichenden betrieblichen und unternehmensbezogenen „Mitbestimmungsgesetze" zu einer wirklichen Parität zwischen Kapital und Arbeit ausgebaut werden.

Hinzu kommt, dass die Unternehmer völlig frei sind, überhaupt die abhängig Beschäftigten an den Arbeitsmärkten nachzufragen. Nur durch die unternehmerische Nachfrage erhalten die Abhängigen und „Unselbständigen" aber einen ökonomischen Wert. Bleiben sie arbeitslos, können sie von den Kapitalisten und ihren Claqueuren gesellschaftlich ständig als „Sozialschmarotzer" und „Faule" diffamiert werden.

Dies führt zu Scham- und Schmachgefühlen bei den gesellschaftlich „Externalisierten", wie Viviane Forrester im ihrem Buch „Der Terror der Ökonomie" herausgearbeitet hat. „Die Scham", so Forrester, „sollte an der Börse gehandelt werden: Sie ist ein wichtiger Grundstoff des Profits".

Und wie schrieb Morus in Utopia? Überall, „wo es Privateigentum gibt und wo gleichzeitig jedermann alles nach dem Geldwert bemißt," es in einem Staatswesen kaum gerecht zugehen und das Glück herrschen kann, es sei denn, man wäre der Ansicht, „dort gehe es gerecht zu, wo das Beste an die Schlechtesten kommt, oder dort herrsche das Glück, wo alles unter wenige verteilt wird und auch diese wenigen nicht in jeder Beziehung gut daran sind, die übrigen aber ganz schlecht".

Heinz-Josef Bontrup ist Sprecher der Arbeitsgruppe Alternative Wirtschaftspolitik und lehrt an der Westfälischen Hochschule in Recklinghausen.

Erben statt arbeiten

Von Markus Sievers

Die junge Generation von heute hat viele Namen, die für ihre schlechten Chancen, für Perspektivlosigkeit und eine ungewisse Zukunft stehen. Mal heißt sie Generation Praktikum, mal Generation Prekariat. Mit derselben Berechtigung aber könnte man von der Generation Erben reden. Nie zuvor bekamen Kinder solche Werte von ihren Eltern hinterlassen wie heute – bis zum Jahr 2020 werden sie Schätzungen zufolge bundesweit 2,6 Billionen Euro erben. Das entspricht fast der Wirtschaftsleistung, die alle Deutschen zusammen in einem Jahr produzieren. 70 Jahre Frieden haben gewaltige Werte entstehen lassen.

Ein solcher Billionenschatz sollte für Freude und jede Menge Optimismus sorgen. Das Problem: Von dem Reichtum kommt bei wenigen viel, bei sehr wenigen ungemein viel und bei den meisten kaum etwas bis gar nichts an.

Laut einer Studie des Deutschen Instituts für Altersvorsorge macht eine Erbschaft im Durchschnitt dieses Jahrzehnts 305.000 Euro aus. Doch der Mittelwert sagt wenig aus. Denn die ganz großen Vermögen mit Haus am Starnberger See, Aktiendepot und Kunstschätzen reißen den Durchschnitt nach oben. Nur in jedem 500sten Fall gibt es mehr als 250.000 Euro, in jedem dritten sind es zwischen 150.000 und 250.000. Bei mehr als jeder vierten Erbschaft bekommen die Kinder 25.000 Euro oder weniger.

So erklärt sich, dass die Erbschaftswelle höchstens bei einer Minderheit für einen entspannten Blick ins weitere Leben sorgt, in der Gesellschaft aber heftige Debatten über Chancengerechtigkeit und Fairness auslöst. Das Land driftet auseinander und dabei geht es um Geld, aber nicht allein. Meist geben wohlhabende Eltern nicht nur abbezahlte Eigenheime und prall gefüllte Konten weiter, sondern auch eine gute Ausbildung mit Universitätsabschluss. „Die Pisa-Studien seit 2000 belegen, dass der Bildungserfolg noch immer stark von der sozialen Herkunft abhängt", sagt Ludger Wößmann vom Münchner Ifo-Institut. „International ist Deutschland bei der Chancengleichheit unterdurchschnittlich."

Das sieht auch die OECD so und weist darauf hin, dass auch der soziale Wandel die Unterschiede zwischen Arm und Reich verstärke. Einerseits gibt es immer mehr Alleinerziehende und Single-Haushalte, die auf Hartz IV-Niveau darben oder knapp darüber liegen. Andererseits finden immer häufiger Paare aus derselben sozialen Schicht zusammen. „Das traditionelle Modell ‚Chefarzt heiratet Krankenschwester' ist auf dem Rückzug", schreibt die OECD. Heute gilt: Der Chefarzt heiratet die Investmentbankerin und beide haben bereits durch ihr Elternhaus so viel Geld im Rücken, dass ihre Topeinkommen wie nette Zugaben erscheinen.

Wenn ein solcher Spalt Oben und Unten trennt, zehrt dies am Fundament einer Gesellschaft. Unsere Wirtschaftsordnung basiert auf der Verheißung, dass Leistung belohnt wird und sich für das Individuum auszahlt. Tatsächlich aber spiele Deutschland „Geburtslotterie", meint der Soziologe Jens Beckert. Die Gewinner können sicher in Wohlstand leben, oft sogar ohne größere eigene Anstrengung. Wer die Niete zieht, bleibt für immer abgehängt.

Es liegt nahe in einer Sozialen Marktwirtschaft, dass der Staat die Ungerechtigkeit korrigiert und eingreift. Er tut dies auch und verteilt mit Steuern und Sozialleistungen um. Aber offenbar, ohne an dem Missstand grundsätzlich etwas zu ändern. Das viel beschworene Leistungsprinzip konkurriert in Deutschland mit dem Recht auf Eigentum. Das garantiert nicht nur den Anspruch auf das selbst erworbene Vermögen im Leben, sondern auch über den Tod hinaus. Es sichert die Möglichkeit, das eigene Vermögen weiterzuleiten – an den Ehepartner, die Kinder oder wen auch immer.

In diesem Spannungsfeld zwischen Leistungsprinzip und Eigentumsrecht hat sich der Gesetzgeber für eine im internationalen Vergleich eher moderate Besteuerung von Erbschaften entschieden. Mit einem jährlichen Aufkommen von rund fünf Milliarden Euro steht die Erbschaftsteuer gerade einmal an 13. Stelle der verschiedenen Steuerarten, rechnet Michael Sell, Leiter der Steuerabteilung im Bundesfinanzministerium, vor. Dies hat auch damit zu tun, dass die Politik großzügige Ausnahmen für bestimmte Erben gewährt.

Zu großzügig fallen sie aus Sicht der Gerichte aus. Zum wiederholten Male kippte das Bundesverfassungsgericht im Dezember ein Erbschaftsteuergesetz. Karlsruhe monierte die vielen Ausnahmen für Betriebsnachfolger, die die Familienfirma von ihren Eltern übertragen bekommen. Darin sieht das Bundesverfassungsgericht einen Verstoß gegen den Gleichheitsgrundsatz im Grundgesetz und schließt sich damit den Bedenken des Bundesfinanzhofs, des obersten deutschen Steuergerichts, an.

Denn wer eine Firma erbt, muss oft gar nichts an den Fiskus abtreten, wenn er die Arbeitsplätze über einen längeren Zeitraum erhält. So wollte die Politik den Generationenwechsel im Mittelstand erleichtern und verhindern, dass der Sohn oder die Tochter den Betrieb zerschlagen und Teile verkaufen muss, um sich die Erbschaftsteuer leisten zu können.

Diese Rechtfertigung akzeptieren auch die Juristen. Doch die Justiz bemängelt die Umsetzung durch den Gesetzgeber und stört sich vor allem an vielen Missbrauchsmöglichkeiten. Alle Unternehmen mit bis zu 20 Beschäftigten bekommen den Erlass auch ohne Arbeitsplatzerhalt. Das aber betreffe mehr als 90 Prozent der Betriebe, monierten die Richter. Und wer mehr Beschäftigte hat, könne mit leichten Konstruktionen ebenfalls in den Genuss der Ausnahme kommen. Dafür gründet er eine „Besitzgesellschaft", die das Betriebsvermögen hält und weniger als 20 Leute beschäftigt. Daneben richtet er eine „Betriebsgesellschaft" ein, für die keine Erbschaftsteuer anfällt, weil sie kaum Werte ihr Eigen nennt.

Beliebt ist auch die Methode, den Picasso vom Wohnzimmer ins Chefbüro zu bringen, wo er steuerfrei bleibt. Ein weiterer Trick: Vermögende stecken ihr Bargeld in eine Cash GmbH mit einem klaren Geschäftsmodell. Die Firma dient dem Inhaber dazu, die Millionen steuerfrei an die Nachfolger weiter zu reichen. Dieses Steuerschlupfloch hat die Regierung inzwischen gestopft. Den Ruf der heutigen Regelung aber fördert diese Trickserei nicht.

Auf Druck des Bundesverfassungsgerichts muss die Politik sich nun erneut korrigieren. Union und SPD wollen allerdings so wenig wie möglich ändern und nur das reformieren, was ihnen Karlsruhe ausdrücklich aufgetragen hat. Das heißt: Die Erbschaftsteuer wird auch weiter eine kleine Rolle im deutschen Steuersystem spielen. Erben großer Unternehmen werden künftig nicht mehr so leicht um die Zahlungen herumkommen. Doch einen grundlegenden Neuanfang lehnt die große Koalition ab.

„Ich habe nichts gegen Reichtum"

Ein Gespräch mit dem Wirtschaftswissenschaftler Thomas Piketty

Thomas Piketty machte 1987 mit nur 16 Jahren sein Abitur. Anschließend studierte er Mathematik, später Wirtschaft in Paris und London. Sein Buch: „Das Kapital im 21. Jahrhundert" machte ihn weltberühmt.

Herr Piketty, in Ihrem Buch „Das Kapital im 21. Jahrhundert" schreiben Sie über Geld, warum dann die literarischen Zitate?
Gerade in den Büchern von Honoré de Balzac oder Jane Austen werden die Konsequenzen der inegalitären Gesellschaft ihrer Zeit für die Menschen sehr eindringlich beschrieben. Geld steht nicht für sich allein, es bestimmt, mit wem man redet, wen man heiratet, was man im Leben erreichen kann.

Was unterscheidet Ihr Buch von anderen, die ebenfalls das Thema Umverteilung behandeln?
Allein die schiere Menge an Daten, die wir über 15 Jahre gesammelt haben. Zum ersten Mal ist es möglich, die Verteilung von Einkommen und Vermögen, aber auch die nationalen Schuldenlasten von 20 Ländern über eine Zeit von 300 Jahren zu vergleichen. Zum ersten Mal können wir Entwicklungen über die Jahrhunderte erklären und Lehren für die Gegenwart ziehen. Das wird den Blick ändern. Ich glaube an die Macht von Ideen und Büchern.

In den USA, wo Ihr Buch seit Monaten die Bestsellerlisten anführt, stimmten die Menschen bei den vergangenen Kongresswahlen dennoch stark für die Republikaner, eine Partei, deren Politik die Spaltung der Gesellschaft zementiert.
Ich habe nicht erwartet, dass mein Buch die US-Wahlen ändert. So naiv bin ich nicht. Die Wahlen zeigen allerdings klar, wie stark die Parteien von privaten Geldgebern beeinflusst werden. Das ist besorgniserregend. Millionen werden von Privatleuten und Lobbygruppen

in Parteien oder gleich in Fernsehspots und Werbung gesteckt. Während wir in Europa über eine Regulierung der Parteienfinanzierung den Einfluss des Geldes auf die Politik beschränken, gibt es diese Begrenzung in den USA nicht mehr.

Individuelle Freiheit setzt aber Privatbesitz voraus.
Tatsächlich glaube ich an den Kapitalismus und die Marktkräfte. Aber wir brauchen starke demokratische Institutionen, um sicherzustellen, dass die machtvollen kapitalistischen Kräfte auch für das Gemeinwohl arbeiten. Wenn wir etwas gelernt haben, dann, dass wir die extremen Ungleichheiten, wie sie im 19. Jahrhundert herrschten, nicht brauchen, um Wachstum zu erzielen – und sie auch nicht mehr wollen. Es wäre naiv, sich darauf zu verlassen, dass die Märkte die Probleme lösen.

Ungleichheit kann aber auch Motor für Innovationen sein.
Natürlich. Ich habe auch nichts gegen Reichtum. Ich will nur dafür sorgen, dass möglichst viele Menschen an gute Arbeitsplätze kommen und selbst Vermögen schaffen können. Wichtig ist doch die Frage, ab wann Ungleichheit zu extrem wird. Eine übermäßige Konzentration von Reichtum verringert die Chancen für Menschen aus nicht wohlhabenden Familien. Für sie wird es schwieriger, an Kapital zu gelangen.

Ungeachtet dieser Erkenntnisse verbreitet mancher Politiker hierzulande weiter, alles werde gut, wenn nur die Wirtschaft weiter wachse.
Wachstum allein ist nicht genug. Die extremen Ungleichheiten vor dem Ausbruch des Ersten Weltkriegs entstanden trotz Innovation und Wachstum. Ein Beispiel: In Paris besaß 1913 ein Prozent der Bevölkerung 70 Prozent des Vermögens, während zwei Drittel der Einwohner bei ihrem Tod nichts hinterlassen konnten. Diese Spaltung der Gesellschaft bereitete den Weg zum Nationalismus mit. Man suchte einen Schuldigen.

Wann änderte sich das?
Korrigiert wurde diese Extremsituation durch die zwei Weltkriege sowie soziale und institutionelle Reformen. Kurz zuvor, 1914, hatte

Frankreich als letztes Land eine Einkommensteuer eingeführt. Aber nicht etwa, um damit Schulen, also Bildung und damit Aufstiegsmöglichkeiten, zu finanzieren, sondern den Krieg gegen Deutschland. Mit Einführung der Steuer aber wurde die extrem ungleiche Verteilung des Vermögens erstmals offenbar.

Sie werben für eine globale Vermögensteuer von bis zu 80 Prozent auf sehr hohe Einkommen. Wie soll das gehen? In Deutschland war die Einführung einer solchen Abgabe nicht einmal auf nationaler Ebene möglich.
Verglichen zu den USA, wo das Wachstum der letzten 30 Jahre zu drei Vierteln dem reichsten Teil der Bevölkerung zugutekam, sind Deutschland und die anderen europäischen Staaten eine relativ egalitäre Gesellschaft. Es ist ja nicht so, dass Vermögen gar nicht herangezogen würde. Aber es muss mehr geschehen. Investitionen in soziale und in Bildungseinrichtungen etwa sind mindestens ebenso wichtig, um gesellschaftlichen Ungleichheiten entgegenzuwirken.

Was ist Ihrer Ansicht nach dann das Kernproblem in Europa?
Die massive Arbeitslosigkeit unter jungen Menschen. Vor allem im Süden Europas haben ein Viertel, manchmal ein Drittel der jungen Leute keine Arbeit, können keine professionellen Erfahrungen sammeln. Das wird langfristig spürbare Konsequenzen haben. Ein Desaster.

Woran liegt das?
Vor allem daran, dass unsere Währungsunion in Europa nicht funktioniert. Gerade Frankreich und Deutschland haben 2011 und 2012 extrem egoistisch gegenüber den hoch verschuldeten Ländern in Südeuropa gehandelt. Dass es andere Wege gibt, zeigt mein Buch, das Staatsverschuldung aus einer historischen Perspektive betrachtet.

Zum Beispiel?
Frankreich und Deutschland etwa haben ihre eigenen Schulden nie zurückgezahlt, sondern mittels Inflation gesenkt. 1945 erreichte die Schuldenlast dieser Länder 200 Prozent des Bruttoinlandsprodukts

– fünf Jahre später waren sie quasi schuldenfrei. Hätten sie die Verbindlichkeiten allein mit ihren jährlichen Überschüssen begleichen müssen, würden sie noch heute zahlen. Stattdessen konnten sie in den Wiederaufbau investieren. Gerade diese zwei aber diktieren nun Südeuropa, seine Verbindlichkeiten samt Zinsrate zurückzuzahlen.

Was wäre die bessere Lösung?
Ich halte eine Steuer auf sehr große Vermögen für die effektivste Methode. Anders als bei der Inflation, wo überwiegend geringer Verdienende belastet werden, würden nur besonders Wohlhabende zur Kasse gebeten. Aber selbst eine Inflation von maximal vier Prozent wäre besser als jahrelanger Schuldendienst.

Das Interview führte Kerstin Krupp

Lasst die Kinder arbeiten

Ein Gastbeitrag von Danuta Sacher

Dass Kinderarbeit ein Reizthema ist, zeigte sich zuletzt Anfang Juli dieses Jahres, als das bolivianische Parlament Kinderarbeit in dem ärmsten Land Südamerikas teilweise legalisierte. Das Kinderhilfswerk Terre des Hommes bewertet diese Entscheidung als einen Fortschritt zum Wohl der Kinder – im Unterschied zu zahlreichen empörten Kommentatoren. In der öffentlichen Diskussion wurde übersehen, dass die arbeitenden Kinder in Bolivien selbst für die Legalisierung ihrer Arbeit gekämpft haben. Sollte uns das nicht zu denken geben?

Eigentlich hatte der bolivianische Arbeitsminister Oscar Gamarra nur ausgesprochen, was die Weltgemeinschaft denkt: Kinder sollen nicht arbeiten, sondern in die Schule gehen und spielen. Die 16-jährige Lourdes aus Potosí, die seit vier Jahren als Grabpflegerin Geld verdient, konfrontierte den Minister auf einer Diskussionsveranstaltung mit der Realität: „Machen Sie endlich eine Politik, die nicht uns arbeitende Kinder kriminalisiert. Wenn wir über die Abschaffung von Kinderarbeit reden wollen, müssen wir erst mal die Armut abschaffen", forderte sie ihn auf.

Lourdes ist in Potosí Sprecherin der Unatsbo, des Rates der arbeitenden Kinder und Jugendlichen. Unatsbo hat mit anderen Kindergewerkschaftern hart dafür gekämpft, dass Kinderarbeit in Bolivien nicht pauschal verboten wird. Terre des hommes unterstützt diese Selbstorganisation arbeitender Kinder seit ihrer Gründung im Jahr 2003. Etwa 4.000 Kinder sind darin landesweit organisiert und vertreten ihre Interessen gegenüber Kommunen und Gesetzgeber.

Das neue Gesetz erlaubt die Erwerbstätigkeit von Kindern unter bestimmten Bedingungen: Sie muss ohne Zwang erfolgen und elementare Kinderrechte wie Schulbildung oder bestmögliche Gesundheit dürfen nicht gefährdet werden. Ab dem zehnten Lebensjahr dürfen Kinder auf eigene Rechnung zum Beispiel als Straßenhändler arbeiten, ab zwölf ist auch abhängige Arbeit erlaubt – beides jedoch nur, wenn es von einer örtlichen Kinderschutzstelle genehmigt wurde, die den Kindern und ihren oft extrem armen Familien zukünftig auch Hilfs- und Schutzangebote machen soll. Gefährliche oder schädliche Arbeiten wie in Bergwerken oder bei der Zuckerrohrernte sind vor Vollendung des 18. Lebensjahres verboten.

Das Gesetz versucht einer offensichtlichen Tatsache gerecht zu werden: Kinderarbeit ist nicht gleich Kinderarbeit. Es kommt auf die Art der Arbeit, auf die Dauer und auf die Bedingungen an. Und auf die Alternative: Wenn Familien so arm sind, dass sie in der Zwangslage stehen, ihre Kinder hungern oder arbeiten zu lassen, dann kann Arbeit die bessere Option sein. Alle Formen pauschal zu verbieten bedeutet deshalb häufig nur, dass die Kinder in die Illegalität gedrängt werden, wo sie völlig schutzlos sind und auch nicht für bessere Arbeitsbedingungen kämpfen können.

Selbstverständlich muss das Ziel bleiben, Kinderarbeit zu überwinden, denn Kindheit soll nicht Arbeit, sondern Spielen und Lernen bedeuten. Doch die Kinderarbeit in Bolivien ist Ausdruck von Armut, die nicht per Gesetz, sondern nur in einem langfristigen Entwicklungsprozess abgeschafft werden kann. Bis dahin muss es darum gehen, die Kinder besser vor Ausbeutung und Gewalt zu schützen und ihren Anspruch auf ein menschenwürdiges Leben anzuerkennen. Wer etwas für diese Kinder tun will, sollte sich deshalb nicht an pauschale Verbote klammern, sondern die Ursachen der Kinderarbeit bekämpfen – in erster Linie die Armut, die Kinder und Erwachsene dazu zwingt, für einen Hungerlohn jede Form der Arbeit anzunehmen. Löhne von zwei oder drei Euro täglich, wie sie zum Beispiel die Arbeiterinnen in asiatischen Textilfabriken bekommen, sind ungerecht. Ungerecht sind auch die niedrigen Weltmarktpreise für viele Agrarprodukte aus dem Süden, die Kinder zur Mitarbeit bei der Ernte zwingen, weil die Löhne der Erwachsenen zur Existenzsicherung der Familien nicht ausreichen. Und Ungerechtigkeit pflanzt sich fort, wenn Kinder keine Bildung bekommen, weil ihre Familien Schule nicht bezahlen können und deshalb Armut und Chancenlosigkeit an die nächste Generation vererben. Kinderarbeit ist mit anderen Worten Ausdruck und Folge eines Systems, in dem Löhne und Preise dem Wert der Arbeit nicht gerecht werden und arme Familien arm bleiben lassen.

Wer arbeitenden Kindern helfen will, muss an diesen Ungerechtigkeiten ansetzen: mit fairen und existenzsichernden Löhnen, mit

Preisen, die den Wert der Arbeit spiegeln, und mit angemessenen Sozialleistungen wie zum Beispiel in Brasilien mit dem Programm Bolsa Familia, das 50 Millionen extrem Arme in Notlagen auffängt. Und er muss die Meinung der Kinder respektieren, die bereits von klein auf Verantwortung für ihr eigenes Leben und das ihrer Familien übernommen haben.

Danuta Sacher ist Vorstandsvorsitzende von Terre des Hommes.

„Wir leben in einer Lobby-Republik"

Ein Gespräch mit dem politischen Ökonomen Birger Priddat

Birger Priddat ist Professor für Volkswirtschaftslehre und Philosophie an der privaten Universität Witten/Herdecke. Er forscht seit Jahren über die Einflussnahme auf Politiker.

Wer regiert Deutschland, Herr Priddat?
Offiziell natürlich die Parteien, die die Regierung stellen. Aber die Parteien, die Ministerien und die Ausschüsse stehen unter Einfluss der Lobbyisten. Das sind die professionellen Berater, die von Verbänden, Organisationen und allen, die irgendein Interesse vertreten, bereitgestellt werden. Zu einzelnen Sachfragen haben sie jeweils eine Qualifikation, über die die Mitarbeiter in den Ministerien nicht verfügen können. Als Gesetzesvorbereiter sind die Ministerialen natürlich gut, aber insbesondere wenn völlig neue Fragen auftreten, NSA zum Beispiel, sind sie nicht gewappnet. Die Lobby ist gewissermaßen die Gratisberatung mit höchster Kompetenz in unserem Land.

Gilt das für die Abgeordneten auch?
Abgeordnete sind nicht so interessant, es sei denn, sie sitzen im zuständigen Ausschuss. Die konkreten Gesetze werden eindeutig in den Ministerien erarbeitet. Auf dem Weg in die Ausschussberatungen sind allerdings alle möglichen Korrekturen und Einschreibungen schon geschehen, die zum Beispiel den Interessen der Wirtschaft, der Gewerkschaften oder der Kirchen entsprechen. Dieser Prozess ist dem normalen Abgeordneten nicht zugänglich. Die Beeinflussung geht zunächst direkt über Minister oder Staatssekretäre. Dort werden Schwerpunkte gesetzt und Gesetze so vorbereitet, dass man bestimmte Interessen nicht verletzt, sondern vielleicht sogar fördert. Die konkrete Ausarbeitung erledigen die Ministerien. Da gehen die Berater direkt hinein. Wenn, dann sind es die Ausschüsse, die die Gesetze nochmal prüfen.

Sehr demokratisch klingt das alles nicht.
Wenn die Regierung gebildet worden ist, hat der Wähler nichts mehr zu sagen. Nur einzelne Interessengruppen haben jetzt eine zweite Wahl. Sie können im Grunde noch einmal eine Stimme abgeben, indem sie Gesetze mitformulieren, obwohl das im parlamentarischen System gar nicht vorgesehen ist. Ich nenne das Demokratie zweiter Ordnung. Natürlich gibt es auch Widerstände in den Parteien oder auch in Ausschüssen. Aber der Auftritt und die Kompetenz der Lobby sind so stark, dass sich dieses ganze System dagegen nicht wirklich wehren kann. Um bestimmte Interessen abwehren zu können, braucht man ja wieder hohe Kompetenz.

Gelegentlich sind Begriffe wie „Soziallobby" oder „Arbeitslosenlobby" zu hören. Haben alle Interessenvertreter die gleichen Einflussmöglichkeiten?
Von einer Soziallobby oder Arbeitslosenlobby zu reden, ist völlig übertrieben. Sicher gibt es in der SPD oder auch bei den Grünen und der CDU einen Arbeitnehmerflügel, aber das sind eher die schwächeren Batterien. Außer, wenn die SPD sich gerade mal wieder als sozial profilieren will. Die schwächeren Gruppen sind in keiner Weise so organisiert wie die hoch bezahlte Lobby der Verbände, die sich das leisten können. Da besteht eine echte Asymmetrie.

Warum ist es ein Problem, wenn statt aller diejenigen entscheiden, die sich im Thema auskennen?
Das ist eine Entwertung des Parlaments. In einer Wissensgesellschaft ist das allerdings möglicherweise ein strukturelles Problem, das nicht leicht aufzuheben ist, weil die Politik in einer Wissensgesellschaft die Komplexität vieler Probleme gar nicht beherrschen kann. Wir müssten sonst ein Expertenparlament haben, aber wir wollen ja keine Expertokratie, sondern eine Volksdemokratie.

Wenn man das Dilemma nicht auflösen kann, kann man es wenigstens eingrenzen?
Wahrscheinlich müsste man einfache Gesetze machen. Aber ein Gesetz mit seinen Regeln und Ausnahmen ist keine ganz scharfe, präzise Anweisung, sondern hat immer einen rechtlichen Interpre-

97

tationsraum. Ein Beispiel: In den Jahren 2008/09 haben sehr viele Ökonomen und Politiker gesagt: Wir müssen den Bankensektor vollständig regulieren. Aber was in den Parlamenten diskutiert und teilweise sogar beschlossen wurde, wurde durch die Lobbyarbeit der Banken und Finanzmärkte so heruntergekocht, dass fast nichts realisiert wurde.

Fließt beim Lobbyismus auch Geld?
Die Korruption in dem Sinne, dass mit Geld Intervention erkauft wird, ist bei uns eher nicht üblich, anders als in den USA. Wenn bei uns wichtige Abgeordnete Gesetze durchbringen, die die Interessengruppen zuvorkommend behandeln, haben sie später eine Chance, einen gut dotierten Posten zu bekommen. Viele Ausschussmitglieder sind später auf gut dotierten Posten gelandet.

Können Sie ein Beispiel nennen?
Die Bekanntesten sind Ex-Kanzler Gerhard Schröder und Ex-Außenminister Joschka Fischer. Sonst in bunter Reihe: Roland Koch, Kurt Beck, Rezzo Schlauch, Wolfgang Clement, Werner Müller, Friedrich Merz, Lothar Späth, Matthias Wissmann, Otto Wiesheu usw.

Sind das nicht Einzelfälle?
Nein. Der Soziologe Dirk Baecker hat eine „Logik der Ämter" entwickelt, die besagt: Abgeordnete sind letzthin unsicher – nicht jeder wird Minister, und wenn, dann nicht auf Dauer. Nach ein paar Wahlperioden müssen viele Politiker das Parlament verlassen. Die Logik der Ämter liegt darin, dass man sicher sein kann, später versorgt zu werden, von der Partei, aber vielleicht auch von Interessengruppen. Das ist die Währung, in der in Deutschland gezahlt wird. Und das hat natürlich seine Wirkung schon während der parlamentarischen Arbeit.

Welche Regeln sollte sich die Politik selbst auferlegen?
Da ist nicht viel zu machen. Höchstens vielleicht bei denen, die viel nebenbei arbeiten. Peter Gauweiler von der CSU zum Beispiel. Er hat bei vielen Sitzungen gefehlt, und die Politik wäre gut beraten, solche Leute herauszunehmen. Insgesamt müsste zunächst das Selbst-

bewusstsein der Abgeordneten größer sein. Sie müssen verlangen können, dass ihnen erklärt wird, worüber sie abstimmen. Zweitens sollte man in jedes Gesetz einen Revisionsvorbehalt einbauen. Man sagt damit als Abgeordneter: Wir haben keinen Einblick in die Komplexität und die Folgen des Gesetzes, also lassen wir es mal laufen und vertrauen euch. Aber nach drei oder fünf Jahren muss das Gesetz überprüft werden.

Aber es wäre doch besser, die Gesetze schon vor der Verabschiedung richtig zu prüfen.
Ja, das ist mein dritter Punkt: Damit die Abgeordneten verstehen, worum es geht, müsste das Institut der Anhörung von neutralen Wissenschaftlern ausgeweitet werden. Ich war mehrmals im Bundestag bei solchen Anhörungen dabei. Da sitzen dann ausgewählte Vertreter der Wissenschaft oder aus anderen Bereichen, die Statements von fünf bis zehn Minuten abgeben dürfen. Das reicht nicht. Information und Transparenz braucht Zeit, und das heißt: Die Gesetze könnten nicht mehr durchgepeitscht werden. Wahrscheinlich bräuchte man ganze Expertenteams, auch mit Juristen, die die Sprache verstehen, in der bestimmte Interessen versteckt sind. Das müsste den Abgeordneten dann so transparent vorgestellt werden, dass sie begreifen, was sie tun. Und es könnte begleitet werden durch einen größeren Diskurs in den sozialen Netzwerken und den Medien insgesamt.

Und das reicht dann?
Nicht unbedingt. Zusätzlich kann man das Schweizer Modell heranziehen und sagen: Notfalls machen wir eine Volksabstimmung. Das setzt allerdings voraus, dass die Bürger sehr klug vorbereitet und gut informiert werden. Ich freue mich immer wieder über das Niveau, mit dem in der Schweiz komplexe Dinge einfach dargestellt werden. Wenn die Schweizer am Stammtisch oder in der Familie zusammensitzen, diskutieren sie auf einem höheren Niveau, als es in Deutschland üblich ist. Das ist Zukunftsmusik, es würde eine andere, direktere Demokratie bedeuten. Aber ich glaube, dass das ein probates Mittel gegen Lobbyismus ist. Wenn nicht nur die Abgeordneten verstehen, worum es geht, sondern auch die Bevölkerung, dann kann nicht mehr – sozusagen von der Seite – etwas in die Gesetzgebung

hineingetragen werden, das mit den Intentionen der Abgeordneten und der Bevölkerung wenig zu tun hat.

Würden sich die Lobbyisten dann nicht auf die Medien stürzen, um die Bevölkerung direkt zu beeinflussen?
Genau das geschieht in Kalifornien. Dort hat man die Volksinitiativen eingeführt, und jetzt übernehmen reiche Menschen die Medieninitiative. In der Schweiz wird die direkte Aufklärung zu den Abstimmungen staatlich organisiert. In den Medien dürfen natürlich weiter Interessen artikuliert werden, das darf eine Demokratie nicht ausschließen. Ich finde das besser, als wenn die Interessen heimlich eingebracht werden, an den gewählten Abgeordneten vorbei.

Wäre es nicht konsequent, Lobbyarbeit bei der Gesetzgebung schlicht zu verbieten?
Ich glaube, das geht nicht. Wir hätten dann ein Wissensproblem. Sie müssten dazu wahrscheinlich zwei Dinge ändern: Sie müssten den Beamtenstatus in den Ministerien abschaffen, so dass Sie für jedes neue Gesetz Experten mit Projektverträgen einkaufen können. Oder Sie müssten die Mittel für Beratung extrem erhöhen. Wenn man das Wissen nicht einkaufen kann, lässt sich nicht verhindern, dass die Lobbyisten ihre Gratis-Expertise weiter zur Verfügung stellen. Durch Verbote können Sie das nicht regeln, zumal sich Abgeordnete und Lobbyisten dennoch weiter treffen würden. Was man verbieten kann, ist aber, dass die Lobbyisten direkt in Ministerien sitzen und an den Gesetzen mitarbeiten. Und jeder Lobbykontakt sollte veröffentlicht werden, als jedem Gesetz beigelegte offizielle Liste.

Das Interview führten Nadja Erb und Stephan Hebel

Wie Lobbyisten das Polit-Geschäft bestimmen

Von Steven Geyer

Vor einigen Wochen erhielt Verkehrsminister Alexander Dobrindt (CSU) Post von vier einflussreichen Männern mit großen Sorgen: Die führenden Wirtschafts- und Verkehrspolitiker von CDU und SPD, zugleich Vizechefs ihrer Fraktionen, bangen um den „Luftverkehrsstandort Deutschland" – und bitten, die deutsche Luftverkehrswirtschaft bald von „nationalen Alleingängen wie der Luftverkehrssteuer" zu befreien – freilich nur, um „Arbeitsplätze zu erhalten".

Und siehe da: Im Herbst 2014 erklärte Dobrindts Staatssekretärin Katherina Reiche (CDU) tatsächlich, ihr Haus erwäge die Abschaffung der Steuer. Umweltorganisationen reagierten schockiert, dass „ausgerechnet der besonders klimaschädliche Luftverkehr, der schon jetzt durch die Befreiung von Kraftstoffsteuern und Mehrwertsteuer bevorzugt wird", weiter begünstigt werden soll. Lufthansa-Chef Carsten Spohr dagegen geriet in Feierlaune: „Ich begrüße solche Diskussionen in Bundesverkehrsministerium", jubelte er.

Kein Wunder: Nur ein Jahr hat es gedauert, bis die Regierungsfraktionen – anders als noch im Koalitionsvertrag – an der Steuer rütteln. Noch besteht zwar Finanzminister Wolfgang Schäuble (CDU) auf den jährlichen Einnahmen von einer Milliarde Euro, zumal es in Deutschland trotz Steuer gerade einen neuen Fluggast-Rekord gegeben habe. Doch die Branche spürt, dass ihr Dauerbeschuss wirkt, den sie gestartet hat, als die schwarz-gelbe Bundesregierung 2010 die Steuer auf jedes hierzulande gekaufte Ticket einführte. Vor den Fraktionen war bereits der Bundestag eingeknickt, nachdem gezielt Länder mit Luftverkehrsstandorten bearbeitet worden waren.

Die Branche hat daraus gelernt, dass sie die Einführung der Abgabe nicht stoppen konnte, weil sie zu gespalten auftrat. Inzwischen ist der 2010 gegründete Bundesverband der Deutschen Luftverkehrswirtschaft (BDL) eine mächtige Lobby, die jederzeit das Klagelied der Mehrfachbelastung deutscher Airlines und Flughäfen anstimmt.

Ihr Vorgehen ist lehrbuchhaft: An der Spitze stehen mit Matthias von Randow (SPD) ein Ex-Staatssekretär im Bundesverkehrsministerium sowie das bekannte Ex-ZDF-Gesicht Klaus-Peter Siegloch. Strukturen und Entscheider in Politik und Medien kennen sie aus dem Effeff – darauf kommt es bei Lobbyisten an. Im BDL träten die früheren Einzelkämpfer schlagkräftig auf und hätten „viele Informationsgespräche mit vielen Abgeordneten, Fraktionen und Regierungsvertretern", schwärmt von Randow. Schon vor Inkrafttreten der Ticketsteuer hatte der BDL die Politiker so kirre gemacht, dass das Gesetz heftig aufgeweicht wurde.

Inzwischen kennen Abgeordnete aller Fachrichtungen die BDL-Vertreter: von Treffen im Bundestag, Einladungen zu Events, Hintergrundgesprächen, obligatorischen Experten-Anhörungen. Ehe ein Prüfbericht des Finanzministeriums ergab, dass die Ticketsteuer der Branche nicht schade, legte der BDL eine eigene Analyse vor, die das Schrumpfen der Regionalflughäfen der Steuer anlastet. Seitdem hantiert die Politik mit beiden Papieren. Und wenn nun die Fraktionsvizes die Steuer abschaffen wollen, liefern diese zugleich Argumente für die Öffentlichkeit: Im Gegenzug sollten die Airlines in leisere Jets und in Jobs investieren. Mit diesen Versprechen hatte der BDL schon versucht, die Steuer zu verhindern. Im Bundestag weist man freilich von sich, eingewickelt worden zu sein: „Auch wenn man das Gejammer abzieht, erkennt man, dass die Branche wirklich in Schwierigkeiten steckt", heißt es.

Tatsächlich liegt da die Brisanz: Dass die Wirtschaft wie jeder andere Betroffene ihren Interessen Gehör verschaffen muss, urteilte sogar das Bundesverfassungsgericht. Klar ist jedoch, dass es der Wirtschaft in der Praxis um Informationsbeschaffung, Einflussnahme und die strategische Ausrichtung der eigenen Tätigkeit geht – so lautet die gängige Definition des Lobbyismus seit Jahrzehnten. Genau da wird es problematisch: Wenn der Lobbyismus seinem Namen gerecht wird – und Politiker und Wirtschaftsvertreter kungeln, ohne dass diese Einflussnahme legitimiert und unter den Betroffenen gerecht verteilt ist. So muss sich die Bundesregierung fragen lassen, warum sie sich im Vorfeld der Ökosteuerreform Anfang dieses Jahres 60-mal mit Lobbyisten beriet – dabei aber viel häufiger mit Kohlefreunden als der Ökostromlobby. Fakt ist: Die Reform drosselt nun vor allem

Biomasse und Land-Windkraft, zu den Gewinnern zählen die Meeres-Windparks von RWE und Eon. Auch als Schwarz-Gelb vor Jahren die Energiekonzerne bevorzugte, indem sie den rot-grünen Atomausstieg bremste, nutzte man die Begriffswahl der Atomlobby, wonach AKW eine klimafreundliche „Brückentechnologie" seien.

Einen Eindruck der Lobbytätigkeit in Berlin gibt das Verbandsregister des Bundestages: Mehr als 2.000 Interessenvertreter haben sich angemeldet, um mit einem Hausausweis ein- und ausgehen zu können. Doch Kritiker monieren, das Register sei wertlos, weil es keine Angaben zur wahren Identität des Akteurs, seinen Zielen, Auftraggebern und Finanzmitteln enthält.

Einfallstor der Lobbyisten ist die Komplexität der Gesetzgebung: Dankbar greifen Ministerien wie Fraktionen auf Expertise von außen zurück. Nachvollziehbar ist das bei Experten- und Verbandsanhörungen, die sogar vorgeschrieben sind. Doch die Grenze zur Beeinflussung ist überschritten, wenn Verbände ihre Sicht in „Formulierungshilfen" weitergeben, die sich wortgleich im Gesetz wiederfinden – so geschehen etwa, als der Verband Forschender Arzneimittelhersteller schwarz-gelbe Pläne zur Arzneimittelkontrolle bremste.

Beliebt sind Lobbyverbände bei Abgeordneten und Ministern auch als Auffangbecken nach der Politkarriere. Je schneller der Wechsel, desto näher liegt der Verdacht, die Wirtschaft wolle damit nicht nur die Kontakte nutzen, sondern auch für Begünstigungen danken. Kritiker fordern deshalb eine Karenzzeit, um den Effekt zu mildern.

Doch es geht noch wilder: 2006 entdeckte der Bundesrechnungshof zufällig, dass Bundesministerien bis zu 108 externe Experten aus Unternehmen fest bei sich arbeiten ließen, während viele davon weiter vom eigentlichen Arbeitgeber bezahlt wurden. Ein Daimler-Mann war dabei, als im Verkehrsministerium entschieden wurde, wer die Lkw-Maut eintreibt; Vertreter der Pharmaindustrie entschieden mit über Arznei-Zulassung; Deutsche-Bank-Angestellte saßen im Innenministerium. 2008 wurde die Praxis eingeschränkt, aber abschaffen konnte man externe Berater nicht: Ihre Expertise würde dem Staat sonst fehlen.

TTIP? Nur mit Transparenz

Von Peter Riesbeck

Die EU-Bürgerbeauftragte Emily O'Reilly will wissen, von welchen Experten sich die EU-Kommission beraten lässt. Im Mai 2014 startete die Studie dazu. Noch ist es für ein Ergebnis zu früh. Aber ein erstes Zwischenfazit hatte O'Reillys Mitarbeiterin Rosita Agnew im September schon gezogen: „Ich war überrascht von der Dominanz wirtschaftlicher Interessengruppen."

Im Kern ging es um den Einfluss von Experten auf das Freihandelsabkommen zwischen der EU und den USA, kurz TTIP. Das Kürzel ist längst zu einem Reizbegriff geworden. Hierzulande sammelten die Internetaktivisten von Campact Hunderttausende Online-Unterschriften gegen das Abkommen. Erst ging es nur um amerikanische Chlorhühnchen, dann um Gen-Mais. Selbst komplexe Themen wie Investor-Schiedsverfahren werden nun breit diskutiert. „Es geht um zentrale Wertfragen, wie Gentechnik oder Klimaschutz, aber auch um Fragen der demokratischen Selbstbestimmung, weil die Gefahr droht, dass wichtige Entscheidungen der demokratischen Kontrolle entzogen werden", so der Grünen-Europaabgeordnete Reinhard Bütikofer. Im Kern also geht es um Mitbestimmung. Und um Transparenz. Über TTIP wird hinter verschlossenen Türen verhandelt.

Inzwischen hat die EU-Kommission zwar reagiert und ein Beratergremium aus Wirtschaft und Zivilgesellschaft geschaffen. Doch der Protest reißt nicht ab. Geht es nach dem Soziologen Mancur Olson, ist die Erklärung einfach. Seine These: Egal ob in Familie, Firma oder Staat, wird die Basis bei Entscheidungen nicht mitgenommen, gibt es zwei Varianten: Exit – sprich Rückzug oder politisch gesehen Wahlabstinenz – oder Voice, also Protest. Siehe TTIP. Oder auch Stuttgart 21.

Für den SPD-Europaabgeordneten Udo Bullmann sind die beiden Debatten vergleichbar. Und auch wieder nicht. „Stuttgart 21 war klassisch bezogen auf ein Thema und lokal verankert. Das ähnelt also eher dem Muster der typischen Bürgerinitiative", so Bullmann. Der Protest gegen TTIP ist übernational und globalisierungskritischer: „Die Struktur der Debatte ist hier eine andere: Wir erleben neben der inhaltlichen Kontroverse auch eine Stellvertreter- und Symbolfunktion." Im Kern steckt in der Debatte um mehr Transparenz ein alter Ruf nach Mitbestimmung, sprich Teilhabegerechtigkeit.

Nirgends lässt sich das besser ablesen als in der TTIP-Debatte. Der britische Soziologe Colin Crouch hat zu Beginn des Jahrhunderts das Zeitalter der Postdemokratie ausgerufen. Formal, so Crouch, funktioniert die Demokratie mit ihren Wahlen und Parlamenten. Informell aber ist die auf Gleichheit beruhende Entscheidungsfindung durch Elitenzirkel und Lobbygruppen längst ausgehöhlt. Delegitimation also durch Verfahren.

Eben deshalb ist die Forderung nach Transparenz der Schlachtruf der neuen Generation Protest. Der Linken-Europaabgeordnete Fabio De Masi etwa fordert: „Wir brauchen Volksentscheide in allen EU-Staaten. Dafür müssen wir in Deutschland das Grundgesetz ändern."

Wie Bürger ruhiggestellt werden

Von Claus-Jürgen Göpfert und Claudia Michels

Es sollte „ein Leuchtturm-Projekt mit internationaler Ausstrahlung" werden. Die Stadt Frankfurt wollte das alte Universitäts-Gelände in Bockenheim zum „Kulturcampus" umgestalten. Neben der neuen Hochschule für Musik und Darstellende Kunst sollten sich Kultur-Institutionen mit internationalem Ruf ansiedeln: das Ensemble Modern von William Forsythe, zum Beispiel.

Auf dem 16,5 Hektar großen Grundstück sollte laut Ankündigung ein Quartier wachsen, „das den Ansprüchen und Bedürfnissen einer urbanen Stadtbevölkerung im 21. Jahrhundert gerecht wird". Auch für Modelle des genossenschaftlichen Wohnens sollte Raum sein. Die damalige Oberbürgermeisterin Petra Roth (CDU) machte die Entwicklung zu ihrem Anliegen. Am 5. Oktober 2011 fuhr sie mit einer „Slightshow" im Gepäck zur Internationalen Immobilienmesse Expo Real in München, um die Planung der Fachwelt zu präsentieren.

Die Frankfurter Delegation warb auch mit neuen Formen der Bürgerbeteiligung. Tatsächlich gab es mehrere professionell moderierte Planungswerkstätten mit jeweils bis zu 250 engagierten Bürgern. Die Stadt lud die Bockenheimer ein: „Wir freuen uns auf Ihre Ideen!"

Drei Jahre später ist die Bilanz ernüchternd. Denn in den Sitzungen, sagt der Kunstdozent Walter Ybema auch selbstkritisch, „wurde nie über Geld gesprochen". Dann aber „stellte die Politik alles unter den Finanzierungsvorbehalt". Die Stadt, wisse man jetzt, „nimmt für den Kulturcampus kein Geld in die Hand". Es sei demnach „ein Trick" gewesen, die Bürger einzuladen. Das aufmüpfige Bockenheimer Völkchen „wurde ruhiggestellt".

Für die Musikhochschule vermag das Land Hessen als Bauherr die nötigen mindestens 120 Millionen Euro in absehbarer Zeit nicht aufzubringen. Auch die Konzentration von Kultur-Institutionen unter einem Dach des „Forum Kulturcampus" kommt nicht zustande. Die schwarz-grüne Stadtregierung gestand offen ein, dass sie den Umzug der Gruppen auf den Campus finanziell nicht unterstützen kann. Da schien es ein Hoffnungsschimmer, dass zumindest das denkmalgeschützte Philosophicum einer linken Projektgruppe für ihr selbstverwaltetes Wohnmodell mit Kita und Stadtteilzentrum übergeben würde. Doch die Initiative konnte die geforderte Kaufsumme von acht Millionen Euro nicht aufbringen. Den Zuschlag hat nun ein Privatinvestor, der 270 Studierenden-Appartements in dem Haus unterbringen will.

Als Nächstes könnte das Ringen um das alte Studierendenhaus beginnen. Eine Bürgerinitiative plant dort ein „Offenes Haus der Kulturen", kann aber die Miete an die Campus-Eigentümerin ABG Holding allein nicht aufbringen. „Ohne Geld der Stadt geht es nicht", konstatiert Walter Ybema. Tim Schuster, sein Mitstreiter im Trägerverein, zieht ein bitteres Fazit: „Wir fühlen uns auf den Arm genommen von der Politik." Nach dem Rücktritt von OB Petra Roth fühle sich bei der Stadt für den Kulturcampus niemand mehr verantwortlich. „Wir haben den Eindruck, die Bürgerbeteiligung war nur Kosmetik."

Bürgermeister und Planungsdezernent Olaf Cunitz (Grüne) zieht ebenfalls eine Lehre aus der Entwicklung. Man sollte das Modell des offenen Planungsprozesses wie in Bockenheim „überprüfen", stellte er kürzlich fest.

„Die soziale Sprengkraft ist groß geworden"

Ein Gespräch mit Arbeitgeberpräsident Ingo Kramer und dem Vorsitzenden des Deutschen Gewerkschaftsbundes, Reiner Hoffmann

Reiner Hoffmann wurde im Mai zum Vorsitzenden des Deutschen Gewerkschaftsbundes gewählt. Der Ökonom war in seiner Karriere auch Direktor des Europäischen Gewerkschaftsinstituts, stellvertretender Generalsekretär des Europäischen Gewerkschaftsbundes und Landesbezirksleiter der IG BCE Nordrhein. Ingo Kramer ist seit November 2013 Präsident der Bundesvereinigung der Deutschen Arbeitgeberverbände. Er ist seit vielen Jahren Arbeitgeberfunktionär und war für die FDP in der Bremer Landespolitik aktiv.

Herr Kramer, für wen wirtschaften wir in Deutschland?
Wir wirtschaften für die Entwicklung dieses Landes und dieser Volkswirtschaft.

Teilen Sie das, Herr Hoffmann?
Wir wirtschaften für die Menschen, für deren Wohlstand. Wir wirtschaften aber auch dafür, dass es – wie es sich für eine soziale Marktwirtschaft gehört – gerecht zugeht.

Und sehen Sie das, wenn Sie in die Wirtschaft schauen, verwirklicht?
HOFFMANN: Nein. Wir erleben, dass die soziale Ungleichheit zunimmt, sowohl bei der Einkommens- als auch bei der Vermögensverteilung. Wir haben nach wie vor ein viel zu selektives Bildungssystem. Und auch das Versprechen der Europäischen Union, die Lebensverhältnisse in Europa anzugleichen, wird nicht eingelöst. Stattdessen entwickeln wir uns auseinander.

KRAMER: Ich widerspreche. Es gibt kein anderes System, das den Ausgleich der Vermögen und Einkommen so gut organisiert wie unsere soziale Marktwirtschaft. Die obersten zehn Prozent der Einkommensteuerzahler leisten 55 Prozent des Steueraufkommens. Die obere Hälfte der Einkommensteuerzahler zahlt 95 Prozent des Steueraufkommens. Und wenn man berücksichtigt, dass ein Großteil des Vermögens in Form von Eigenkapital in den Betrieben des deutschen Mittelstands gebunden ist, dann haben wir in Deutschland seit vielen Jahren keine auseinandergehende Schere bei den Vermögen.

HOFFMANN: Widerspruch! Wenn ich von der Ungleichheit der Vermögensverteilung rede, dann geht es nicht gegen den starken deutschen Mittelstand. Es geht um die Privatvermögen, und hier vor allem um die, die sich aus den Kapitaleinkünften speisen. Sie haben Dimensionen angenommen, die nicht nur sozial nicht gerecht sind. Sie sind auch ein ökonomisches Problem. Wir haben mittlerweile private Geldvermögen, die keine Anlagemöglichkeit mehr finden in der Realwirtschaft. Sie vagabundieren stattdessen an den internationalen Kapitalmärkten aus rein spekulativen Gründen. Diese hochgradig ungleiche Vermögensverteilung ist eine der Ursachen der internationalen Finanzmarktkrise, die in Europa letztlich dazu geführt hat, dass Menschen in Armut leben. Aufgrund der hohen Arbeitslosigkeit im Süden ist schon jetzt eine ganze Generation von Altersarmut bedroht. Das Versprechen, dass wirtschaftlicher Wohlstand zu Gerechtigkeit führt, ist schon lange kein Automatismus mehr.

KRAMER: Herr Hoffmann hat recht, wenn er darauf hinweist, dass in Südeuropa die Schere auseinandergeht. Ich teile das. Unser Modell der sozialen Marktwirtschaft wäre ein Exportschlager für Europa. Mit den Prinzipien, die wir hier haben, würde man wahrscheinlich ein anderes Verständnis füreinander und ein anderes Miteinander entwickeln können. Ich glaube, wir haben ein einmaliges System des Ausgleichs gefunden. Das müssen wir hochhalten.

Schauen wir mal ins Inland. Im Jahr 2000 haben hierzulande 4,4 Prozent der erwerbstätigen Haushalte Sozialleistungen bezogen. Im Jahr 2010 waren es sechs Prozent. Können die Unternehmen keine Löhne bezahlen, die in Deutschland zum Leben reichen, Herr Kramer?

KRAMER: Die Unternehmen zahlen in Deutschland in aller Regel Löhne, die zum Leben reichen. Wir sollten jetzt nicht den Eindruck erwecken, dass Deutschland in Europa in der Einkommensskala ganz hinten steht. Das ist doch falsch! Die meisten Menschen, die ergänzend zu ihrem Lohn Sozialleistungen beziehen, tun dies, weil sie nur wenige Stunden arbeiten oder eine Familie allein zu versorgen haben.

Kein anderes europäisches Land hat laut Hans-Böckler-Stiftung einen größeren Niedriglohnsektor als Deutschland.

KRAMER: Nein, das ist falsch! Deutschland hat zwar viele Menschen, die nur einen geringen Lohn haben, weil sie zum Beispiel nur Teilzeit arbeiten. Dafür haben wir deutlich weniger Arbeitslose als andere. Ich glaube, auch den Menschen, die nur zehn oder zwanzig Stunden arbeiten, ist mit einem Teilzeitlohn mehr geholfen, als dass sie arbeitslos sind. Wir haben heute einen Beschäftigungsrekord, und jeder Aufstieg setzt einen Einstieg voraus.

Herr Hoffmann, teilen Sie das?

HOFFMANN: Ich gehe bis zu dem Punkt mit, dass man die Zusammensetzung unseres Niedriglohnsektors differenziert sehen muss. Gleichwohl bleibt es dabei, dass wir im europäischen Vergleich den größten Niedriglohnsektor habe...

KRAMER: Bei geringster Arbeitslosigkeit!

HOFFMANN: Das stimmt nur bedingt. Denn in den skandinavischen Ländern arbeiten zwischen drei und sieben Prozent der Erwerbstätigen für einen Niedriglohn (Deutschland: 24 Prozent, Anm. d. Red.) und die Arbeitslosigkeit ist auf einem ähnlich geringen Niveau wie in Deutschland. In diesen Ländern sind auch die Einkommensunterschiede deutlich geringer als in Deutschland. Hier haben wir nach wie vor Korrekturbedarf. Denn ein solch großer Niedriglohnsektor ist nicht zu rechtfertigen. Sozial ist nicht, was Arbeit schafft. Sozial ist, was gute Arbeit schafft! Dazu gehören Einkommen, die es nicht nötig machen, dass die Menschen aufstocken müssen.

Im vergangenen Jahrzehnt ist die deutsche Wirtschaft kräftig gewachsen, gleichzeitig haben die Arbeitnehmer einen Reallohnverlust erlitten. Sie können sich heute weniger leisten. Nur für die Beschäftigten, für die ein Tarifvertrag gilt, gab es ein Plus.
HOFFMANN: So ist das! Das zeigt zwei Dinge. Erstens: Da wo Tarifverträge Anwendung finden, konnten nicht nur die Realeinkommen gesichert werden, die Menschen konnten zumindest partiell auch am wirtschaftlichen Wachstum beteiligt werden. Zweitens sehen wir, dass wir mit der Tarifpolitik alleine keine Verteilungsgerechtigkeit hinbekommen. Wir haben in den letzten Dekaden Steuerentlastungen für die Bezieher von Kapitaleinkünften gehabt. Heute tragen die Arbeitnehmer mit ihren Lohnsteuern wesentlich stärker zu den Staatseinnahmen bei als die Kapitalanleger.

Herr Kramer, müssen die Menschen nicht stärker profitieren? Sie sind es ja, die arbeiten. Und nicht – wie es manchmal heißt – das Geld.
KRAMER: Man braucht beides. Denn sonst wären wir bei der rein körperlichen Arbeit des Mittelalters. Und wenn wir die Eigenkapitalstruktur der Unternehmen verbessern wollen, damit sie besser gegen Risiken geschützt sind, dann muss das Geld irgendwo herkommen. Das eine geht nur mit dem anderen. Wir müssen aufhören, das nach Karl Marx' Lehre als Widerspruch zu sehen.

Jeder vierte Euro, der heutzutage erarbeitet wird, fließt den Vermögen zu. Halten Sie das für zu viel, für angemessen oder zu wenig?
KRAMER: Ich habe schon versucht zu erklären: Der Vermögenszuwachs findet in der Wertsteigerung der Unternehmen statt. Das Geld wird nicht zum Taschengeld der Reichen. Es ist in Maschinen, es ist in Know-how, es ist in Gebäuden gebunden. Der deutsche Mittelstand ist daran interessiert, das Vermögen über Generationen im Unternehmen zu halten. Damit entzieht er sich Ihrer Taschengeld-Philosophie. Wir müssen überlegen, wie wir den Ausgleich noch besser gestalten können. Da bin ich sofort ihr Partner. Aber ich bin nicht ihr Partner, wenn es darum geht, irgendwelche Verteilungskämpfe künstlich zu produzieren, die diesem Land nicht guttun. Wir wissen genau, dass die soziale Marktwirtschaft sehr erfolgreich ist.

111

HOFFMANN: Die ungleiche Vermögensverteilung hat in Deutschland zugenommen. Natürlich wollen wir als Gewerkschaften den Mittelstand nicht strangulieren. Aber wenn ein Prozent der deutschen Bevölkerung ein Drittel des Privatvermögens besitzt, dann geht es nicht um den kleinen Mittelstand, der zum Teil erhebliche Schwierigkeiten hat, genügend Geld zu bekommen, um notwendige Investitionen zu tätigen. Wir brauchen eine klare Orientierung gegenüber dem Menschen. Mir kann keiner erklären, warum ich mit einer regelmäßigen Erwerbstätigkeit, wenn ich gut verdiene, 45 Prozent Steuer zahle, und derjenige, der über entsprechende Kapitaleinkünfte verfügt, sich mit 25 Prozent davonstehlen kann. Das hat mit Gerechtigkeit nichts zu tun. Die Kapitaleinkünfte müssen in den Einkommensteuertarif zurückgeführt werden.

KRAMER: Mir geht es darum, dass wir immer genug Kapital in den Unternehmen haben. Dass wir auf Kapitalerträge 25 Prozent Steuern erheben, hängt mit dem internationalen Steuerwettbewerb zusammen. Wenn man den Satz auf 50 Prozent anheben würde, würde das Geld ins Ausland fließen.

HOFFMANN: Das Kapital ist in der Beschreibung von Herrn Kramer ein scheues Reh und flüchtet, wenn es anderswo günstigere Steuermöglichkeiten wittert.

KRAMER: Es ist verdammt fix, das stimmt.

HOFFMANN: Selbst wenn – das kann uns doch nicht davon abhalten, dass wir in Deutschland eine größere Steuergerechtigkeit brauchen. Wir sind jetzt zum Glück im Rahmen der OECD soweit, dass dem Steuerwettbewerb in Europa, zumindest was die Besteuerung von Kapitaleinkünften betrifft, bald Grenzen gesetzt werden.

KRAMER: Das wäre der richtige Weg.

HOFFMANN: Es wäre der richtige Weg. Diesen Weg brauchen wir in Europa auch, wenn es um Grundsätze der Unternehmensbesteuerung geht. Es kann ja nicht sein, dass Mitgliedstaaten, die erhebliche Mittel aus den europäischen Strukturfonds erhalten, wie zum Beispiel Irland, gleichzeitig Steuersätze haben, die das gesamte amerikanische Kapital nach Dublin locken. Das passt mit einer europäischen Integration nicht zusammen! Wir müssen in Europa den Steuerwettbewerb endlich deutlich begrenzen.

Sie haben vorher angesprochen, dass die ungleiche Vermögensverteilung zu Blasenbildung führen kann. Mich würde interessieren, welche Auswirkungen Sie für die Nachfrage sehen, wenn sich ein Drittel der Bevölkerung laut Statistischem Bundesamt eine unvorhergesehene Anschaffung oder eine Reparatur nicht leisten kann.
KRAMER: Wir haben in Deutschland eine sehr hohe Sparquote. Und größere Anschaffungen hängen für Bürger und Unternehmen immer auch mit Krediten zusammen. Niemand wird immer alles aus der Kasse bezahlen können. Dafür gibt es ein Kreditsystem. Finanzierbar sind die notwendigen Dinge meistens schon.

HOFFMANN: Das kann nicht darüber hinwegtäuschen, dass wir in der Tat eine immer größere Gruppe von Menschen in unserem Lande haben, die ganz normale Ausgaben für den Konsum nicht tätigen können.

KRAMER: Aber die wird nicht größer, ganz im Gegenteil!

HOFFMANN: Sie ist gewachsen. Und deshalb sagen wir: Wir müssen den Niedriglohnsektor eindämmen und die Binnennachfrage stärken. Davon lebt am Ende auch die Wirtschaft. Die Sparquote ist zwar hoch. Aber 30 Prozent der Bevölkerung können gar nichts sparen. Ihre Einkommen sind so niedrig, dass sie gerade einmal für den täglichen Bedarf ausreichen. Dafür gibt es Menschen, die schon alles haben, und die einfach nicht noch mehr konsumieren können.

Reden wir über die Jugend. Viele Jugendliche finden keinen Ausbildungsplatz. Das führt häufig in die Arbeitslosigkeit – und ist damit die schlechteste Voraussetzung für Teilhabe.
KRAMER: Die Jugendarbeitslosigkeit ist bei uns im europäischen

Vergleich gering, etwa sieben Prozent. Also, wir stehen gut da. Trotzdem sind es mindestens 5,5 Prozent zu viel. An dieser Stelle haben wir ein Bildungsproblem. Etwa 20 Prozent der Jugendlichen kommen mit so schlechten Ergebnissen aus der Schule, dass sie als nicht ausbildungsfähig gelten. Mehr als die Hälfte der arbeitslosen 20- bis 29-Jährigen hat keine Berufsausbildung. Das dürfen wir nicht zulassen. Wir produzieren hier gesellschaftlichen Sprengstoff.

HOFFMANN: Die soziale Sprengkraft in unseren Städten ist in der Tat groß geworden. Diese Form der Ungleichheit können wir nicht negieren. Sie spiegelt sich zum Teil auch wieder in den Wahlergebnissen. Rechtspopulistische Parteien, europafeindliche Parteien haben bei jungen Menschen einen so großen Zuspruch bekommen, dass er mich wirklich erschreckt. Was machen wir falsch, dass solche Entwicklungen um sich greifen können? Eine Erklärung scheint mir evident zu sein: Das hat auch mit der sozialen Situation von jungen Menschen zu tun, die arbeitslos sind, keine Perspektive haben und wo die Kommunen überfordert sind, um in diesen sozialen Brennpunkten Lösungen anzubieten.

KRAMER: Wir müssen uns um die angeblich nicht ausbildungsreifen Jugendlichen kümmern. Mir kann keiner erzählen, dass 20 Prozent eines jeden Jahrgangs nicht in der Lage sein sollen, eine geeignete wirtschaftliche Tätigkeit zu finden. Und es hilft an dieser Stelle nichts, wenn die Unternehmen auf die Schulen zeigen, die Schulen auf die Elternhäuser, die Elternhäuser auf das gesellschaftliche System. Die Jugendlichen brauchen eine passable Schulbildung. Und da, wo sie sie nicht bekommen haben, müssen wir das nacharbeiten. Da sind auch die Unternehmen in der Pflicht. Natürlich versucht jeder Betrieb, möglichst gute Auszubildende zu bekommen. Aber wir müssen uns auch um diejenigen kümmern, die es nicht geschafft haben. Denn meine persönliche Erfahrung ist: Die meisten, die angeblich nicht ausbildungsreif sind, sind sehr wohl ausbildungsfähig. Sie kriegen die! Aber es erfordert viel persönliches Engagement. Sie müssen sich kümmern, ihnen Vertrauen geben, ihnen Erfolgserlebnisse ermöglichen. Und dann wundern Sie sich plötzlich, wie viele dieser Jugendlichen, die längst abgeschrieben waren, nicht nur eine Lehre machen, sondern auch einen guten Abschluss hinlegen und hinterher sogar eine Weiterbildung anfangen. Wenn wir es schaffen, die Quote der sogenannten Nicht-Ausbildungsfähigen auf deutlich unter zehn Prozent zu drücken, was machbar ist, dann reduzieren wir in erheblichem Maße die Jugendarbeitslosigkeit.

HOFFMANN: Ich finde das völlig richtig. Aber dazu gehört, dass die soziale Selektivität unseres Bildungssystems viel zu hoch ist. Soziale Herkunft entscheidet immer noch über Chancengerechtigkeit und damit über soziale Gerechtigkeit. Wir schaffen es nicht, das alte EU-Ziel, die Zahl der Schulabbrecher zu halbieren, zu erreichen. Menschen mit einem akademischen Elternhaus machen zu 70 Prozent Abitur, Menschen aus einfachen Verhältnissen machen gerade einmal zu zwölf Prozent Abitur. Das muss aufhören! Statt das Geld für ein Betreuungsgeld rauszuschmeißen, sollten wir in die frühkindliche Bildung investieren, um im Kindesalter die Grundlage zu legen für Bildungsgerechtigkeit.

KRAMER: Das kann ich nicht besser formulieren. Er hat recht.

Das Interview führte Daniel Baumann

115

Sozialstaat mit Lücken

Von Timot Szent-Ivanyi und Mira Gajevic

Mein Gedanke war, die arbeitenden Klassen zu gewinnen, oder soll ich sagen zu bestechen, den Staat als soziale Einrichtung anzusehen, die ihretwegen besteht und für ihr Wohl sorgen möchte." Mit diesen Worten begründete Reichskanzler Otto von Bismarck rückblickend die seit 1883 von ihm vorangetriebene Einführung von Sozialversicherungen in Deutschland. Auch wenn das Motiv nicht gerade ehrenhaft war, so legte Bismarck damals doch den Grundstein für eine beispiellose Erfolgsgeschichte.

Ohne dieses kollektive System einer sozialen Absicherung der Arbeitnehmer ist der wirtschaftliche Erfolg Deutschlands wohl undenkbar. Und was die Leistungsfähigkeit betrifft, gilt das deutsche Sozialsystem trotz vieler Kürzungen, etwa durch die Agenda-Politik des ehemaligen Bundeskanzlers und SPD-Mannes Gerhard Schröder, nach wie vor weltweit als vorbildlich. Aber ist es auch gerecht?

Ausgerechnet die Krankenversicherung, damals das Herzstück der Reformen Bismarcks, ist ein Fall grober Ungerechtigkeit. Eigentlich sollte hier das Solidarprinzip gelten: Die Beiträge entsprechen der finanziellen Leistungsfähigkeit, wogegen die Leistungen nur nach der Bedürftigkeit gewährt werden. Tatsächlich wird dieses Prinzip an vielen Stellen durchbrochen. So werden die Beiträge zur gesetzlichen Krankenversicherung nur auf Löhne, Gehälter, Renten und das Arbeitslosengeld erhoben, aber nicht auf Kapitaleinkünfte oder Mieteinnahmen.

Zusätzlich sind die Beiträge gedeckelt. Es wird nur der Einkommensanteil mit Beiträgen belastet, der unterhalb der sogenannten Beitragsbemessungsgrenze von 4.125 Euro liegt. Diese Beitragsgrenze gilt seit Januar 2015. Das sorgt für eine absurde Belastungsverteilung: Bei einem monatlichen Einkommen von beispielsweise 3.000 Euro müssen derzeit insgesamt 465 Euro an die Krankenkasse abgeführt werden. Das entspricht einem Anteil von 15,5 Prozent des Einkommens. Wer monatlich 10.000 Euro verdient, zahlt zwar 627,75 Euro. Das ist aber nur 6,27 Prozent des Gehalts. Die Belastung steigt also nicht mit der Leistungsfähigkeit, sondern sie sinkt.

Viel gerechter ist dagegen die Einkommensteuer. Hier wächst der Anteil, der an den Fiskus abzutreten ist, mit jedem verdienten Euro. Die dahinterstehende Logik: Wer mehr verdient, kann auch einen größeren Anteil seines Einkommens zur Finanzierung des Gemeinwohls abtreten. Das gilt bis zum letzten verdienten Cent ohne jede Begrenzung.

Als wäre die Beitragserhebung nicht schon ungerecht genug, wird es bei der Krankenversicherung aber noch problematischer: Wer mit seinem Einkommen über der Versicherungspflichtgrenze von derzeit 4.575 Euro im Monat (54.900 Euro im Jahr ab 2015) liegt, darf sich aus dem Solidarsystem verabschieden und privat versichern – häufig zu günstigeren Konditionen. Denn die Privaten können sich ihre Mitglieder aussuchen, was zu einer jüngeren und gesünderen Klientel führt und damit zu preiswerteren Beiträgen. Der privat versicherte Chef zahlt also im Zweifel nicht nur relativ, sondern auch absolut weniger als seine gesetzlich versicherte Sekretärin.

Als Lösung für dieses Problem wird seit Jahren eine Bürgerversicherung diskutiert. Sie würde alle einbeziehen, einfache Angestellte, Gutverdiener, Beamte und Selbstständige. Das löst aber die Frage der ungerechten Beitragsgestaltung nicht. Die Bemessungsgrenze müsste also entweder gestrichen oder das Beitragssystem an die Gestaltung der Einkommensteuer angeglichen werden. Alternativ könnten in der Bürgerversicherung feste Prämien erhoben und der Sozialausgleich durch Steuermittel finanziert werden. Für Letzteres gibt es allerdings keinerlei politische Mehrheiten.

Die für die Krankenversicherung beschriebenen Probleme gelten für die Pflegeversicherung analog. Bei der Rentenversicherung sind zwar ebenso Teile der Bevölkerung – insbesondere Beamte und Selbstständige – nicht einbezogen, die Beitragsbemessungsgrenze wirkt aber nicht als großer Ungerechtigkeitsfaktor. Schließlich sind auch die Auszahlungen der Höhe nach begrenzt. Allerdings ließe sich hier der Solidargedanke – die Reichen stehen für die Schwachen ein – stärker ausprägen: In der Schweiz sind die Beiträge ungedeckelt, die Renten aber begrenzt. Das sorgt für eine enorme Umverteilung.

Massiv benachteiligt sind insbesondere in der Renten- und auch in der Pflegeversicherung vor allem diejenigen, die das Sozialsystem überhaupt am Leben erhalten: die Familien. Eltern investieren nicht nur viel Geld in ihre Kinder, sie schränken zudem häufig auch ihre Berufstätigkeit ein. Nach einer Studie der Bertelsmann-Stiftung wird ein heute 13-Jähriger im Laufe seines Lebens durchschnittlich 77.000 Euro mehr in die Rentenkasse einzahlen, als er selbst an Rente beziehen wird. Seine Eltern jedoch haben davon wenig. Zwar haben sie mit der Gründung einer Familie und ihrer Erziehungsleistung der Rentenkasse diesen Überschuss erst ermöglicht. Aber weder erhöht sich dadurch ihre eigene Rente wesentlich, noch zahlen sie weniger Beiträge als Kinderlose. An der negativen Bilanz ändert auch die neue Mütterrente wenig.

In der Pflegeversicherung müssen Kinderlose zwar einen höheren Beitrag zahlen. Dieser Zuschlag von 0,3 Prozentpunkten hat aber eher symbolischen Charakter. Denn die Kinderlosen belasten die Pflegeversicherung gleich doppelt: Zum einen fehlt der Nachwuchs, der später Beiträge zahlt. Zum anderen ist die Pflege teurer, wenn keine Kinder oder Enkel zum Kümmern da sind. Ein Beitrag zu größerer Gerechtigkeit bei Rente und Pflege wäre die Einführung von Kinderfreibeträgen, wie es sie im Steuerrecht gibt, oder eine starke Spreizung bei den Beitragssätzen.

Wie der Staat umverteilt

Kindergeld

Keine familienpolitische Leistung kommt den deutschen Staat so teuer wie das Kindergeld und die Kinderfreibeträge. 41,2 Milliarden Euro wurden im Jahr 2012 an Familien ausgeschüttet, insgesamt beziehen 9,2 Millionen Haushalte in Deutschland entweder Kindergeld oder profitieren von den Freibeträgen. Auch wenn vor allem das Kindergeld immer wieder als Gießkannenpolitik kritisiert wird, es führt immerhin dazu, dass 1,26 Millionen Familien unabhängig von Hartz-IV-Sozialleistungen leben können. Gerade für Geringverdiener und Alleinerziehende ist die monatliche Unterstützung unverzichtbar. Trotzdem ist eine Erhöhung des Kindergelds umstritten – sie soll allerdings noch im Laufe des Jahres 2015 erfolgen. Wissenschaftler halten mehr davon, das Geld in Kinderbetreuung zu investieren, als jeder Familie mit Kind, unabhängig von ihrer Bedürftigkeit, monatlich ein paar Euro mehr auszuzahlen. Nach derzeitigem Stand werden für das erste und zweite Kind bis zum 18. Lebensjahr monatlich je 184 Euro Kindergeld gezahlt, für das dritte Kind sind es 190 Euro und für das vierte und jedes weitere Kind 215 Euro. Befindet sich der Nachwuchs in einer Ausbildung, gibt es bis zum 25. Lebensjahr das Geld von der Familienkasse.

Bafög

Gut 960.000 Schüler und Studenten erhielten im Jahr 2013 staatliche Leistungen aus dem Bundesausbildungsförderungsgesetz (Bafög), das waren nach Angaben des Statistischen Bundesamts 2,1 Prozent weniger als im Vorjahr. Der monatliche Höchstsatz lag bei 670 Euro, im Schnitt bezogen Studenten 446 Euro. Die letzte Erhöhung liegt Jahre zurück. Immerhin, vom Wintersemester 2016/2017 an soll der Höchstsatz auf 735 Euro steigen, die für die Berechnung entscheidenden Elternfreibeträge werden ebenfalls um sieben Prozent angehoben. Die staatliche Förderung reicht allerdings in der Regel nicht zum Leben. Die meisten Studenten sind trotz Bafög weiterhin auf die Hilfe der Eltern und einen Job angewiesen. Kritiker monieren, dass von dem staatlichen Zuschuss, der die Chancengleichheit im Bildungswesen fördern soll, viel zu wenige Studenten profitieren. Die derzeitige Bundesbildungsministerin Johanna Wanka (CDU) geht gleichwohl davon aus, dass durch die Reform zusätzlich rund 110.000 junge Erwachsene Bafög erhalten werden. Voraussetzung für die Ausbildungsförderung ist, dass die Eltern nicht genug verdienen.

Wohngeld

Den staatlichen Zuschuss zur Miete nehmen in Deutschland rund 783.000 Haushalte in Anspruch. Das waren im Jahr 2012 immerhin 1,9 Prozent aller privaten Haushalte. Auffallend ist der Ost-West-Unterschied: Im Osten erhielten 3,2 Prozent und im Westen 1,7 Prozent der Haushalte die staatliche Zuwendung. Bund und Länder, die sich den Zuschuss für Einkommensschwache bislang noch teilen, gaben fast 1,2 Milliarden Euro dafür aus. Eine Reform sieht vor, das Wohngeld zum Januar 2016 anzuheben. Das SPD-geführte Bundesbauministerium möchte als Reaktion auf die steigenden Energiekosten den 2011 abgeschafften Heizkostenzuschuss wieder einführen. Diese Pläne hat das Kanzleramt vorerst gestoppt, noch sei nicht klar, wie sie finanziert werden sollen. Ob jemand den Zuschuss bekommt, hängt von der Höhe des

Einkommens ab, der Miete oder der Belastung und der Anzahl der zu berücksichtigenden Haushaltsmitglieder. Was die Bewertung des Wohngelds angeht, gibt es wenig Kritik. Missbrauch ist schwer, die Hürden sind hoch. Angesichts steigender Mieten und Wohnungsmangel gilt der Zuschuss zudem als eine genaue staatliche Leistung, sie hilft Geringverdienern und vielen Rentnern.

Bildungspaket
Seit April 2011 gibt es das Bildungspaket. Mit dem Geld sollen Kinder gefördert werden, deren Eltern Hartz IV und ähnliche Leistungen beziehen. Ganz freiwillig kam das Paket aber nicht zustande. Das Bundesverfassungsgericht hatte eine Erhöhung des Existenzminimums für Kinder angeordnet, weil die Kosten für die Bildung von Kindern bei der Berechnung der Hartz-IV-Regelsätze nicht ausreichend gewürdigt worden waren. Pro Kind besteht jetzt Anspruch auf einen Zuschuss aus Staatskosten in Höhe von zehn Euro im Monat für Sachleistungen. Das kann eine Unterstützung für Nachhilfe sein, für das Schulessen, Klassenfahrten, Musikunterricht oder Mitgliedschaften in Vereinen. Eigentlich eine gute Idee, könnte man meinen, aber von den Vergünstigungen haben nur wenige der 2,5 Millionen bedürftigen Kinder etwas. Zu umständlich die Anträge, zu bürokratisch die Verfahren, monieren Kritiker. Das könnte eine Erklärung dafür sein, dass viele Bundesländer die Mittel nicht ganz ausgeschöpft haben. So sind 2012 von knapp 727 Millionen Euro 284 Millionen übrig geblieben. Sozialverbände fordern deshalb, angesichts der hohen Verwaltungskosten für das Bildungspaket die Mittel besser direkt den Schulen und Trägern zu geben – oder den Familien gleich eine höhere Kindergrundsicherung zu zahlen.

Eingliederungshilfe
Menschen mit einer dauerhaften geistigen, körperlichen oder psychischen Behinderung bekommen staatliche Eingliederungshilfe, vorausgesetzt, ihre Teilhabe am gesellschaftlichen Leben ist durch die Behinderung wesentlich eingeschränkt. Den Löwenanteil für die Einbindung behinderter Menschen in das allgemeine Leben tragen die Kommunen: Sie kommen für zwei Drittel der jährlich 15 Milliarden Euro auf. Davon werden Sozialarbeiter für ambulant betreutes Wohnen bezahlt, Heime oder Behindertenwerkstätten. Experten kritisieren vor allem, dass der Anspruch einkommens- und vermögensabhängig ist. Auch sei das Verfahren, um den Bedarf festzustellen, so kompliziert, dass

Behörden die Leistungsbewilligungen leicht verzögern können. Im Koalitions-vertrag haben sich Union und SPD darauf verständigt, Behinderte aus dem Fürsorgesystem herauszunehmen und die Hilfe weiterzuentwickeln. Geplant ist, die Leistungen künftig stärker am persönlichen Bedarf zu orientieren. Sie sollen auch nicht mehr länger auf Institutionen zugeschnitten sein, sondern den Betroffenen direkt zukommen. Für Städte und Gemeinden werden die Sozialausgaben zu einer immer größeren finanziellen Belastung werden, sie werden deshalb auch um fünf Milliarden Euro bei der Eingliederungshilfe entlastet.

Unterhaltsvorschuss

Wenn ein vom Kind getrennt lebender Elternteil trotz Unterhaltspflicht keine Alimente zahlt, springt das Jugendamt ein. Im vergangenen Jahr war das im-merhin bei 487.000 Jungen und Mädchen der Fall, das waren 3,8 Prozent aller Kinder in Deutschland. Für Kinder unter sechs Jahren gibt es 133 Euro Unterhaltsvorschuss im Monat, für Kinder unter zwölf Jahren 180 Euro. Die Leistung wird allerdings nur bis zum zwölften Lebensjahr und dann auch bloß 72 Monate lang gezahlt. Eine großzügigere Unterstützung lehnte das Bundes-familienministerium bislang ab – zu teuer, hieß es. Dabei ist das Armutsrisiko gerade bei den Alleinerziehenden besonders hoch. Ihre Kinder leben fünfmal häufiger von Hartz IV als Kinder in Paarfamilien. Von den 1,6 Millionen Müt-tern und Vätern, die ihre Töchter und Söhne ohne Partner großziehen, sind 39 Prozent auf staatliche Grundsicherung angewiesen. Kindesunterhalt und Unterhaltsvorschuss werden zudem als Einkommen angerechnet, sodass von der Unterstützung wenig bis gar nichts übrig bleibt. Die Bertelsmann-Stiftung empfiehlt deshalb, die Begrenzungen beim Unterhaltsvorschuss aufzuheben. Langfristig müssten auch die altersgerechten Bedürfnisse ermittelt und dann allen Kindern garantiert werden, fordert die Stiftung.

„Die Statistiken über Armut sind geschönt"

Ein Gespräch mit dem Philosophen Thomas Pogge

Thomas Pogge ist seit 2008 Professor für Philosophie und Internationale Angelegenheiten an der Yale University (USA). Seine Schwerpunkte liegen im Bereich der Ethik und der politischen Philosophie. Weltweites Aufsehen erregte der maßgeblich von Pogge mitentwickelte Health Impact Fund – ein alternatives Anreizsystem für die Pharmaforschung, das einen Zugang zu essentiellen Medikamenten auch für die Armen ermöglichen soll.

Herr Pogge, die Hirnforschung sagt, dass die Fähigkeit zur Empathie in jedem Menschen von Geburt an angelegt ist. Doch verhalten wir uns nicht oft eher wie Tiere, bei denen sich die Stärksten rücksichtslos die dicksten Brocken greifen?
Ich denke, dass beides miteinander kompatibel ist. Wir entwickeln Empathie vor allem Menschen gegenüber, die wir kennen. Das ist auch der Kontext, der evolutionär für uns bestimmend war. Wir haben die meiste Zeit in unserer Geschichte in sehr kleinen Gruppen gelebt und haben gelernt, in diesem Zusammenhang Empathie zu empfinden und solidarisch zu sein. Aber auf die globalen Kontexte, in denen wir heute leben, sind wir evolutionär schlecht vorbereitet.

Mit welchen Folgen?
Gegenüber dem Leid von Millionen Menschen, die wir nicht kennen und die weit weg von uns leben, können wir uns relativ leicht abschotten und unsere eigenen Interessen verfolgen, ohne auf die elementaren Rechte und Bedürfnisse der anderen Rücksicht zu nehmen.

Ihr Thema als Philosoph ist die globale Gerechtigkeit. Gib es ein einziges, universelles Gerechtigkeitskriterium, das weltweit alle akzeptieren können?
Ich glaube, wir könnten uns auf ein universelles Minimalkriterium der Gerechtigkeit einigen, dass nämlich mindestens die Menschen-

rechte erfüllt sein sollen. Sie sind eine notwendige, aber natürlich keine hinreichende Bedingung für Gerechtigkeit. Keiner würde sagen, dass eine Welt, in der die Menschenrechte erfüllt sind, schon völlig gerecht wäre. Aber jeder würde doch sagen, dass eine Welt, in der die Menschenrechte nicht erfüllt sind, keine gerechte Welt ist.

Wo sehen Sie die größten Defizite?
Eindeutig in den Entwicklungsländern. Die meisten Menschenrechtsverletzungen gehen auf Armut zurück. Die ökonomischen und sozialen Menschenrechte werden verletzt, wenn Menschen sich nicht ausreichend ernähren können, kein sauberes Wasser haben, wenn ihnen ein Obdach fehlt, Kinder arbeiten müssen, keinen Zugang zu Schulbildung und zu medizinischer Versorgung haben.

Der australische Philosoph Peter Singer sagt, wenn wir nichts gegen die globale Armut tun, verhalten wir uns wie ein Mensch, der an einem See vorbeigeht und ein gerade ertrinkendes Kind nicht rettet. Trifft es das?
Das Bild greift viel zu kurz. Denn es suggeriert, dass der Passant nichts damit zu tun hat, dass das Kind gerade am Ertrinken ist. Ich sage: Der Notfall des Kindes kann nicht unabhängig vom Spaziergänger gesehen werden. Wir sind an der Not in den armen Ländern beteiligt. Die Finanz-, Wirtschafts- und Außenpolitik unserer Regierungen trägt zu ungerechten Lebensverhältnissen ganz erheblich bei.

Im Blick auf internationale Handelsabkommen sprechen Sie auch von Ungleichheitsspiralen. Was meinen Sie damit?
Die Reichen haben einen enormen Vorteil bei der Aushandlung und Beeinflussung der Spielregeln der Weltwirtschaft. Sie bringen mehr Erfahrung und Wissen mit und können Koordinationsprobleme besser bewältigen. Man braucht nur zehn oder 20 richtig reiche Leute, um genug Geld und Macht zusammenzubringen und damit Regierungen zu beeinflussen. Während viel mehr Menschen mit geringeren finanziellen Möglichkeiten nötig wären, um dieselbe Wirkung zu erzielen. Wir konnten in letzter Zeit ja wiederholt beobachten, dass dieses superreiche eine Prozent sowohl auf nationaler als auch

auf globaler Ebene sehr stark an Anteilen des Einkommens hinzuge-
wonnen hat. In der nächsten Runde können sie also noch mächtiger
auftreten, um einen noch größeren Teil des nationalen oder globalen
Einkommens für sich zu vereinnahmen.

**Wo liegt im Blick auf Leid und Elend in Entwicklungsländern die
Mitverantwortung des Einzelnen?**
Weil unsere Regierung eine starke Rolle spielt bei der Aushandlung
von Regeln, haben wir als Bürger eine Mitverantwortung. Die Politik, die unsere Regierung betreibt, ist letztlich unsere Verantwortung als Wähler und Steuerzahler. Wenn wir die Armutsprobleme
ernst nehmen würden, könnten wir ohne weiteres die Politik dahin-
gehend beeinflussen, die Interessen der Armen stärker zu berück-
sichtigen.

**Nicht nur als Wähler, auch als Verbraucher haben wir doch eine
Verantwortung.**
Es scheint mir ein hoffnungsloses Unterfangen, die eigenen Konsum-
entscheidungen so auszurichten, dass sie sich möglichst positiv
auf die Armen auswirken. Die Kausalzusammenhänge sind viel zu
kompliziert. Wenn Sie beispielsweise Fair-Trade-Kaffee kaufen, dann
verbessern Sie vielleicht die Lebensqualität von Kleinbauern in den
entsprechenden Anbauländern, aber dafür verlieren möglicherweise
Farmer in anderen Regionen ihren Job. Als Konsument kann ich keineswegs abschätzen, ob das Leid, das ich auslöse, indem ich keinen
herkömmlichen Kaffee mehr trinke, größer oder kleiner ist als die
Gewinne, die in Ländern mit Fair-Trade-Produktion anfallen. Ökonomisch betrachtet scheint mir das ein reines Ratespiel zu sein.

Es spielt keine Rolle, wie wir uns entscheiden?
Doch – denn politisch ist es ein wichtiges Signal, Fair-Trade-Produkte
zu kaufen. Wir zeigen damit der eigenen Regierung und unseren Mitmenschen, dass wir die Armutsprobleme ernst nehmen, und senden
zugleich die Erwartung, dass auch andere und vor allem die politisch
Verantwortlichen sich der Gerechtigkeitsfrage stellen. Ich plädiere
also für Fair Trade, aber nicht aus einem naiven Glauben, dass man
die ökonomischen Konsequenzen voraussehen kann.

Sie sehen also vor allem einen politischen Nutzen?
Solche Entscheidungen zeigen durchaus Effekte. Das war besonders
deutlich bei der Anti-Apartheid-Bewegung. Damals ging es darum,
keine Aktien von Unternehmen zu kaufen, die in Südafrika Geschäfte machen. Auch da waren die ökonomischen Folgen eines Boykotts
nur schwer überschaubar. Denn die Wertpapiere hat dann eben ein
anderer gekauft. Aber politisch hatte das eine riesige Signalwirkung.

**Ist die Welt in den vergangenen Jahren nicht doch ein bisschen
besser und gerechter geworden? Einige der Millenniums-Ent-
wicklungsziele zur Reduzierung der Armut werden bis 2015 offenbar erreicht.**
Die Statistiken sind mit hohem kosmetischem Aufwand geschönt
worden. Die Armutsgrenze zum Beispiel wurde gemessen an der
Kaufkraft immer wieder nach unten revidiert. Die lag zuerst bei der
Kaufkraft von einem Dollar des Jahres 1985 pro Tag, wurde dann
auf die Kaufkraft von 1,08 Dollar des Jahres 1993 und schließlich
auf die von 1,25 Dollar im Jahr 2005 reduziert. Mit der Veränderung
der Grenzwerte erzielt man dann viel günstigere Zahlen bei der Ar-
mutsmessung. Ähnlich war das bei den Hungerzahlen. Da hat die
Welternährungsorganisation FAO im Jahr 2012 ihre Methodologie
verändert. Die Hungerzahlen, die seit 1996 immer gestiegen sind,
fallen bei Anwendung der neuen Methode seit 1990 ständig.

Wie das?
Die FAO legt einfach einen niedrigeren Kalorienbedarf der Menschen
in Entwicklungsländern zugrunde und geht nur noch von einer sitzenden Lebensweise aus. Das widerspricht komplett der Lebensreali-
tät der Menschen. Da wird mächtig getrickst. Die Zahlen werden von
politischen Institutionen produziert, die unter Druck kommen, wenn
die Werte den Regierungen nicht passen. Dann heißt es: Verändert
eure Messmethoden und liefert uns bessere Ergebnisse!

Ist das nicht ein beschämendes politisches Armutszeugnis?
Es kommt noch schlimmer. Der Fortschritt in der Armutsbekämpfung
ist, selbst wenn er da wäre, moralisch völlig irrelevant. Denn es darf
ja nicht darum gehen, die jetzigen Zustände mit denen von vor 20

Jahren zu vergleichen, wir müssen sie vielmehr an dem messen, was heute schon möglich wäre.

Geben Sie uns ein Beispiel.
Stellen Sie sich vor, dass im Jahr 1845 jemand die Sklaverei verteidigt hätte, in dem er sagt: „Es ist doch heute alles viel besser als 1815, als es noch üblich war, Sklaven auszupeitschen, Mädchen zu vergewaltigen und die Familien auseinanderzureißen. Alles ist heute viel seltener." Eine solche Argumentation ist völlig irrelevant. Es ist zwar schön, wenn sich Verhältnisse verbessern, aber dadurch wird die gegenwärtige Situation moralisch nicht legitimiert.

Im Moment wird international über die Zukunft der Entwicklungspolitik nach Ablauf der Frist für die Millenniumsziele 2015 verhandelt. Globale Nachhaltigkeitsziele (Sustainable development goals – SDGs) sollen die MDGs zur Armutsbekämpfung ablösen. Halten Sie das für sinnvoll?
Die Idee, sich solche Ziele zu setzen, ist grundsätzlich gut. Das schafft Aufmerksamkeit und sorgt dafür, dass die Leute mit dem Thema konfrontiert werden. Ich halte aber nichts davon, wieder einfach nur Wünsche – nach dem Motto: das soll besser werden und diese oder jene Zahl soll halbiert werden – aufzulisten, ohne klar zu formulieren, wie das geschehen und wer dafür verantwortlich sein soll. Die Millenniumsziele hatten genau dieses Problem. Es waren einfach nur fromme Wünsche. Aber zu einem Ziel gehört auch immer einer, dessen verbindliches Ziel das ist. Am Ende hieß es dann aber, die armen Länder sollen das mal selber erledigen.

Erwarten Sie, dass die Verantwortlichkeiten in den SDGs klar benannt werden?
Was bislang als Entwurf vorliegt, lässt nicht darauf hoffen. Nehmen Sie das Thema illegitime Finanzströme, die Steuerhinterziehung von multinationalen Konzernen. In den SDGs steht, dass diese Finanzströme verringert werden sollen und dass man den armen Ländern bei der Eintreibung von Steuern helfen soll. Das klingt ja ganz nett. Aber der wichtigste Punkt ist doch, dass die reichen Länder und viele ihrer Banken ganz aktiv an den illegitimen Finanzströmen beteiligt

sind. Von der Pflicht der reichen Staaten, das abzustellen, ist in den SDGs bislang nichts zu lesen.

Welche Mittel wären nötig, um die Armut effektiv zu bekämpfen?
Die ärmere Hälfte der Menschheit hat heute ungefähr 3,3 Prozent des globalen Haushaltseinkommens. Die schwerwiegende Armut ließe sich aus der Welt schaffen, wenn der Anteil auf 5,5 Prozent ansteigen würde. Das ist eigentlich sehr einfach, wenn wir sehen, dass der Anteil der reichsten fünf Prozent am globalen Haushaltseinkommen in den vergangenen 20 Jahren um knapp drei Prozentpunkte gewachsen ist. Warum sollten wir also nicht gut zwei Prozent für die Armen erübrigen können? Das wäre ein lächerliches Opfer. Die Armut, die jetzt besteht, ist als vermeidbare moralisch untragbar, angesichts der enormen Leiden und vorzeitigen Todesfälle, die sie auslöst.

Welche Rolle kann die Privatwirtschaft beim Ziel einer gerechteren Welt spielen? Zahlreiche Industriestaaten binden sie immer stärker in die Armutsbekämpfung ein.
Ich sehe das kritisch. Nehmen Sie zum Beispiel die German Food Partnership, an der Firmen wie BASF und Bayer beteiligt sind. Es geht dabei doch vor allem darum, die afrikanische Landwirtschaft in ein globales System einzubinden, damit die Bauern mehr Düngemittel und Pestizide benutzen, ihre Anbaumethoden an globale Standards anpassen und größere Anbauflächen beackern. Am Ende werden dadurch aber viele Kleinbauern aus dem Geschäft getrieben und selbst zu Hungerleidenden, die dann in ihrer Not in die Städte ziehen und dort noch elender leben.

Sollten die Unternehmen sich also am besten ganz raushalten?
Wenn Firmen wirklich etwas zur Armutsbekämpfung beitragen wollen, dann sollten sie bei ihrem Lobbying, vor allem wenn es um die Regulierung ihrer Branche geht, die Interessen der Armen mitberücksichtigen. Wie wäre es denn mit Lobbying in die entgegengesetzte Richtung: Unternehmen könnten auf Schlupflöcher aufmerksam machen, die Konkurrenten ausnutzen, um Arme zu übervorteilen, und als Branche dann gemeinsam dafür eintreten, dass dem regulatorisch ein Riegel vorgeschoben wird.

Ihr Thema ist vor allem auch die globale medizinische Gerechtigkeit. Wie beurteilen Sie die Reaktion der internationalen Gemeinschaft auf die Ebola-Krise?
Die Reaktion war unverantwortlich lahm. Mich erinnert das an den Genozid in Ruanda. Man sieht die Katastrophe zwar, denkt sich aber zunächst, das spielt sich irgendwo in Afrika ab und ist nicht wichtig für uns. Wenn sich das irgendwo in Europa ereignen würde, wäre das selbstverständlich eine andere Sache. Wir hätten sehr viel früher sehr viel mehr tun können, um die Ausbreitung der Ebola-Epidemie zu verhindern.

Sie setzen sich seit Jahren dafür ein, dass auch Menschen in Entwicklungsländern sich Arzneimittel leisten können. Wie wollen Sie die Pharmaindustrie davon überzeugen?
Sie müsste eigentlich ein Interesse daran haben. Es ist ja erstaunlich, dass eine Branche, die Produkte herstellt, die jeder braucht, trotzdem weltweit ein so schlechtes Ansehen hat. Das liegt auch daran, dass sie an den Armen vorbei forscht und entwickelt, ihre Krankheiten ignoriert. Es wäre für die Pharmaindustrie doch sehr interessant, sich ernsthaft mit den Problemen der Entwicklungsländer zu befassen und Lösungen anzubieten. Die Forscher dieser Firmen würden sicher auch viel lieber an Projekten arbeiten, die der großen Mehrheit der Menschheit zugutekommen.

Es geht also ums Image?
Ja, die Pharmabranche könnte leicht an Ansehen gewinnen und dabei sogar profitabel arbeiten. Wir brauchen dafür nur neue Anreizsysteme, die zu gerechteren Ergebnissen führen.

Eine Ihrer Reformideen ist der Health Impact Fund (HIF) – wie funktioniert der Plan?
Statt sich ein Medikament patentieren zu lassen und zu einem hohen Aufpreis zu verkaufen, können Firmen ihre Produkte beim HIF anmelden. Sie verpflichten sich damit, das Mittel zehn Jahre lang weltweit zum geringstmöglichen Kostenpreis anzubieten. Für die Zeit danach erlaubt das Unternehmen die kostenfreie Herstellung von Nachahmerprodukten. Im Gegenzug bekommt die Firma Prämien aus dem HIF.

Wonach bemessen sich diese Zahlungen?
Die Vergütungen orientieren sich an dem gemessenen Gesundheitsgewinn, der mit dem Medikament erzielt wird. Dadurch würde es lukrativ werden, die Krankheiten zu erforschen, unter denen vor allem arme Menschen leiden. Pharmafirmen vernachlässigen solche Erkrankungen ja vor allem, weil sie nicht damit rechnen können, ihre Forschungsausgaben aus dem Verkauf von Medikamenten decken zu können.

Und wer soll den Fonds speisen?
In erster Linie Regierungen – und zwar die reicher und armer Staaten, die jeweils einen gleichen Anteil ihrer Bruttonationaleinkommen einbringen könnten. Wer einzahlt – ob Industrie- oder Entwicklungsland – hätte davon einen Nutzen, weil durch den HIF die Preise für Medikamente drastisch sinken würden.

Das klingt zu schön um wahr zu sein. Wie weit sind Sie mit Ihrer Idee gekommen?
In Indien läuft gerade ein Pilotprojekt. Die Firma Johnson & Johnson hat ein neues Tuberkulose-Medikament entwickelt, das bald zugelassen werden soll. In einer Klinik in Mumbai wollen wir testen, wie dieses Mittel im Vergleich zu anderen Medikamenten abschneidet, welche Gesundheitswirkungen es erzielt. Der Versuch dient zunächst nur dazu, die Messmethoden zu verfeinern, die wir für den HIF benötigen.

Ließe sich das Anreizsystem nicht auch auf andere Branchen übertragen?
Durchaus – auf grüne, saubere Technologien zum Beispiel. Wer patentgeschützte Technologien nutzen möchte, sollte nicht durch den Preis daran gehindert werden. Er sollte sie umsonst einsetzen können. Der Innovator, der das Patent hat, könnte nach den ökologischen Effekten der Technologie bezahlt werden. Auch in der Landwirtschaft sind solche Anreizsysteme denkbar, um den Einsatz von Düngemitteln und Pestiziden zu verringern oder neue, an veränderte klimatische Bedingungen angepasste Pflanzen zu entwickeln.

Das Interview führte Tobias Schwab

129

Es gibt keinen gerechten Lohn

Ein Gastbeitrag von Patrick Schulte

Millionengehältern für Manager steht ein wachsender Niedriglohnsektor gegenüber. Welche Kriterien bestimmen eigentlich den Lohn? Und lässt sich etwas am Ungleichgewicht verändern?

Der Vorstandsvorsitzende der Volkswagen AG, Martin Winterkorn, hat 2013 insgesamt 15 Millionen Euro verdient. Damit stieg sein Gehalt gegenüber dem Vorjahr leicht um etwa eine halbe Million Euro. Auch die Gebäudereiniger konnten sich 2013 über einen leichten Lohnzuwachs freuen. Sie erhielten in Westdeutschland satte 9,00 Euro Stundenlohn, 2012 waren es noch 8,82 Euro gewesen. Kann es „gerecht" sein, dass manche so wenig verdienen, während andere derart fantastische Gehälter einstreichen? Die Frage nach dem gerechten Lohn ist angesichts wachsender Einkommensungleichheiten so wichtig wie kompliziert. Viele teilen die Auffassung, dass die derzeitigen Einkommensunterschiede durch nichts zu rechtfertigen und unmoralisch sind.

Wenn man sich allerdings an einer Begründung für diese Ansicht versucht, wird deutlich, dass viele Annahmen über den vermeintlich „gerechten" Lohn nur auf einer intellektuellen Intuition beruhen. Ein populäres Argument besagt, dass Löhne allein durch Angebot und Nachfrage bestimmt werden. In der Regel dürften bei Knappheit an verfügbaren Arbeitskräften höhere Löhne erzielt werden als in Branchen, wo Arbeitnehmer im Überfluss vorhanden und leicht zu ersetzen sind.

Es ließe sich daher argumentieren, dass Topmanager mit den entsprechenden Fähigkeiten rar sind und entsprechend großzügig entlohnt werden müssen. Doch hier schleichen sich Zweifel ein: Sollte das heutige Gehaltslevel von US-Managern, welches in etwa zehnmal so hoch liegt wie in den 1970ern, begründet sein durch die um ein Zehnfaches gestiegene Knappheit an geeigneten Kandidaten? Wohl kaum. Auch am unteren Ende der Einkommensskala kann die Knappheit verfügbarer Arbeitskräfte nicht als hinreichende Erklärung dienen. Obwohl Erzieherinnen gesucht werden, gibt es keine signifikanten Lohnzuwächse zu verzeichnen.

Das Kriterium lässt außer Acht, dass der Arbeitsmarkt sich fundamental von anderen Gütermärkten unterscheidet. Zwar gibt es einen formal „freien" Austausch, welcher über Angebot und Nachfrage geregelt wird. Allerdings werden die produzierten Güter überwiegend von abhängig Beschäftigten in hierarchisch organisierten Unternehmen hergestellt. Wenn deren Manager zu große Machtbefugnisse erlangen, können sie die Lohnverteilung zulasten der Arbeitnehmer und zu ihren Gunsten verändern. Darüber hinaus können Unternehmen ihre Marktmacht nutzen, wenn die Zahl Arbeitssuchender das Angebot verfügbarer Stellen deutlich übersteigt. Durch die weitere Verknappung der verfügbaren Jobs lässt sich der Lohndruck nach unten erhöhen. Die derzeitige Einkommensverteilung lässt sich daher nicht allein anhand der Relation von Angebot und Nachfrage erklären. Noch weniger lässt sich mit ihrer Hilfe ein „gerechter" Lohn bestimmen.

Ein weiteres Kriterium für den gerechten Lohn ist das Verdienst. Gemeint ist hier nicht der erzielte Lohn (der Verdienst), sondern die anerkennungswürdige Qualität einer Tätigkeit, die sich im Lohn widerspiegeln sollte. Nach diesem Verständnis verdienen es diejenigen, welche besonders viel Humankapital einbringen, entsprechend hoch entlohnt zu werden. Es wird dabei angenommen, der Wert eines Arbeitnehmers sei je größer, desto mehr er in sein Humankapital investiert hat. Es gibt jedoch offenbar nur einen schwachen Zusammenhang zwischen Humankapital und erzieltem Lohn: Obwohl das verfügbare Humankapital durch gestiegenen Bildungsgrad kontinuierlich gewachsen ist, steigen die Löhne in vielen Bereichen nur moderat oder gar nicht. Menschen mit umfangreichem Humankapital wie Rechtsanwälte oder Ingenieure bekamen hingegen früher einen weitaus geringeren Gehaltszuschlag im Vergleich zu handwerklich Tätigen als heute. Der „return to skills" ist demnach kein objektiver Wert, sondern lediglich ein möglicher Faktor für die Bestimmung der adäquaten Lohnhöhe.

Es stellt sich darüber hinaus die Frage, inwiefern sich auf Grundlage des Humankapitals ein moralischer Verdienstanspruch ableiten lässt. Der Philosoph John Rawls vertritt die Auffassung, die soziale Herkunft und die natürliche Begabung als auch deren weitere Entwicklung seien „moralisch gesehen willkürlich", weil niemand im eigentlichen Sinne seine Herkunft und Intelligenz verdient. Man könnte hingegen sagen, das Verdienst bestünde im „ehrlichen Bemühen" des Einzelnen. Doch auch hier fehlt der Maßstab. Zudem: Wäre es nicht unfair, wenn diejenigen, die sich sehr bemühen und scheitern, besser entlohnt würden als diejenigen, die sich womöglich weniger bemüht, aber faktisch mehr geleistet haben?

Dies führt zu einem Kriterium, welches wohl im alltäglichen Lohnvergleich die wichtigste Rolle spielt: der produktive Beitrag oder schlicht die Leistung des Einzelnen. Der Präsident des deutschen Arbeitgeberverbandes GesamtMetall, Martin Kannegiesser, äußerte sich diesbezüglich im Rahmen der Lohnverhandlungen 2012: „Höhere Löhne kann es nur für höhere Leistung geben." Offensichtlich ist er der Auffassung, die individuelle Leistung ließe sich objektiv bestimmen. Wer sollte aber entscheiden, wie viel eine individuelle Leistung im monetären oder gar moralischen Sinne „wert" ist? Ist die Leistung des Entwicklungshelfers wertvoller als die des Maurers? Wer zudem versucht, die derzeitige Einkommensverteilung anhand des Kriteriums zu erklären, muss scheitern.

Welche enormen Leistungszuwächse könnten es rechtfertigen, dass das oberste Tausendstel der US-amerikanischen Gesellschaft zwischen 1979 und 2005 einen Einkommenszuwachs von 400 Prozent verbuchen konnte, während die Einkommen in der Mittelschicht nur um 21 Prozent stiegen? Hier dürfte vielmehr krasses Marktversagen vorliegen. Viele führende Manager sind zugleich Aufsichtsräte in anderen großen Unternehmen und entscheiden hier unter anderem über das Einkommen ihrer Kollegen mit. Offensichtliche Interessenkonflikte, explodierende Gehälter und mangelhafte Aufsicht sind die Folge. Es zeigt sich: Für eine Theorie des gerechten Lohns fehlt die Grundlage. Weder lässt sich die derzeitige Einkommensverteilung anhand der diskutierten Kriterien erklären, noch eignen sich diese als moralischer Maßstab dafür, was als „gerecht" zu beurteilen wäre.

Womöglich ist aber auch der Blickwinkel falsch. Zunächst dürften alle genannten Kriterien in unterschiedlichem Maße relevant für die Bestimmung des jeweiligen Lohns sein und eine Einzelbetrachtung ist daher irreführend. Noch wichtiger aber ist, dass bei der Frage des gerechten Lohns ein moralisch arbiträrer Wert (der erzielte Lohn) im Hinblick auf seine Rechtfertigung untersucht wird, ohne dessen Entstehungsbedingungen zu hinterfragen. Wenn man hingegen Löhne als Resultat von Verteilungskonflikten um konkurrierende Interessen und Ansprüche interpretiert, wird ein anderes Bild sichtbar. Lohnverhandlungen stellen Auseinandersetzungen über angemessene Verteilungen dar, bei denen ein entscheidender Faktor ist, ob sich die Verhandlungspartner als Gleiche begegnen oder aber strukturelle Ungleichheiten zwischen ihnen bestehen. Die Frage des gerechten Lohns ist unter diesem Gesichtspunkt weniger eine der Leistungs-, sondern der Verteilungsgerechtigkeit.

Einen „gerechten" Lohn kann es in konkurrenzbestimmten Märkten nicht geben, aber ein gerechtfertigter Lohn wäre ein solcher, der auf Grundlage einer gleichberechtigten Auseinandersetzung zustande kommt. Die derzeitigen Gehaltsexzesse und extremen Einkommensungleichheiten sollten nicht mehr möglich sein, wenn in Unternehmen grenzübergreifend und flächendeckend umfassende Mitspracherechte durchgesetzt werden könnten. Auch wenn hierdurch die strukturelle Unterlegenheit von abhängig Beschäftigten nicht aufzuheben wäre: Durch solche Regelungen würde geschaffen, was Rawls im Hinblick auf die Gesellschaftsstruktur „Rahmengerechtigkeit" nennt.

Ein Blick auf den deutschen Niedriglohnsektor oder die sogenannten sweat shops zeigt, dass wir von der Realisierung dieser Forderung derzeit weit entfernt sind.

LÖHNE

Für Deutschland weist das Institut für Arbeit- und Berufsforschung (IAB) aus Nürnberg einen Niedriglohn-Anteil von 24,1 Prozent aller Beschäftigten aus. Die Niedriglohnschwelle setzt das IAB bei 9,54 Euro in der Stunde an. Die gesamten Arbeitnehmerentgelte sind seit 1995 nominal um 40 Prozent gestiegen. Die Unternehmens- und Vermögenseinkommen allerdings um 73 Prozent. Der durchschnittliche Brutto-Jahresarbeitslohn je Arbeitnehmer lag im Jahr 2013 im Schnitt bei 31.089 Euro. 1995 betrug er noch 24.031 Euro.

Patrick Schulte ist promovierter Philosoph. Er arbeitet derzeit als EU-Referent in der Abteilung Forschung der Ruhr-Universität Bochum. In seiner Dissertation „Wirtschaftsethik und die Grenzen des Marktes" beschäftigt er sich mit gesellschaftlichen Ungleichheiten und zeigt auf, wie allgemeine Arbeitnehmerrechte gerechtfertigt werden können.

„Wir dürfen nicht nur über Effizienz reden"

Ein Gepräch mit dem Philosophen Michael Sandel

US-Philosoph Michael Sandel wurde als Mitbegründer der kommunitaristischen Strömung bekannt. Er trat erstmals zu Beginn der 1980er Jahre ins Rampenlicht, als er sich vehement gegen die amerikanische Ideologie des radikalen Individualismus stemmte, wie sie ihm unter Präsident Ronald Reagan, aber auch in der Arbeit von Kollegen wie John Rawls begegnete.

Professor Sandel, Ihr Buch „Was man für Geld nicht kaufen kann" ist im Jahr 2012 erschienen. Sie beklagen darin, dass der öffentliche Raum, ganz nach dem Vorbild des Marktes, werteblind ist, dass über Moral nicht mehr gesprochen wird. Ist es denn besser geworden seitdem?

Meine große Klage in dem Buch ist, dass in den vergangenen 30 Jahren beinahe alle Aspekte unseres Lebens Marktgesetzen unterworfen wurden. Das geht vom Familienleben und persönlichen Beziehungen bis hin zur Politik, dem Gesundheitswesen, der Bildung, den Künsten oder auch dem Journalismus. Wir sind, beinahe ohne es zu merken, von einer Marktwirtschaft hin zu einer Marktgesellschaft gedriftet. Der Markt hat sich von einem Werkzeug zu einem Selbstzweck gewandelt. Daran hat leider nicht einmal die Finanzkrise von 2008 etwas ändern können. Es wurde ein wenig über Regulierung gesprochen, aber nie darüber, welche Rolle Geld denn in unserer Gesellschaft spielen soll und welche nicht.

Was hindert uns daran?

Es erscheint für eine liberale Gesellschaft wie die USA zunächst einmal äußerst attraktiv, die Diskussion über Werte aus dem öffentlichen Raum herauszuhalten. Wir unterwerfen alle unsere Interaktionen Marktgesetzen, weil Märkte wertneutral erscheinen, weil auf dem Markt Parteien aufeinandertreffen, die jeweils für sich bereits über den Wert einer Ware entschieden haben.

Aber Sie glauben, dass diese Wertneutralität eine Fiktion ist.
Ich denke, dass es ein Fehler ist, zu glauben, dass Märkte Dinge wie Gerechtigkeit definieren können oder auch das, was das öffentliche Wohl ausmacht. Ich glaube, dass wir es nicht vermeiden können, über Dinge wie Verteilungsgerechtigkeit oder die Bewertung bestimmter Dinge eine Diskussion zu führen. Wir müssen darüber reden, ob es einen Markt für menschliche Organe geben darf, ob es einen Markt für Leihmütter geben darf, ob wir Emissionsberechtigungen kaufen dürfen oder ob wir Schülern Bargeldanreize für akademische Leistungen bieten sollen. Viele Ökonomen glauben, dass Märkte die Dinge, die sie vermitteln, nicht verändern. Das gilt vielleicht für Fernsehbildschirme, aber sicher nicht für immaterielle Güter und soziale Praktiken wie Fortpflanzung, Bildung oder Gesundheit. Leider haben wir in unseren pluralistischen Gesellschaften Angst davor, über diese Dinge zu diskutieren.

Ist es denn immer so eindeutig, dass Vermarktung schlecht ist? Der Markt für Spenderorgane rettet doch Vielen das Leben.
Ich behaupte nicht, dass die Antwort auf die Frage „Vermarktung Ja oder Nein" immer eindeutig ist. Es wird immer Dilemmata geben und oft liegen die Dinge kompliziert. Nehmen wir die Frage der Spendernieren. Da ist die Nachfrage größer als das Angebot. Ökonomen würden sagen, man kann durch finanzielle Anreize das Angebot erhöhen. Ich wende ein, dass es unweigerlich die Armen wären, die zuerst ihre Nieren verkaufen würden. Wenn aber ein armer indischer Bauer seine Niere verkauft, um seine Kinder in die Schule schicken zu können, ist es nicht klar, ob er wirklich ein freier Marktteilnehmer ist oder ob er nicht vielmehr durch seine wirtschaftliche Lage zur Marktteilnahme gezwungen wird. Unter Bedingungen der wirtschaftlichen Ungleichheit, die heute überall herrscht, ist die Marktteilnahme nie so frei und selbstbestimmt, wie die Marktideologien das gerne darstellen.

Gegen einen freien Markt von Nieren unter wirtschaftlich Gleichgestellten hätten Sie also nichts einzuwenden?
Doch. Ich stelle in Frage, ob wir unsere Körper als Ersatzteillager sehen sollten, die man bei Bedarf zu Geld machen kann. Ich sehe das als eine Degradierung an.

Das ist Ihre persönliche Meinung.
Ja, sicher, ich beanspruche nicht, im Besitz universeller Wahrheiten zu sein. Ich sage nur, dass wir wieder lernen müssen, diese Debatten zu führen. Wir müssen lernen, wieder über andere Dinge zu reden als über Effizienz. Wir müssen lernen, darüber zu diskutieren, inwiefern die Vermarktung unsere Betrachtungsweise von Dingen und Werten korrumpiert und verändert, wie etwa im Organbeispiel die Integrität des menschlichen Körpers.

Inwiefern glauben Sie, dass unser Reden über diese Dinge erfrischt und mit Substanz aufgeladen werden kann? Glauben Sie, dass die neuen Technologien da eine Rolle spielen können?
Ich glaube nicht, dass die Technologie an sich etwas verändern kann, obwohl sie sicherlich Chancen bietet. Ich übertrage ja beispielsweise meine Vorlesungen im Internet und versuche so, meinen Beitrag über die Akademie hinaus zu leisten. Ich hoffe aber viel eher auf zivilgesellschaftliche Institutionen wie Bildungseinrichtungen, die Medien, aber auch Kirchen, Gewerkschaften und soziale Bewegungen.

Was ist mit der Politik?
Ich glaube nicht, dass die Politik ein Interesse daran hat, den öffentlichen Diskurs zu vertiefen und ihn mit grundlegenden ethischen Fragen aufzuladen. Im Gegenteil, es kommt ihr zugute, die Diskussionen so eng wie möglich zu halten.

Sie schreiben in Ihrem Buch, dass diese moralische Leere der Hauptgrund für die grassierende globale Politikverdrossenheit ist. Die Menschen wollen, dass die Politik ethische Fragen stellt. Obama hat das in seinem ersten Wahlkampf gemacht, deshalb waren die Leute damals so begeistert von ihm. Man hat zwischen all dem technokratischen Gerede und dem polarisierten ideologischen Geschrei ein tiefes Bedürfnis nach Sinn.

Warum konnte Obama das als Präsident nicht durchhalten?
Das ist das große Rätsel seiner Präsidentschaft. Ich glaube, es hängt eng mit seiner Reaktion auf die Finanzkrise von 2008 zusammen. Er hat sich damals mit Wirtschaftsberatern umgeben, welche die Welt mehr oder

weniger durch die Augen der Wall Street betrachtet haben. Das Resultat war, dass er Wall-Street-Firmen wie Lehmann oder AIG gerettet hat, ohne von ihnen danach Rechenschaft zu fordern. Er hatte Angst, sie vor den Kopf zu stoßen und somit womöglich eine Depression auszulösen. Es gab unter den Steuerzahlern eine breite Empörung darüber und Obama hat es nie geschafft, sich zum Sprachrohr dieser Empörung zu machen. Das hat ihn letztlich seine moralische Glaubwürdigkeit gekostet. Er war plötzlich Statthalter eben jenes Status quo, den herauszufordern er eigentlich angetreten war. Sein ganzer Drive, demokratischen Bürgersinn wieder zu beleben, ging dabei verloren und davon hat er sich nie erholt.

Sie glauben also, dass der Verlust seiner moralischen Vision primär damit zusammenhing, wie er agiert hat, und nicht etwas Grundsätzliches mit seiner Machtposition zu tun hatte.
Es ist sicher nicht einfach, an der Macht zu sein und gleichzeitig eine moralische Vision zu haben. Aber es geht. In der amerikanischen Geschichte hatten wir beispielsweise Franklin D. Roosevelt. Er hatte eine reformerische Leidenschaft, die er während seiner gesamten Regierungszeit durchgehalten hat.

Sie haben von den Medien gesprochen: Wie können die Medien heute wieder mit einem substanzielleren Diskurs über grundsätzliche Fragen aufgeladen werden?
Das große Problem der Medien – in den USA jedenfalls – ist, dass sie immer stärker konzentriert sind. Die gesamten amerikanischen Medien gehören einer Handvoll von Konzernen. Damit einhergehend hat sich das Ethos, speziell beim Fernsehen, dramatisch gewandelt. Als ich Student war, wurde von den Fernsehnetzwerken nicht erwartet, dass sie Profite abwerfen. Die Nachrichten wurden als Dienst an der Öffentlichkeit aufgefasst. Das hat sich geändert, als die Netzwerke von großen Medienkonzernen gekauft wurden. Seither geht es nur noch um messbare Einschaltquoten, die Substanz ist verloren gegangen.

Wie kann man diesen Trend aufhalten?
Man muss experimentieren – mit Stiftungen etwa, die Nachrichtenproduktion fördern. In jedem Fall sind die Medien eines der Dinge, die vor den Launen des Marktes geschützt werden sollten.

Um zur wirtschaftlichen Ungleichheit zurückzukommen – wie kann das Abschirmen bestimmter Dinge vor den Fängen des Marktes dazu beitragen, Ungleichheit zu beseitigen oder zumindest zu reduzieren?

Wenn eine bestimmte Grundversorgung in einem Land gesichert ist, wie etwa die Versorgung mit Gesundheits-Vorsorge, dann dämpft das die soziale Ungerechtigkeit. Deshalb ist es der Gerechtigkeit zuträglich, wenn man zumindest bestimmte Aspekte der Krankenversorgung dem Markt entzieht. Das gleiche gilt etwa auch für die Bildung.

In Ihrem Buch kann man den Eindruck gewinnen, dass wir in der westlichen Marktgesellschaft vor lauter Eigeninteresse jegliche Fähigkeit zur Empathie verloren haben. Ist es wirklich so schlimm?

Ich will nicht sagen, dass es überhaupt keinen Altruismus mehr gibt. Es gibt beispielsweise bemerkenswert großzügige Philanthropie, wir müssen da nur an Bill Gates oder George Soros denken. Aber ich glaube nicht, dass private Philanthropie ein angemessener Ersatz für öffentliche Förderung von Bildung, Wissenschaft, Kunst oder auch das Gesundheitswesen ist. Private Philanthropie setzt nun einmal ihre eigenen Prioritäten. Die decken sich manchmal mit dem öffentlichen Wohl. Aber die Bürger haben keine Möglichkeit, mitzuentscheiden, was gefördert wird und was nicht. Eine funktionierende Zivilgesellschaft stärkt das nicht.

Das Interview führte Sebastian Moll

138

Zocker kommen zu leicht davon

Von Ursula Knapp

Was ist los mit dem Rechtsstaat? Steuerzahler müssen mit Milliarden für Banken haften. Aber Top-Manager, die die Geldhäuser in die Pleite führten, verlassen als freie Männer den Gerichtssaal. Allein seit Sommer 2014 waren es sechs, die rechtlich unbehelligt von dannen zogen.

Freigesprochen wurde zum Beispiel Dirk Jens Nonnenmacher, ehemaliger Vorstand der HSH Nordbank. Er genehmigte ungeprüft und schlecht informiert ein Geschäft mit der französischen Großbank BNP Paribas. In der Finanzkrise offenbarte sich dann der Schaden: 30 Millionen Euro. Eine „gravierende" Pflichtverletzung sah das Landgericht Hamburg aber nicht. Freispruch auch für seine vier Bankvorstände. Sie hatten 2008 den Quartalsbericht der HSH um 114 Millionen Euro geschönt. Das Landgericht maß dieser Summe eine „untergeordnete Bedeutung" bei. Zur Erinnerung: Schleswig-Holstein und Hamburg mussten 2009 eine Finanzspritze aus dem Landeshaushalt bereitstellen und mit 10 Milliarden Euro haften, um damit die Bank zu retten.

Im Süden der Republik wurden im Oktober 2014 zwei Untreue-Verfahren gegen Manager der Bayerischen Landesbank eingestellt. Es ging um den überteuerten Ankauf der österreichischen Hypo Group Alpe Adria durch die Bayerische Landesbank. Kaufsumme: 1,6 Milliarden, das waren mutmaßlich 600 Millionen zu viel.

Doch der damalige Chef Werner Schmidt und sein Vize Rudolf Hanisch müssen sich nicht mehr wegen Untreue verantworten. Gegen Geldauflagen stellte das Landgericht München I das Verfahren ein. Schmidt erhielt allerdings eine Bewährungsstrafe wegen Bestechung. Denn der österreichische, verstorbene Law-and-Order-Politiker Jörg Haider ließ sich von Schmidt unter der Hand 2,5 Millionen für einen Stadionbau geben, bevor er dem Verkauf der österreichischen Bank zum Fantasiepreis zustimmte. Nur diese Bestechung blieb an Schmidt hängen.

Die Urteile widersprechen nicht nur dem Gerechtigkeitsgefühl. Sie lassen auch die Wiederholungsgefahr steigen. Eine Geldauflage oder ein Schadenersatzprozess schrecken Angeklagte im weißen Kragen nämlich kaum ab – eine drohende Haftstrafe dagegen enorm.

In den Medien werden erste Bilanzen gezogen. Das Strafrecht tauge nicht zur Aufarbeitung der Finanzkrise. Andere zeigen auf das Bundesverfassungsgericht. Das habe 2010 eine Verurteilung wegen Untreue immens erschwert. Das klingt teils nach Resignation, teils nach Ausrede.

Aber eine grundsätzliche Bilanz über das deutsche Justizwesen ist verfrüht. Erst das Jahr 2015 wird zeigen, ob die Justiz zahnlos ist. Der Prozess gegen die Vorstandsriege der Hypo Real Estate – die Parade-Pleitebank der Finanzkrise – steht noch aus. Das Landgericht München hat das Verfahren gegen Georg Funke und sieben Ex-Vorstände der Bank noch nicht anberaumt. Gegen den Freispruch Nonnenmachers hat die Staatsanwaltschaft Hamburg Revision eingelegt. „Ich glaube nicht, dass der Freispruch halten wird", sagt der Hamburger Strafverteidiger Gerhard Strate.

Strate, der zuletzt als Verteidiger von Gustl Mollath bundesweit bekannt wurde und schon jahrzehntelang im Einsatz für Angeklagte steht, hatte selbst Anzeige gegen Nonnenmacher erstattet. Jetzt hofft er, dass der Bundesgerichtshof (BGH) in der Revision eine Verurteilung wegen Untreue ermöglicht.

Tatsächlich hat der BGH oft strenger geurteilt als die Landgerichte. 2009 wurde in Karlsruhe der Freispruch für den WestLB-Chef Jürgen Sengera aufgehoben, der mit einer unverantwortlichen Kreditvergabe Firmengeld versenkt hatte. Aber im Wiederholungsprozess stellte das Landgericht Düsseldorf trotzdem das Verfahren gegen Geldauflage ein.

So war es schon bei den millionenschweren Bonus-Zahlungen an die Mannesmann-Manager. Der BGH hob die Freisprüche unter anderem für Josef Ackermann und Klaus Esser 2005 auf, weil es keinerlei Leistung für die Zahlungen gab, also Aktionärsgeld veruntreut wurde. Aber Düsseldorf stellte das Verfahren 2006 gegen hohe Zahlungen ein.

Die wenigen Verurteilten, wie die Siemens-Manager mit den schwarzen Kassen für Bestechungen, gingen zum Bundesverfassungsgericht. Dort sollte 2010 der Strafparagraf „Untreue" für verfassungswidrig erklärt werden, weil er völlig unscharf sei. Das Bundesverfassungsgericht erklärte 2010 den entsprechenden Paragrafen 266 aber für verfassungsgemäß. Allerdings muss der Vermögensschaden oder die Vermögensgefährdung, den die Manager pflichtwidrig verursachen, beziffert werden.

Das ist nun der Punkt, mit dem sich die Staatsanwaltschaften und Landgerichte seit nunmehr fünf Jahren bei Untreue-Prozessen herumschlagen. Die Feststellung der Schadenssumme oder der Vermögensgefährdung macht Ermittlungen und Prozesse langwierig. Ein Beispiel ist das Verfahren gegen Thomas Middelhoff vor dem Landgericht Essen. 30 Tage wurde verhandelt, um möglicherweise privat veranlasste Flüge und die Kosten für eine Festschrift aufzuklären. Middelhoff stellte sie dem inzwischen insolventen Arcandor-Unternehmen in Rechnung.

Es war ein vergleichsweise einfacher Fall. Trotzdem dauerte das Verfahren länger als die meisten Mordprozesse. Am Ende stand allerdings ein Paukenschlag: Middelhoff wurde im November 2014 zu drei Jahren Gefängnis verurteilt. Das Landgericht Essen setzte noch etwas drauf: Es erließ sofort Haftbefehl wegen Fluchtgefahr. Der einst gefeierte Manager sitzt in Untersuchungshaft und wartet nun auf sein Revisionsverfahren vor dem BGH in Karlsruhe. Das Jahr 2015 wird zeigen, ob das harte Urteil gegen Middelhoff Bestand hat.

Aber ganz unabhängig von den noch schwebenden Verfahren gegen Nonnenmacher, Funke und Middelhoff stimmt es, dass die Justiz viele Prozesse aus wenig nachvollziehbaren Gründen beendete. Liegt das womöglich am Zeit- und Personalmangel?

Der frühere BGH-Richter Axel Boetticher vermutete das schon 2008. Vor Fachjuristen in Karlsruhe sagte er: „Dies kommt sicher daher, dass die personell schlecht ausgestatteten Wirtschaftsstaatsanwaltschaften und -strafkammern sehr aufwendige und komplizierte Verfahren haben, die nach Intervention der Verteidiger ‚unten' erledigt werden."

Eine Anfrage beim Justizministerium Nordrhein-Westfalen (NRW) soll Aufschluss über die Personalsituation geben. NRW ist nämlich das Bundesland, in dem sich die Gerichte mit Verfahrenseinstellungen im Fall Mannesmann und Sengera und dem umstrittenen Deal für Klaus Zumwinkel den Vorwurf „Klassenjustiz" eingehandelt haben.

„Wir haben im Haushalt 2015 im Strafbereich zwölf zusätzliche Stellen für das Landgericht Köln und Düsseldorf eingeplant", sagt der Sprecher. Zudem sollen zehn weitere Richter und zehn Staatsanwälte explizit für Wirtschafts- und Steuerstrafsachen eingestellt werden. Der geplante Abbau von 41 Stellen wurde aufgehoben. Darf man das als Umdenken werten? „Die Aufstockung in Wirtschaftsstrafsachen wurde explizit mit der Komplexität der Materie begründet", erläutert der Sprecher. Immerhin. Trotz Haushaltssperre schafft Nordrhein-Westfalen 32 neue Stellen zur Strafverfolgung von Wirtschaftskriminalität.

Man kann nur hoffen, dass am Ende der Finanzkrise nicht die Justiz als der große Verlierer dasteht. Das Image der Dritten Gewalt im Staat ist ziemlich angekratzt.

Wie Reiche vom Steuerrecht profitieren

Ein Gastbeitrag von Joachim Wieland

Wer arbeitet, muss wesentlich mehr Steuer auf sein Einkommen zahlen als jemand, der von seinem Vermögen lebt. Deutschlands Steuersystem ist ungerecht. Viele Steueränderungen der vergangenen Jahrzehnte haben schrittweise dazu geführt, dass reiche Menschen und Unternehmen entlastet worden sind, während die Steuerbelastung der Durchschnittsbürger zugenommen hat. Wesentlicher Grund dafür ist die schrittweise Erhöhung der Umsatzsteuer von zehn auf 19 Prozent.

Die Umsatzsteuer wird ohne Rücksicht auf die finanzielle Situation der Menschen von allen in gleicher Höhe erhoben. Der Millionär zahlt für seinen Konsum den gleichen Steuersatz wie der Hartz-IV-Empfänger. Wer ein geringeres Einkommen hat, muss zudem fast alles Geld für den Konsum ausgeben und dabei Umsatzsteuer zahlen. Wer über hohe Einkünfte verfügt, zahlt nur für einen relativ geringen Teil davon Umsatzsteuer, weil mit wachsendem Einkommen der Anteil der Konsumausgaben relativ abnimmt und mehr Geld gespart werden kann.

Während sich traditionell in Deutschland etwa 40 Prozent des Steueraufkommens aus Umsatz- und Verbrauchsteuern wie der Tabak-, Energie- und Stromsteuer zusammensetzte, ist der Anteil in den letzten beiden Jahrzehnten auf ungefähr 60 Prozent gestiegen. Diese Verlagerung der Steuerlast auf Steuern, die auf die Leistungskraft der Steuerpflichtigen keine Rücksicht nehmen, lässt sich mit dem Prinzip des sozialen Rechtsstaats kaum vereinbaren. Das gilt unabhängig davon, dass manche Umsatzsteuerermäßigungen wie für Hotelübernachtungen und den Kauf von Renn- und Reitpferden sowieso ungerechtfertigte Steuersubventionen darstellen.

Die ungerechte Verschiebung der Steuerlast von der Einkommen- und Körperschaftsteuer auf die Umsatzsteuer beruht auch auf der Senkung des Spitzensteuersatzes bei der Einkommensteuer von 56 Prozent 1990 auf 42 Prozent seit 2005 (ab 250.000 Euro 45 Prozent). Der Körperschaftsteuersatz, der 1990 noch 56 Prozent für einbehaltene Gewinne der Unternehmen betrug, befindet sich im freien Fall und beträgt seit 2008 nur noch 15 Prozent.

Zu Einnahmeverlusten des Staates trägt auch die Abgeltungssteuer für Zinsen von 25 Prozent bei. Wer über ein beträchtliches Vermögen verfügt und von den Zinsen lebt, zahlt darauf nur 25 Prozent Einkommensteuer, während die Lohnsteuer schon von einem Jahreseinkommen von etwa 53.000 Euro den Spitzensteuersatz von 42 Prozent erreicht.

Obwohl die Steuerpflicht eigentlich für das Einkommen jedes Ehegatten getrennt besteht, ermöglicht das Ehegattensplitting in einer Alleinverdienerehe, in der der Ehemann 80.000 Euro im Jahr verdient, eine Steuerersparnis gegenüber unverheirateten Paaren von etwa 7.500 Euro pro Jahr. Gerechtfertigt wäre aber höchstens ein Abzug des Unterhalts, den der Alleinverdiener für seine Partnerin zahlt, vom steuerpflichtigen Einkommen.

Ungerechte Wirkungen hat auch der Kinderfreibetrag, der dazu führt, dass Besserverdienende eine höhere Steuerentlastung erhalten als Durchschnittsbürger. Ein Ehepaar mit zwei Kindern erhält bei niedrigem oder durchschnittlichem Einkommen 4.416 Euro Kindergeld. Bei einem Familieneinkommen ab zirka 115.000 Euro beträgt die Steuerentlastung für zwei Kinder demgegenüber fast 6.000 Euro. Dem Staat sollte aber jedes Kind gleich viel wert sein. Das ließe sich leicht über einen einheitlichen Kindergrundfreibetrag erreichen.

Schließlich steigt die Steuerbelastung wegen des progressiven Tarifs bei Einkommen bis 53.000 Euro mit jeder Lohnerhöhung an, auch wenn nur Preissteigerungen ausgeglichen werden.

Wer reich ist, profitiert auch durch den Verzicht des Staates auf die Erhebung von Vermögensteuer, die im Grundgesetz ausdrücklich vorgesehen ist und lange selbstverständlich war. Es liegt auf der Hand, dass Inhaber größerer Vermögen leistungsfähiger sind als vermögenslose Steuerpflichtige. Vermögen werden auch dadurch begünstigt, dass die Erbschaftsteuer praktisch zur Dummensteuer geworden ist. Der Gesetzgeber hat mit der letzten Reform schon bezweckt, dass 95 Prozent aller Nachlässe steuerfrei vererbt werden. Insbesondere unternehmerisches Vermögen lässt sich durch einfache Gestaltungen steuerfrei weitergeben.

Der Bundesfinanzhof hat jetzt gegenüber dem Bundesverfassungsgericht seine Überzeugung von der Verfassungswidrigkeit der Erbschaftsteuer begründet. Nach dem Verlauf der mündlichen Verhandlung in Karlsruhe Anfang Juli ist davon auszugehen, dass sich das Bundesverfassungsgericht dieser Auffassung anschließen wird. Da vor allem die mittelständischen Unternehmen über eine starke Lobby verfügen, ist zu befürchten, dass auch bei einer Neuregelung unternehmerisches Vermögen weitgehend von der Erbschaftsteuer verschont bleiben wird.

Wer ein Unternehmen mit einem Millionenwert erbt, erwirbt damit aber eine wirtschaftliche Leistungsfähigkeit, die es ihm ohne weiteres erlaubt, seinen Beitrag zu den Kosten des Gemeinwesens, für Infrastruktur, Sozialleistungen und Bildung zu zahlen. Arbeitsplätze werden durch die Erbschaftsteuerzahlung entgegen immer wieder geäußerten Behauptungen nicht gefährdet. Wie andere Kosten eines Unternehmens auch werden Erbschaftsteuerzahlungen in die langjährige Finanzplanung eingestellt und können zudem bei einem akuten finanziellen Engpass gestundet werden. Warum muss jemand, der sein Elternhaus erbt, Steuern zahlen, während ein Unternehmenserbe steuerfrei bleibt? Gerecht wäre eine niedrige Erbschaftsteuer, die konsequent in allen Erbfällen erhoben würde.

Vor allem größere Unternehmen können ihre Steuerbelastung ohne große Schwierigkeiten senken. Wenn sie Tochtergesellschaften in Irland oder den Niederlanden gründen, können sie gleichzeitig die gute Infrastruktur in einem Land mit höheren Steuern wie Deutschland nutzen und ihre Gewinne in Niedrigsteuerländer verlagern. So zahlen sie weniger Steuer.

Leider hat der Europäische Gerichtshof in Luxemburg in die Grundfreiheiten lange ein Recht auf Steuervermeidung durch Steuergestaltung hineingelesen. Den Finanzministern fällt es schwer, diese Praxis zu beenden. Niedrigsteuerländer wollen nicht auf die Gewährung von Steuervorteilen verzichten. Im Steuerrecht erlaubt die Europäische Union aber nur einstimmige Beschlüsse, so dass jedes Mitgliedsland Reformen verhindern kann.

Über die Gestaltungen, mit denen Unternehmen wie Amazon, Google, Starbucks und andere völlig legal ihre Steuerbelastung nahe null senken, haben die Medien ausführlich berichtet. Auch diese Praxis führt nicht ohne Grund zu dem Eindruck, dass von Steuergerechtigkeit in Deutschland nur noch sehr begrenzt die Rede sein kann. Steuerreform tut not!

Joachim Wieland ist Professor für Öffentliches Recht, Finanz- und Steuerrecht an der Universität Speyer.

Steuern, ein Glaubensstreit

Von Markus Sievers

Keine Serviette hat die Wirtschaftspolitik so beeinflusst wie diese, auf der im Jahr 1974 der US-Ökonom Arthur Laffer seine Kurve zeichnete, die berühmt-berüchtigt werden sollte. Beim Kaffeetrinken verdeutlichte der Professor konservativen Politikern seiner Heimat seine zentrale These: Wenn die Tarife zu hoch sind, führen Steuererhöhungen nicht zu mehr, sondern zu weniger Einnahmen. Umgekehrt leeren Entlastungen für die Bürger und Unternehmen nicht die Staatskassen, sondern füllen sie. Denn sie motivieren Arbeitnehmer, sich mehr anzustrengen. Sie setzen unternehmerische Kreativität frei und kurbeln so das Wachstum an.

In diesem Glauben trieben in den 80er Jahren US-Präsident Ronald Reagan und die britische Ministerpräsidentin Margaret Thatcher mit Steuersenkungen die Liberalisierung der Wirtschaft voran. In Deutschland folgte später selbst Rot-Grün diesem Modell, als die Koalition vom Jahr 2000 an die Einkommensteuer und die Körperschaftsteuer für die Firmen reduzierte. Allerdings verbesserte dies anders als von Laffer vorausgesagt nicht die Haushaltslage. Vielmehr rutschte die Bundesrepublik dramatisch in Defizite und kam in Konflikt mit dem europäischen Stabilitätspakt. „Unterm Strich blieb ein deutliches Minus für den Staat", sagt der Berliner Professor Achim Truger. Und Deutschland war nicht das einzige Land, das diese Erfahrung machte. Die Hoffnungen auf eine weitgehende Selbstfinanzierung von Steuersenkungen über Wachstumsimpulse seien im In- wie im Ausland regelmäßig enttäuscht worden.

Die Grundsatzdebatte wird aber noch heute heftig geführt: Muss ein Industrieland wie Deutschland die Steuern senken, um das Wachstum zu fördern? Oder braucht der Staat eher höhere Einnahmen, um seine Aufgaben wahrnehmen zu können, um Bildung, Kinderbetreuung und sozialen Ausgleich zu finanzieren? Und kann nicht gerade dies die Wirtschaft erst recht in Schwung bringen, weil ohne eine funktionierende öffentliche Infrastruktur ein Standort nicht gedeihen kann? Theoretisch können Regierungen zwischen einer Einkommens-Besteuerung von null Prozent bis 100 Prozent wählen. Beide Extremfälle sind wenig attraktiv, betont der US-Ökonom Richard Vedder in einer Studie für den Bund der Steuerzahler. „Bei einem Steuersatz von null Prozent fehlt jede Möglichkeit, ein Rechtssystem unter anderem zum Schutz des Eigentums zu schaffen oder durchzusetzen. Bei einer Steuerbelastung von 100 Prozent wiederum würde der Staat alles kassieren, was erwirtschaftet wird – würde folglich jeder Anreiz zum Arbeiten, Sparen oder Investieren fehlen." Jedes Land muss also den idealen Wert irgendwo zwischen den Extremen wählen. „Deutschland ist im internationalen Vergleich ein Hochsteuerland, weshalb es seit vielen Jahren unter seinen wirtschaftlichen Wachstumsmöglichkeiten bleibt", meinte der europäische Steuerzahlerverband Taxpayer Association of Europe. Schon das aber ist umstritten.

Regelmäßig vergleicht die OECD, eine Organisation von wohlhabenden Ländern auf der ganzen Welt, wie viel der jeweilige Staat für sich beansprucht. In Deutschland behielt der Fiskus 2012 rund 23 Prozent der Wirtschaftsleistung, gemessen am Bruttoinlandsprodukt (BIP), ein. Mit dieser Steuerquote ist der deutsche Staat deutlich bescheidener als Dänemark (47 Prozent), Frankreich (28 Prozent) und Großbritannien (28 Prozent), verlangt aber mehr als die öffentliche Hand in den USA (knapp 19 Prozent). Allerdings spielen hierzulande Sozialabgaben eine wichtige Rolle. Mit ihnen finanziert die Bundesrepublik den Großteil der gesetzlichen Rente ebenso wie die Kranken- oder Arbeitslosenversicherung. Bezieht man diese Tarife mit ein, so kommt Deutschland auf eine Abgabenquote (Anteil der Steuern und Abgaben am BIP) von 40 Prozent. Zu viel? Zu wenig? Eine eindeutige, wissenschaftlich ableitbare Antwort darauf gibt es nicht.

Mit weniger kommen wirtschaftlich erfolgreiche Länder wie Luxemburg oder die USA aus. Mehr verlangen wirtschaftlich erfolgreiche Länder wie Schweden, Österreich, Finnland und Dänemark. Ein eindeutiger Zusammenhang zwischen ökonomischem Erfolg und Steuerlast besteht also nicht.

Das Gute daran für die Politik: Sie hat die Freiheit, zu gestalten. Dabei muss sie bedenken, dass es nicht allein darum geht, Einnahmen für den Staat zu sichern und Leistungsanreize für Arbeitnehmer und Unternehmer zu erhalten. Die Steuerpolitik prägt auch die Verteilung in einer Gesellschaft entscheidend mit. Von ihr hängt ab, ob die Chancen fair verteilt sind. Gerade im 21. Jahrhundert driften die Einkommen, die am Markt erzielt werden, auseinander. Noch in den 70er Jahren beschäftigte Mercedes am Band auch Menschen ohne Hauptschulabschluss und zahlte für Hilfstätigkeiten anständige Löhne. Heute sind solche Jobs weitgehend verschwunden. Gefragt sind die bestens ausgebildeten Spezialisten, die entsprechend hohe Gehälter aushandeln können.

Und was ist mit den anderen? Sorgt der Staat für einen gewissen Ausgleich? Nicht wirklich, eher im Gegenteil, stellt jedenfalls die OECD in ihren internationalen Analysen immer wieder fest. Der deutsche Sozialstaat finanziert sich ungewöhnlich stark über kleine und mittlere Einkommen und verschont die Topgehälter. Teilweise führen Gutverdiener sogar weniger Steuern und Sozialabgaben von ihrem Einkommen ab als Geringverdiener. Laut OECD reichte ein Durchschnittsverdiener 2012 von jedem zusätzlichen Euro über 60 Prozent ans Finanzamt und die Sozialkassen weiter. Wer das Einein-halbfache des Mittelwertes bezog, kam mit knapp 45 Prozent davon. Bei einem Ehepaar mit zwei Kindern verlangte der Sozialstaat bei einem Durchschnittseinkommen 53 Prozent. Bei einem um die Hälfte höheren Verdienst waren es 33 Prozent.

Eine ähnliche Umverteilung von unten nach oben wie in Deutschland stellte die Organisation mit Sitz in Paris nur bei zwei weiteren der 34 Mitgliedsstaaten fest – bei Österreich und Spanien. Im Großen und Ganzen seien die Systeme in allen anderen Nationen „progressiv". Bei ihnen steigt also die Gesamtbelastung mit zunehmendem Einkommen. Anders in der Bundesrepublik. Hier werde der „Steuerkeil jenseits einer bestimmten Lohnstufe wieder kleiner". Entsprechend bezeichnet die OECD das deutsche System als „regressiv": Kleinere Einkommen werden stärker belastet als hohe Einkommen.

Dies erklärt sich vor allem durch die hohe Bedeutung von Sozialabgaben. Während bei der Einkommensteuer der Tarif mit steigenden Gehältern überproportional steigt, belasten die Sozialversicherungen vor allem die kleinen Einkommen.

Hinzu kommt: Steuern auf Vermögen spielen hierzulande eine geringe Rolle. Die eigentliche Vermögensteuer wird gar nicht erhoben, die Erbschaftsteuer bringt relativ wenig ein. Und so bietet das deutsche Steuer- und Abgabensystem einer Regierung, die für mehr Gerechtigkeit sorgen möchte, jede Menge Ansatzpunkte zum Handeln.

Chancen? Ein Bluff.

In der öffentlichen Debatte wimmelt es von Chancen: Bürgern werden Bildungs-, Job- und Aufstiegschancen versprochen. Parteien und Forscher fordern gleiche Chancen für alle. Die „Chance" ist zu einem zentralen politischen Begriff geworden. Aber was bedeutet sie? Was wird mit Chancengleichheit versprochen – und was nicht? Gerhard Bosch erforscht seit vielen Jahren, welche Bildungs- und Arbeits-Möglichkeiten Menschen in Deutschland und Europa haben. Derzeit ist der Volkswirt und Soziologe Direktor des Instituts Arbeit und Qualifikation der Universität Duisburg-Essen.

Herr Bosch, was ist das Gegenteil von Schulden?
Guthaben.

Und von Armut?
Reichtum.

Und von Arbeitslosigkeit? Beschäftigung. Ist das eine Lockerungsübung?
Nein, wir sind schon mitten im Gespräch. Das Gegenstück zu diesen Begriffen ist: „Chancen". Zumindest, wenn man politischen Slogans glaubt. Die FDP wirbt mit Chancen statt Schulden, die Grünen fordern Chancen statt Armut, und die SPD plakatierte vor der Europawahl den Slogan „Ein Europa der Chancen. Nicht der Arbeitslosigkeit". Warum sagt die SPD nicht einfach: Beschäftigung statt Arbeitslosigkeit?

Chancen – das ist weniger konkret als Beschäftigung. Diese Vagheit will man im Politischen. Man macht ein Versprechen, aber man wird nicht konkret. Wenn man den Chancen dann auch noch etwas Negatives gegenüberstellt, muss man den Begriff gar nicht mehr interpretieren: Chancen statt Armut – da sind Chancen doch allemal besser.

Warum ist ausgerechnet der Begriff „Chance" so beliebt?
Der Begriff hat eine starke positive Ausstrahlung, die Menschen verbinden damit etwas Gutes: Chancen sind gute Möglichkeiten, die

man ergreifen kann. Gleichzeitig ist der Begriff so vage, dass jeder das hineinlegen kann, was ihm besonders wichtig ist: Die einen denken bei Jobchancen an Karriere, die anderen an einen sicheren Arbeitsplatz.

Und was bedeutet „Chance" wirklich?
Sie bezeichnet im Kern die Wahrscheinlichkeit, dass ein Ereignis eintritt. Dabei ist die Chance immer mit Begrenzung verbunden, das gilt auch für den Arbeitsmarkt. Es gibt nur eine begrenzte Zahl von guten Jobs, um die viele Menschen konkurrieren. Viele haben die Chance, sich zu bewerben, aber lange nicht jeder wird am Ende eine gute Stelle haben.

Dann kann man Leute ziemlich veräppeln, wenn man ihnen „Jobchancen" verspricht. Die Wahrscheinlichkeit, die Stelle zu bekommen, kann eins zu zehn oder eins zu einer Million sein.
Das stimmt. Wenn die Wahrscheinlichkeit allerdings gegen Null tendiert, fallen die Leute nicht mehr darauf herein. Dann ist es eine Lotterie!

Was verbirgt sich hinter der Aufforderung: Jeder sollte seine Chance nutzen?
Das ist eine Einladung zum Wettbewerb: Bereitet Euch vor, zieht die Laufschuhe an. Ihr geht in einen Wettbewerb mit anderen! Gleichzeitig wird damit dem Einzelnen die Verantwortung für seinen Erfolg zugewiesen.

Aber in einem Wettbewerb kann nicht jeder gewinnen!
Der Erwartungsdruck, dass man aufsteigt und Karriere macht, ist aber inzwischen sehr groß. Das treibt auch seltsame Blüten: Unternehmen sind in großem Maße dazu übergegangen, Scheinkarrieren und damit Pseudo-Chancen zu schaffen. Schauen Sie sich mal Visitenkarten an. Da stehen tolle Titel drauf, Senior Consultant, Account Manager – das klingt besser als Unternehmensberater und Vertriebsmitarbeiter. Mit den Scheinkarrieren versucht man, die in der Chancengesellschaft immer größere Zahl der Enttäuschten zu verringern.

Die meisten Menschen wollen zunächst einmal einen guten und sicheren Arbeitsplatz. Warum geben sich viele mit dem vagen Chancenversprechen zufrieden?

Bessere Chancen – das klingt nach mehr Jobs. Das muss aber nicht so sein. Wenn zum Beispiel Frauen bessere Jobchancen haben, haben Männer schlechtere, wenn es insgesamt nicht mehr Stellen gibt.

Wären Sie froh, wenn man Ihnen sagte: Es besteht die Chance, dass Sie nächste Woche noch Ihren Job haben?

Nein, das wäre eine Drohung. Ich müsste mir dann überlegen, ob meine Leistung so nachgelassen hat, dass man mich rauswerfen will. Diese Angst wird heute zum Alltag. Wir leben in einem System permanenter Bewährung, in dem Arbeitsplätze immer mehr auf Zeit vergeben werden. In manchen Unternehmen muss man sich regelmäßig auf den eigenen Arbeitsplatz wieder bewerben.

Ein anderes Beispiel: die Bildungschance. In Deutschland hat jedes Mädchen die Chance, in einer Grundschule aufgenommen zu werden. Das klingt auch nicht gut. Warum kippt hier die Chance ins Negative?

Weil hier unsere Ansprüche höher sind. Wir akzeptieren, dass wir nur die Chance auf einen guten Job haben. Wir akzeptieren aber nicht, dass Mädchen nur die Chance auf eine Schulbildung haben. In unserer Demokratie hat jedes Kind einen gesetzlichen Anspruch auf eine schulische Ausbildung. Genauso wie jeder Bürger ein Anrecht auf ein Existenzminimum und auf Gesundheitsvorsorge hat. Das Recht ist etwas, auf das jeder Anspruch hat, und wir erwarten, dass er erfüllt wird. Bei der Chance ist es so, dass Sie ausgeschlossen werden können. Hier gibt es immer Gewinner und Verlierer.

Das Recht auf Bildung endet nach der Schule. Warum haben Jugendliche keinen Anspruch auf eine Lehrstelle?

Weil es keine politische Mehrheit für eine Ausbildungsgarantie gibt. In Österreich existiert dieses Anrecht. Wenn Jugendliche in Betrieben nichts finden, können sie eine staatlich organisierte Lehre absolvieren. Auch in Deutschland kann sich irgendwann die Ansicht durchsetzen, dass eine Ausbildungsgarantie angemessen ist. Derzeit beginnt bei uns nach der Schule der Wettbewerb um Lehrstellen, Studienplätze und Arbeitsplätze – also die Welt der guten oder schlechten Chancen.

Gleiche Chancen für alle – diese Forderung würde jeder unterschreiben. Wann ist dieses Ziel erreicht?
Die Chancengleichheit ist zunächst einmal eine Abgrenzung zum Feudalismus, wo Adelige Privilegien genossen und beispielsweise ein Vorrecht auf staatliche Positionen hatten. Die Folge war, dass Regierungsämter auch mit adeligen Trotteln besetzt wurden. Das will heute niemand mehr. Heute gibt es keine formalen Privilegien mehr, heute ist jeder vor dem Gesetz gleich. Jeder kann theoretisch Staatschef werden, jeder Tellerwäscher kann Millionär werden.

Angenommen, es gibt zehn Jobs und 100 Bewerber. Im Fall A herrscht Chancengleichheit, im Fall B nicht. Was ist in Fall A gewonnen?
Wenn es klare, nachvollziehbare Spielregeln gibt, dann herrscht in der Gesellschaft ein Gefühl von Fairness. Dann wird das Ergebnis akzeptiert. Chancengleichheit legitimiert die Ungleichheit der Ergebnisse des Wettbewerbs. Wenn allerdings die Zahl der Verlierer zu groß wird und die Gewinner ihnen nur Brosamen übrig lassen, werden die Spielregeln nicht mehr akzeptiert.

Aber ist es überhaupt möglich, dass alle die gleichen Chancen haben?
Formal gleiche Rechte sind dafür notwendig, aber nicht ausreichend. Begnügt man sich damit, ist Chancengleichheit nur ein Bluff. Denn Kinder von armen Eltern haben geringere Bildungs- und Karrierechancen als Kinder aus reichen Familien. Geringverdiener können ihren Kindern keine teure Ausbildung finanzieren. Wir wissen auch, dass Menschen in einer finanziell schwierigen Lage oft resignieren und diese Mutlosigkeit auf ihre Kinder übertragen.

Müssen also alle Kinder aus reichen Familien stammen, damit echte Chancengleichheit herrscht?
Das ist ein Traum. Zur Verbesserung der Startchancen würde es reichen, wenn die Mehrheit aus Familien mit gesichertem Einkommen

käme, die den Wert von Bildung kennen. In der Realität wächst aber die Kluft zwischen Arm und Reich. In den USA hat sich der Staat gleichzeitig aus der Hochschulfinanzierung zurückgezogen, dadurch sind die Studiengebühren gestiegen. Die Möglichkeit für junge Menschen aus armen Haushalten aufzusteigen, haben in der Folge drastisch abgenommen. Die Elite teilt die guten Positionen unter sich auf. In den skandinavischen Ländern sind die Einkommen gleichmäßiger verteilt und der Zugang zur Bildung ist kostenfrei. Dort schaffen viel mehr Menschen den Aufstieg. Das ist nicht nur fairer, sondern auch ökonomisch vernünftig.

Wieso?
Eine Gesellschaft sollte ihre Talente nutzen, egal ob sie aus armen oder reichen Familien stammen. Das macht die Wirtschaft effizienter und führt zu mehr Wachstum.

Die US-Wirtschaft wächst zurzeit viel stärker als die europäische. Wie passt das in Ihre Logik?
Die USA können es sich erlauben, einheimische Talente zu verschleudern, weil sie aus aller Welt hochbegabte und ehrgeizige Menschen anziehen. Dann gibt es noch einen ganz anderen Grund für die wirtschaftliche Schwäche Europas: Wir werden zurzeit von einer ökonomischen Sekte beherrscht, die glaubt, dass man mit Sparen wirtschaftliches Wachstum schaffen kann. Das Problem haben die USA nicht.

Und wie steht es um die Chancengleichheit in Deutschland?
Im Bildungswesen gehen wir in Richtung Re-Feudalisierung. Die Reichen bringen ihre Kinder in Elite-Kindergärten, auf Elite-Schulen und Elite-Universitäten. Hier müsste die Politik gegensteuern und öffentliche Bildungseinrichtungen besser ausstatten und die Bildungsbenachteiligten besonders fördern.

Der Wirtschaftsforscher Marcel Fratzscher fordert ebenfalls mehr Chancengleichheit, insbesondere in der Bildung. Gleichzeitig betont er aber: „Mehr Umverteilung über Steuern und Abgaben lenkt von den wirklichen Problemen ab."

Dieses Zitat spiegelt eine dramatische Unkenntnis der realen Möglichkeiten eines Teils unserer Bevölkerung wider. Wir haben mittlerweile den größten Niedriglohn-Sektor in Europa. Gleichzeitig haben wir eine Explosion der großen Vermögen und Einkommen. Ungleichheit vererbt sich immer mehr. Man kann gewissermaßen den größten Fehler seines Lebens bei der Auswahl seiner Eltern machen. Wir müssen daher die Ungleichheit auf ein vernünftiges Maß reduzieren, zum Beispiel über eine stärkere Besteuerung sehr hoher Einkommen.

Sie sagen: Zur Chancengleichheit gehört auch Verteilungsgerechtigkeit. Liberale sehen das anders. FDP-Chef Christian Lindner fordert „faire Chancen statt Gleichmacherei", also statt Umverteilung.
Damit versucht er, die ungleiche Einkommensverteilung zu legitimieren. Das Versprechen von fairen Chancen wird zur Mogelpackung, wenn die Diskussion über die Voraussetzungen von Chancengleichheit tabuisiert wird. Der britische Wirtschaftshistoriker Tawney hat diese Form des Liberalismus mit einer Einladung an ungebetene Gäste verglichen, die durch die Umstände daran gehindert werden, die Einladung wahrzunehmen.

Wenn mehr Menschen die Chance haben, sich auf gute Jobs zu bewerben, gibt es dann auch mehr gute Jobs?
Nein.

Es gibt aber mehr Bewerber.
Ja.

Das erhöht das Konkurrenzniveau?
Ja. Der Bewerberpool wird größer, der Wettbewerb intensiver. Deshalb ist Chancengleichheit auch im Interesse der Unternehmer – solange die eigenen Kinder nicht davon betroffen sind. Da investiert man lieber in Elitebildung und setzt mit viel Erfolg auf Vitamin B.

Und was muss man tun, damit es mehr gute Jobs gibt?
Erstens: Die Politik muss das Wachstum fördern, statt ganz Europa einen Sparkurs aufzuzwingen. Zweitens: Bildung ist wichtig, aber

nicht ausreichend. Das zeigt die Entwicklung in Deutschland. Hierzulande haben 76 Prozent der Beschäftigten im Niedriglohnsektor eine Berufsausbildung oder einen Hochschulabschluss. Wir brauchen anständige Löhne, was ohne eine höhere Tarifbindung nicht zu erreichen ist. Dies zwingt Unternehmen, sich über Innovationen mit gut qualifizierten Beschäftigten Wettbewerbsvorteile zu verschaffen statt über niedrige Löhne. Wenn die Politik in diese Richtung gehen will, dann reicht es nicht, mit nebulösen „Chancen" zu werben, sondern mit: Mehr gute Beschäftigung statt Arbeitslosigkeit.

Das Interview führten Eva Roth und Stephan Kaufmann

Ausgegrenzt und ausgeschlossen – die Armen in Deutschland

Ein Gastbeitrag von Christoph Butterwegge

Dass sich Deutschland immer stärker in Arm und Reich spaltet, ist seit dem im Frühjahr 2013 veröffentlichten 4. Armuts- und Reichtumsbericht der Bundesregierung amtlich: Demnach verfügen die reichsten zehn Prozent der Bevölkerung über 53 Prozent des Nettogesamtvermögens, die ärmere Hälfte der Bevölkerung hingegen nur über ein Prozent. Laut einer neueren Untersuchung des Deutschen Instituts für Wirtschaftsforschung (DIW) haben 20,2 Prozent der Menschen keinerlei finanzielle Rücklagen und 7,4 Prozent sogar mehr Schulden als Vermögen. Über 22 Millionen Menschen, die in der Bundesrepublik leben, haben nichts auf der hohen Kante, sind also bestenfalls eine Kündigung oder eine schwere Krankheit von der Armut entfernt. Nicht viel besser steht es um die Gerechtigkeit hinsichtlich der Einkommensverteilung in unserer Gesellschaft.

Mit der sozialen Ungleichheit wächst auch die politische Ungleichheit, von der die Öffentlichkeit allerdings noch weniger Kenntnis nimmt: Bei der Bundestagswahl im September 2013 wurde nur eine Wahlbeteiligung von 71,5 Prozent und damit die zweitniedrigste in der Nachkriegsgeschichte registriert. Deutlicher ausgeprägt hat sich zudem die soziale Schieflage bei der Wahlabstinenz: Während die Wahlbeteiligung in Köln-Chorweiler, einer Hochhaussiedlung mit ganz wenigen Einfamilienhäusern, auf nicht einmal mehr 42,5 Prozent sank, stieg sie in Köln-Hahnwald, einem noblen Villenviertel, sogar auf fast 89 Prozent.

Dass die Wahlbeteiligung in einzelnen Stadtteilen derselben Großstadt unterschiedlich ausfällt, ist nicht neu, prägt sich aber viel deutlicher als früher aus. Während einige gutbetuchte „Wutbürger" im Feuilleton mit dem Argument zunehmender Ohnmacht der Politik oder mangelnder Unterschiede zwischen den Parteien als bekennende Nichtwähler salonfähig geworden sind, verweigern sich erheblich mehr (Langzeit-)Arbeitslose und Arme dem Wahlakt aufgrund der nachvollziehbaren Überzeugung, mit ihrer Stimmabgabe wenig be-

wirken und nichts bewegen zu können. Schließlich haben die etablierten Parteien ihre existenziellen Probleme in allen Regierungs-
konstellationen der vergangenen Jahrzehnte mehr oder weniger
ignoriert.

Seit geraumer Zeit gibt es Anzeichen dafür, dass der US-Amerikanisierung des Arbeitsmarktes (Herausbildung eines Niedriglohnsektors und eines lukrativen Bonussystems für Spitzenverdiener) und
des Wohlfahrtsstaates (Reprivatisierung sozialer Risiken) nicht bloß
eine US-Amerikanisierung der Sozialstruktur (Polarisierung in Arm
und Reich) und der Stadtentwicklung (Zerfall der Großstädte in Lu-
xus- und Elendsquartiere) folgen, sondern auch eine US-Amerikanisierung der politischen Kultur und des politischen Systems, das nur
mehr die Mittel- und Oberschicht repräsentiert, während die Unterschicht zunehmend resigniert und sich aus dem öffentlichen Leben
zurückzieht.

„Wahlmüdigkeit" ist jedoch genauso wie „Politikverdrossenheit"
ein irreführender Begriff, der die Schuld den angeblich davon Be-
fallenen zuschiebt, statt sie im politischen, Wirtschafts- und Gesell-
schaftssystem zu suchen. Tatsächlich handelt es sich hierzulande wie
in anderen Demokratien des Westens um eine politische Repräsen-
tationskrise, was daraus hervorgeht, dass die zunehmende Wahlabstinenz sich nicht gleichmäßig über alle Schichten verteilt, sondern
vorwiegend die Konsequenz einer prekären Existenz ist.

Arme werden nicht bloß sozial ausgegrenzt, sondern auch politisch ins Abseits gedrängt. Sie kommen bei der politischen Teilhabe
ebenso zu kurz wie bei der Verteilung von materiellen Ressourcen,
Finanzmitteln und begehrten Gütern. Insofern kann man von einer
doppelten Ausgrenzung der Armen sprechen. Die daraus resultie-
rende Neigung, sich nicht mehr (regelmäßig) an Wahlen und Abstimmungen zu beteiligen, stärkt wiederum ausgerechnet jene politischen Kräfte, die um eine Sicherung der Privilegien kapitalkräftiger
Interessengruppen bemüht sind. So entsteht ein Teufelskreis sich
wechselseitig verstärkender Wahlabstinenz sozial Benachteiligter
und einer deren Interessen vernachlässigenden Regierungspraxis.

Von einer angemessenen politischen Vertretung der Armen kann
heute kaum noch gesprochen werden, wohingegen die Interessen
der Reichen, bedingt durch einen von ihnen betriebenen Lobbyis-

mus und andere Einflussmöglichkeiten, stark überrepräsentiert sind: Großbanken, Versicherungsgesellschaften, andere Kapitalanleger, Industriekonzerne und Wirtschaftsverbände bestimmen maßgeblich die staatliche Politik, also darüber, wohin sich die Gesellschaft entwickelt. Wenn die Finanzmärkte zum eigentlichen Souverän avancieren, wird das auf den Verkauf seiner Arbeitskraft um fast jeden Preis zurückgeworfene Individuum entmachtet und die Demokratie ihrer Substanz beraubt. Ein moderner Staat, welcher Armen und Reichen unterschiedlich große Chancen der politischen Partizipation und der parlamentarischen Repräsentation einräumt, verliert seine demokratische Legitimation.

Demokratie ist mehr als ein formales Regelwerk, das es Staatsbürgern erlaubt, alle vier oder fünf Jahre ihre Stimme abzugeben. Demokratie bedeutet, dass alle Wohnbürger eines Landes über dessen Entwicklung mitbestimmen (können), indem sie an den politischen Willensbildungs- und Entscheidungsprozessen teilnehmen. Hierzu müssen sie über die materiellen Mittel verfügen, um auch in ferner gelegenen Orten stattfindende politische Bildungsveranstaltungen sowie Aktionen, Kundgebungen und Demonstrationen zu besuchen. Wie aber soll dies eine alleinerziehende Mutter, die nicht weiß, ob sie am 20. des Monats noch eine warme Mahlzeit auf den Tisch bringt, oder eine Kleinstrentnerin tun, die befürchten muss, dass ihr der Strom abgestellt wird?

Wenn die soziale Verzerrung von Wahlergebnissen eine Repräsentation aller Stimmbürger kaum noch ermöglicht, wird das Ideal der politischen Gleichheit selbst ad absurdum geführt. Zu diesem Ergebnis ist auch die Bertelsmann Stiftung in einer gemeinsam mit dem Institut für Demoskopie Allensbach vorgelegten Partizipationsstudie „Gespaltene Demokratie" gelangt, deren Verfasser die Ursachen für den Rückzug sozial Benachteiligter von Parlamentswahlen aber teilweise verkennen und falsche Schlussfolgerungen daraus ziehen.

Was die Stiftung des Konzerngründers Reinhard Mohn verschweigt, ist der Umstand, dass sie selbst mit ihren Ratschlägen maßgeblich zu dem beklagten Dilemma beigetragen hat. Kurz nach der Jahrtausendwende hatten neoliberale Denkfabriken wie die Gütersloher Stiftung der rot-grünen Koalition empfohlen, mit ihren Sozialreformen der „Agenda 2010" nicht mehr Verteilungs-, sondern Teilhabegerechtigkeit anzustreben und mit ihren Arbeitsmarktreformen (Hartz I bis IV) weniger die Alimentierung als eine „Aktivierung" der Erwerbslosen zu betreiben. Seitdem ist die Teilhabe eben dieser Gruppe an politischen Willensbildungs- und Entscheidungsprozessen auf einen historischen Tiefpunkt gesunken, was hauptsächlich der neoliberalen Reformpolitik bzw. ihren unsozialen Folgen für die Betroffenen zu verdanken sein dürfte.

Statt diesen Kausalzusammenhang in den Blick zu nehmen und wegen ihrer falschen Ratschläge rückblickend Selbstkritik zu üben, vergießt die Bertelsmann Stiftung im „Einwurf", der neuhochdeutsch „Policy Brief" genannten Diskussionsplattform ihres Programms „Zukunft der Demokratie", jedoch Krokodilstränen und plädiert einmal mehr für die „Aktivierung", und zwar sowohl „politisch gleichgültiger Menschen" als auch „prekärer Stadtteile", wobei sie den etablierten Parteien eine zentrale Rolle zuweist.

Von oben, nämlich durch mehr Wahlkampfstände der Bundestagsparteien in sozial benachteiligten Quartieren und noch so gut beworbene Diskussionsveranstaltungen mit Politikern, lässt sich der beklagte Zustand aber nicht ändern, sondern nur, wenn diese bereit wären, an den sozialökonomischen Rahmenbedingungen zu rütteln, die Verteilungsverhältnisse gerechter zu gestalten und die Reformen der marktradikalen „Agenda"-Epoche baldmöglichst rückabzuwickeln.

Prof. Dr. Christoph Butterwegge lehrt Politikwissenschaft an der Universität zu Köln. Zuletzt erschienen seine Bücher „Armut in einem reichen Land", „Armut im Alter" sowie „Krise und Zukunft des Sozialstaates".

„Gerecht ist das nicht! Gerecht geht anders!"

Frank Bsirske ist langjähriger Chef der Dienstleistungsgewerkschaft Verdi – und er redet Klartext. Auf Kundgebungen kann Bsirske so poltern, dass es jedem eingefleischten Gewerkschafter eine Freude ist. Im Gespräch fordert er das Ende der Reichtumspflege. Verdi vertritt nach eigenen Angaben zwei Millionen Menschen.

Herr Bsirske, wie gerecht geht es in Deutschland zu?
Sicher gerechter als in manchem anderen Land. Es gibt Gesellschaften, die durch Klassen- und Rassenjustiz geprägt sind, wo Verbrecher an der Macht sind und wo die Kluft zwischen Arm und Reich ausgeprägter und noch viel offensichtlicher ist als in Deutschland. Bei uns agieren die Reichen ja eher diskret.

Aber?
Dennoch sind gravierende Gerechtigkeitsdefizite in Deutschland unübersehbar. Der Zusammenhang zwischen sozialer Herkunft und Bildungserfolg ist hierzulande so eng wie in kaum einem anderen Industrieland. Die Frauen verdienen nach wie vor deutlich weniger als die Männer. Viele Menschen können von ihrer Arbeit nicht leben, trotz Vollzeitarbeit. In Zukunft droht in Folge von Rentenniveauabsenkung und Anhebung des Rentenalters massenhaft Altersarmut und damit ein ganz großes Gerechtigkeitsproblem. Und die Vermögensverteilung ist krass ungleich. Ein Tausendstel der Bevölkerung besitzt etwa 22 Prozent des Nettovermögens, während 50 Prozent der Bevölkerung zusammen nur auf ein Prozent kommen – und das in einer Situation, wo wichtige gesellschaftliche Aufgaben nicht ausreichend finanziert sind. Gerecht geht anders.

Jetzt haben Sie die Symptome beschrieben. Doch wo sehen Sie die Ursachen für diese Verhältnisse?
Wenn wir die Vermögenskonzentration auf der einen Seite nehmen und die Handlungsdefizite auf der anderen Seite, dann hat das natürlich mit der steuerpolitischen Reichtumspflege zu tun, die wir seit

1997 mit verschiedenen Schüben von Steuererleichterungen für Reiche und Kapitalbesitzer gesehen haben. Hätten wir noch die Steuergesetzgebung des Jahres 1997, hätte man jährlich etwa 50 Milliarden Euro mehr an öffentlichen Einnahmen. Die zu haben oder nicht, ist alles andere als trivial, wenn man es zu tun hat mit einem Bildungssystem, das strukturell unterfinanziert ist von der Krippe bis zur Hochschule. Obendrein wurden Besitzer großer Vermögen, Millionäre und reiche Erben im Zuge der Finanzmarktkrise und der Bankenrettung vor Vermögensschäden bewahrt, sitzen heute auf größeren Vermögen als vor der Krise, während sich der Staat mit 400 Milliarden Euro zusätzlich verschuldet hat.

Aber es geht doch nicht nur um Reichtumspflege!
Eine zweite Ursachenlinie ist die Lohnarmut, die Altersarmut und die Rückkehr der Unsicherheit. Das hat natürlich mit einer Politik der systematischen Entsicherung der lebendigen Arbeit zu tun, also mit der Agenda-Politik seit Mitte des letzten Jahrzehnts, die darauf ausgelegt war, das Lohnniveau zu senken und die Arbeitnehmer zu entsichern. Das sind Kontinuitätslinien, die schon auch mit der Hegemonie des Neoliberalismus zu tun haben. Die neoliberalen Ideologen sind ja angetreten mit einem umfassenden Freiheits- und Wohlstandsversprechen – wenn es gelänge, die Menschen von staatlicher Bevormundung und Gängelung, und das hieß ja vor allem sozialstaatlicher Bevormundung, zu befreien. Was daraus geworden ist, das sehen wir ja jetzt.

Waren die Gegner des Neoliberalismus zu schwach?
Der Neoliberalismus kam ja nicht als Politik der Privilegierung einiger weniger daher, sondern als umfassendes Versprechen von Verbesserungen. Dem sind viele aufgesessen. Erst durch die Finanzmarktkrise ist unübersehbar eine gewisse Verunsicherung eingetreten, auch wenn diese Ideologie fröhliche Urständ feiert. Die Austeritätspolitik in Europa ist ja nichts anderes als ein Triumph gescheiterter Ideen.

Die Verunsicherung ist spürbar. Aber ändert sich denn wirklich etwas? Gerade hat SPD-Chef Sigmar Gabriel festgestellt, dass es in Deutschland große Vermögen gibt. Er will sie aber nicht über

eine Steuer zur Finanzierung der Infrastruktur heranziehen, sondern macht ihnen ein Investitionsangebot. Das Geld muss also inklusive Zinsen zurückgezahlt werden, womit ein weiterer Pfad der Umverteilung von unten nach oben gelegt wird.
Gabriel sitzt in einer Koalition, in der der größere Partner festgelegt hat, dass es Steuererhöhungen nicht geben wird, insbesondere dort nicht, wo sie im Lichte von mehr Steuergerechtigkeit längst überfällig sind. Gleichzeitig gibt es aber einen enormen Investitionsstau. Der Versuch, über öffentlich-private Partnerschaftsmodelle privates Kapital für die Infrastruktur zu gewinnen, ist nun ein Ausweichmanöver. Dass es über diesen Weg unter dem Strich ein Drittel teurer wird, hat ja kürzlich der Bundesrechnungshof eindrucksvoll nachgewiesen. Mit ihrer Festlegung darauf, die Steuern für Multimillionäre und Milliardäre nicht zu erhöhen, hat sich die Koalition eine Dauerbaustelle eröffnet. Es bleibt zu hoffen, dass der gesellschaftliche Druck groß genug wird, dass wir aufhören, Steueroase zu sein bei der Besteuerung großer Erbschaften und Vermögen. Besitzer großer Vermögen und reiche Erben müssen stärker zur Bewältigung gesellschaftlicher Aufgaben herangezogen werden, als das derzeit der Fall ist.

Verdi vertritt die Menschen, die in Deutschland in Dienstleistungsberufen arbeiten. Das sind häufig sehr zentrale und unerlässliche Aufgaben in unserer Gesellschaft: Bildung, Gesundheit oder auch Paket- und Briefdienste. Doch genau da werden häufig sehr niedrige Löhne bezahlt.
Die Entsicherung und Prekarisierung hat unbestritten vor allem den Dienstleistungssektor getroffen. Es ist ja kein Zufall, dass wir uns in besonderer Weise für die Einführung des gesetzlichen Mindestlohns eingesetzt haben. Doch man muss auch differenzieren. Die Tariflohn-Entwicklung bei der Post AG liegt in den letzten Jahren an der Spitze aller Branchen. Gleichzeitig hat die Post Konkurrenten, deren Geschäftsmodell auf Armutslöhnen beziehungsweise auf der Ausbeutung scheinselbstständiger Subunternehmer beruht. Im Einzelhandel sind die tariflichen Bruttolöhne real um drei Prozent gestiegen, während es in der Branche unter Einbeziehung der vielen Arbeitnehmerinnen und Arbeitnehmer ohne Tarifbindung insgesamt einen Reallohn-Verlust gegeben hat. Tatsächlich gibt es eine sehr

differenzierte Entwicklung, je nachdem, ob Unternehmen an einen Tarifvertrag gebunden und gewerkschaftlich organisiert sind. Ohne Tarifvertrag ist das Risiko von Reallohn-Verlusten sehr, sehr groß.

Bei den Löhnen erleben wir ohnehin eine Spaltung.
Wenn man sich die Reallohn-Entwicklung insgesamt ansieht, haben wir im Schnitt in den vergangenen zwölf Jahren einen Reallohn-Verlust von 0,7 Prozent. Doch aufgepasst! Laut DIW hatte das oberste Zehntel der Beschäftigten von 1999 bis 2009 einen Lohnzuwachs von 16,6 Prozent, während die Löhne des untersten Zehntels um 9,6 Prozent geschrumpft sind. Je niedriger das Lohnniveau, umso ausgeprägter die Reallohn-Verluste. Je niedriger gewerkschaftlicher Organisationsgrad und Tarifbindung, umso höher das Risiko von Niedriglöhnen und Reallohn-Verlusten.

Warum sind Dienstleistungen so von Niedriglöhnen betroffen?
Dienstleistungsbranchen sind in hohem Maße anfällig für geringe Organisationsgrade, für das Fehlen von Betriebsräten und für erodierte Tarifstrukturen. Es sind Arbeitsplätze in Bereichen entstanden, die schwierig zu organisieren sind. Wir reden über Briefzusteller wie Pin und TNT oder über Teile des Bewachungsgewerbes oder des Handels. Da haben wir amerikanisierte Arbeitsbeziehungen mit offensiv gewerkschaftsfeindlich agierenden Unternehmensleitungen. Sie bezahlen niedrige Löhne, teils Armutslöhne und haben einen hohen Anteil befristeter Arbeitsverhältnisse. Das geht auf der Kehrseite einher mit einer hohen Fluktuation bei den Beschäftigten, die weg sind, sobald sie woanders mehr verdienen können. Das macht es schwierig, dauerhafte gewerkschaftliche Strukturen aufzubauen.

Wie lässt sich das ändern?
Wir müssen mehrere Instrumente gleichzeitig in den Blick nehmen. Wir haben in den letzten Jahren immer wieder bewusst darauf verzichtet, für schlecht organisierte Unternehmen Tarifverhandlungen zu führen. Wir erwarten, dass große Teile der Belegschaft in die Gewerkschaft eintreten, wenn wir verhandeln sollen, denn nur dann haben wir auch ein wirkliches Mandat dafür. Damit reagieren wir auf die nicht seltene Haltung, dass die Arbeitnehmenden zwar gute

Tarifverträge wollen, aber nicht bereit sind, die Gewerkschaft zu unterstützen. Das hat insbesondere im Krankenhausbereich zu guten Lohnentwicklungen geführt. In vielen Häusern in den neuen Bundesländern hatten wir Tarifsprünge von über 20 Prozent in einer Tarifrunde. Wo wir es mit Haustarifverträgen zu tun haben, haben wir zudem bewusst auch Vorteilsregelungen für Gewerkschaftsmitglieder tarifiert, damit auch deutlich wird, dass es die Gewerkschaftsmitglieder sind, die Tarifverbesserungen überhaupt erst möglich machen.

Braucht es zusätzliche gesetzliche Regelungen, damit die Arbeitnehmer in Verhandlungen mit den Arbeitgebern wieder einen besseren Stand haben?
Der Mindestlohn schafft einen Sockel, auf dem tarifliche Verbesserungen aufsetzen können und der der Lohnspirale nach unten Grenzen setzt. Und dass Tarifverträge nun leichter für allgemeinverbindlich erklärt werden können, ist ebenfalls ein wichtiger Schritt nach vorne. Damit wird das Tarifvertragssystem gestärkt. Wir diskutieren, ob wir die neuen Möglichkeiten im Versandhandel nutzen sollten, um wirtschaftlichen Fehlentwicklungen entgegenzuwirken. Dort haben wir mit Amazon einen global agierenden Konzern, der das Tarifsystem ablehnt, bedroht und versucht, sich durch das Unterlaufen von Tarifverträgen Vorteile gegenüber den Wettbewerbern zu verschaffen. Das kann nicht im Interesse der Beschäftigten liegen und auch nicht im Interesse fair handelnder deutscher Wettbewerber. Das ist eine wirtschaftliche Fehlentwicklung.

Die Menschen haben die Wahl, ob sie bei Amazon bestellen oder in den Buchhandel gehen, sie können sich ihre Pakete von der Post liefern lassen oder von einem billigen Konkurrenten. Sie können sich bereit zeigen, für die Pflege oder die Erziehung ihrer Kinder mehr zu bezahlen, so dass gute Löhne möglich sind oder nicht. Wie groß ist die Solidarität der Arbeitnehmer untereinander?
Dass Geiz geil ist, ist eine Mentalität, die vor vielen Jahren immens geschürt wurde. Doch in der Bevölkerung entsteht zunehmend wieder ein Bewusstsein dafür, dass gute Qualität in der Erziehung, der Bildung oder in der Gesundheit auch ihren Preis hat. Dass die sozi-

alen Berufe aufgewertet werden müssen, ist vielen Menschen heute
sehr bewusst. Wir werden nächstes Jahr die Probe aufs Exempel machen. Dann haben wir Eingruppierungsverhandlungen für den So-
zial- und Erziehungsdienst. Wir sind entschlossen, einen nächsten,
spürbaren Aufschlag für diese Berufsfelder durchzusetzen, das gilt
auch für die Kranken- und Altenpflege – im Interesse der Arbeitenden und der Gesellschaft. Wir sind auf diese Dienstleistungen angewiesen. Wenn wir den Fachkräftemangel bekämpfen wollen, müssen
Eltern Beruf und Familie verbinden können, Kinder unabhängig von
ihrer Herkunft gut ausgebildet werden und Angehörige von Pflege-
bedürftigen in Arbeit bleiben können.

**Jetzt wird es Menschen geben, die nicht zu Unrecht sagen: Ich
kann es mir nicht leisten, dass Erziehung und Pflege teurer werden. Was antworten Sie?**
Wir brauchen alternative Finanzierungsquellen. Dafür müssen die
öffentlichen Haushalte finanziell besser ausgestattet werden. Da sind
wir wieder beim Thema Steuergerechtigkeit. Wenn ich mir ansehe,
dass ein abhängig Beschäftigter, der anständig verdient, mit 45 Prozent Steuern herangezogen wird, während jemand, der Kapitaleinkünfte hat, nur 25 Prozent bezahlt, dann ist das ein Gefälle, das überhaupt nicht nachvollziehbar ist.

Welche Schritte schlagen Sie vor?
Die Beschlusslage der DGB-Gewerkschaften ist eindeutig: Wir wollen eine Wiedereinführung der Vermögensteuer. Verdi plädiert zudem für eine einmalige Vermögensabgabe. Zudem brauchen wir eine
deutlich höhere Besteuerung großer Erbschaften. Da reden wir nicht
über Oma und ihr kleines Häuschen, sondern über Millionen- und
Milliardenbeträge. Die Erbschaftsteuer ist in Frankreich viermal und
in Großbritannien fünfmal so hoch wie in der Bundesrepublik. Da
wird deutlich, was wir uns an Privilegierung von sehr Reichen leisten. Das lässt sich angesichts der gesellschaftlichen Handlungsbedar-
fe nicht rechtfertigen.

**Sie haben jetzt verschiedene Steuern erwähnt, eine haben sie
nicht genannt: die Mehrwertsteuer. Sie macht vieles, was wir**

konsumieren, teurer. Das trifft vor allem die kleinen Einkommen. **Ist die Mehrwertsteuer für Sie ein Thema?**
Die Mehrwertsteuer passt in das Bild einer zunehmenden Entlastung von Kapital- und Vermögensbesitz, bei gleichzeitiger Belastung von Arbeitseinkommen und Einschnitten bei Renten und Arbeitslosenunterstützung. Die Kapitalbesteuerung ist heute so niedrig wie in den letzten 60 Jahren nicht. Und der Anteil der Lohnsteuer am Gesamtsteueraufkommen ist so hoch wie noch nie. Gerecht ist das nicht! Gerecht geht anders!

Was muss mit der Mehrwertsteuer geschehen?
Ich glaube, was die Steuerpolitik betrifft, sollten wir uns zunächst einmal auf andere Themen konzentrieren.

Das Interview führte Daniel Baumann

„Der Gerichtshof gilt als Gewissen Europas"

Ein Gespräch mit der Richterin Angelika Nußberger

Die Deutsche Angelika Nußberger ist seit 2011 Richterin am Europäischen Menschenrechtsgerichtshof in Straßburg. Dem EMGR gehören 47 Richter an: Alle europäischen Staaten, die die Europäische Menschenrechtskonvention unterzeichnet haben, entsenden einen Vertreter an den Gerichtshof. Dieser überprüft die Einhaltung der Menschenrechte und legt sie aus. Wer im eigenen Land den Rechtsweg ausgeschöpft hat und sein Menschenrecht verletzt sieht, kann den Straßburger Gerichtshof anrufen.

Frau Nußberger, hat der Europäische Menschenrechtsgerichtshof Europa gerechter gemacht?
Es wäre vermessen anzunehmen, ein Gremium von 47 Richtern könnte einen ganzen Kontinent „gerechter" machen. Das ist nicht möglich. Aber der Europäische Gerichtshof für Menschenrechte hat es seit seiner Gründung 1959 vermocht, das Bewusstsein für Ungerechtigkeiten zu schärfen. Ungerechtigkeiten, gegen die man etwas machen kann.

Haben Sie da ein Beispiel?
Etwa die Untersuchungshaft. In manchen Ländern, insbesondere in Osteuropa, wurde Untersuchungshaft angeordnet ohne oder nur mit einer sehr spärlichen Begründung. Menschen saßen sehr lange – nicht selten Jahre – ohne klare gerichtliche Anordnung in Haft bis zu einem Urteil. Das hat sich geändert.

Von außen betrachtet hat man den Eindruck, die Länder werden wegen Verletzung der europäischen Menschenrechte zwar zu Entschädigungszahlungen verurteilt. Das ist für die Betroffenen sicher eine Genugtuung. Aber grundsätzlich ändert sich nichts. Italien wird beispielsweise immer wieder verurteilt, weil die Verfahren viel zu lange dauern.

Es gibt Probleme, die man nicht von heute auf morgen beheben kann. Wenn die Verfahren zu lange dauern, muss man mehr Richter einstellen. Diese müssen aber erst einmal ausgebildet werden. Das sind langwierige Prozesse. Aber Sie haben recht, man würde hoffen, dass Probleme schneller gelöst werden, als es tatsächlich geschieht.

Liegt es daran, dass der Menschenrechtsgerichtshof nur Entschädigungszahlungen verhängen kann? Bräuchte er schärfere Sanktionen?
Der Menschenrechtsgerichtshof kann Entschädigungszahlungen aussprechen. Aber nicht nur. Wenn er zu der Auffassung gelangt, dass grundsätzliche Reformen in einem Land notwendig sind, es also ein strukturelles Problem gibt, dann kann der Gerichtshof Vorgaben machen, wie seine Urteile umgesetzt werden sollten. So hat er etwa 2010 von Deutschland verlangt, die Möglichkeit zu schaffen, sich gegen überlange Verfahren vor Gericht zu wehren. Allgemein gilt, dass Dialog mehr hilft als Sanktionen.

Gibt es diesen Dialog zwischen EGMR und den europäischen Staaten?
Ja, im Ministerkomitee.

Was ist das?
Das Ministerkomitee des Europarats, in dem die Regierungen aller Mitgliedsstaaten vertreten sind, überwacht die Umsetzung der Urteile. Überprüft wird nicht nur, ob Entschädigungszahlen geleistet werden, sondern auch, ob andere notwendige Maßnahmen getroffen werden, etwa Gesetzesänderungen. Erst wenn die Änderungen tatsächlich vorgenommen sind, ist ein Fall abgeschlossen. Die Überwachung der Umsetzung ist eine der Stärken des EGMR im Vergleich etwa zum Interamerikanischen Gerichtshof für Menschenrechte, der keine vergleichbare Exekutivbehörde hat.

Die europäische Menschenrechtskonvention garantiert viele Freiheitsrechte, zum Beispiel Meinungsfreiheit, Religionsfreiheit, Versammlungsfreiheit, aber wenige soziale Rechte. Gerade nach der Finanzkrise steht der europäische Kontinent aber vor

einer sozialen Zerreißprobe. Wäre Europa nicht gerechter, wenn es das Recht auf Bildung, auf ein funktionierendes Gesundheitssystem oder ein Existenzminimum gäbe?

Es gibt die europäische Sozialcharta, die die Vertragsstaaten beachten müssen. Wenn hier Verstöße festgestellt werden, dann hat dies allerdings nicht die gleiche Bindungswirkung wie ein Urteil des Menschenrechtsgerichtshofs. Aber: Wir legen die Menschenrechtskonvention auch so aus, dass die grundlegenden sozialen Rechte gewährleistet sein müssen. Auch wenn sie nicht explizit in der Konvention stehen. Das Recht auf Existenzminimum leiten wir ab aus Artikel 2: Recht auf Leben.

Haben Sie ein Beispiel?

Ja, das war der Fall M. S. S. gegen Griechenland und Belgien. Ein afghanischer Dolmetscher, der vor den Taliban nach Griechenland geflohen war, lebte dort unter unmenschlichen Bedingungen. Er bekam keinerlei Hilfe, lebte auf der Straße und hatte keine Arbeitsmöglichkeit. Schließlich floh er nach Belgien weiter und sollte von dort in Anwendung des EU-Rechts wieder nach Griechenland zurückgeschickt werden. In seinem Fall stellte der Gerichtshof fest, dass sowohl Belgien als auch Griechenland gegen die Konvention verstoßen hatten. Griechenland, weil es das Recht auf ein Existenzminimum verletzt hat.

Wie steht es denn um die Akzeptanz des Straßburger Gerichtshofs? Die deutsche Justiz hat ausgesprochen gereizt reagiert, als Straßburg es für menschenrechtswidrig erklärte, dass Häftlinge in Deutschland nachträglich in Sicherungsverwahrung kamen, obwohl es die bei ihrer Verurteilung noch gar nicht gab. Das deutsche Bundesverfassungsgericht hatte dagegen das nachträgliche Wegsperren als verfassungsgemäß beurteilt.

Auf Kritik empfindlich zu reagieren, ist nachvollziehbar. Inzwischen, knapp fünf Jahre nach dem ersten Urteil zur Sicherungsverwahrung, wird diese Straßburger Rechtsprechung in Deutschland aber umgesetzt. Allgemein zu Ihrer Frage nach der Akzeptanz: Vor allem in den Ländern, in denen man Richtern eher misstraut, setzen die Menschen ihre Hoffnungen auf den Straßburger Gerichtshof. Der Gerichtshof wird als „Gewissen Europas" angesehen.

Und in Deutschland?
Der Gerichtshof hat in Deutschland sicher nicht den Bekanntheitsgrad und den Stellenwert wie in manchen osteuropäischen Ländern, beispielsweise in der Ukraine oder in Russland. Das Bundesverfassungsgericht in Karlsruhe garantiert bereits einen sehr umfassenden Menschenrechtsschutz. In vielen Ländern steht den Betroffenen kein Weg zu einem Verfassungsgericht offen. Dann spielt der Straßburger Gerichtshof eine ganz besondere Rolle.

Noch eine persönliche Frage. Sie sind jetzt drei Jahre Richterin am EGMR. Sind Sie eher enttäuscht von Ihren Möglichkeiten, etwas zu beeinflussen?
Nein, gar nicht. Man kann im Einzelfall helfen und gleichzeitig allgemeine Veränderungen bewirken und Reformen anstoßen.

Das Interview führte Ursula Knapp

„Es gibt keinen gerechten Krieg...
... und auch keinen heiligen"

Ein Streitgespräch mit der Theologin Margot Käßmann und dem Islamwissenschaftler Mouhanad Khorchide über Gerechtigkeit, Schuld, Feigheit und Rache.

Frau Käßmann, Herr Khorchide, hat der Mensch die Götterwelt erschaffen, weil er sich nach einer gerechten Instanz sehnt?
MARGOT KÄSSMANN: Nein – wenn damit gemeint ist, dass der Mensch Gott und den Himmel erfindet, weil er mit der Ungerechtigkeit auf Erden nicht zurande kommt.

MOUHANAD KHORCHIDE: Der Ursprung der Religion ist die Sehnsucht des Menschen nach dem Unbedingten, dem Ewigen, das nach islamischer Vorstellung selbst Ursprung dieser Sehnsucht ist ...

KÄSSMANN: ... dabei fällt aber schon auf, dass die monotheistischen Religionen allesamt gemeinschaftsorientiert sind. Der Glaube des Einzelnen ist damit nie losgelöst vom Leben der Gemeinschaft – und dazu gehört das Bemühen um gerechte Zustände.

Heißt das, Muslime und Christen haben dieselbe Vorstellung von Gerechtigkeit?
KHORCHIDE: Die Vorstellungen sind sogar innerislamisch verschieden. Die vorherrschende Lehre sagt: „Alles, was Gott tut, ist gerecht. Wir Menschen sind Gottes Eigentum. Alles, was nach dem Willen Gottes geschieht, ist also gerecht, auch wenn wir das nicht immer erkennen mögen." Es gelten hier nicht unsere Kategorien von Gerechtigkeit.

KÄSSMANN: Gerechtigkeit ist vor allem eine Beziehungsfrage. Martin Luther hat in der Gerechtigkeit Gottes die Freiheit eines Christenmenschen entdeckt. Und wenn Menschen untereinander gerecht handeln, werden sie darin auch dem Anspruch Gottes gerecht. Biblisch zeigt sich Gerechtigkeit im sozialen Zusammenhang immer daran, wie es den Schwächsten im Land geht.

Alles, was Gott tut, ist gerecht? Was tut er denn?
KHORCHIDE: Nach meinem Verständnis greift Gott nicht unmittelbar ins Weltgeschehen ein. Er lässt dem Menschen die Handlungsfreiheit, ermutigt uns zum Guten und warnt uns vor dem Bösen. Aber wir sind es, die sich für das Gute oder Böse entscheiden.

KÄSSMANN: Das kann ich teilen. Auch ich glaube nicht, dass Gott auf einer Wolke im Himmel sitzt und sich nach Gutdünken mal hier, mal da einmischt. Für Christen ist freilich entscheidend, dass Gott in Jesus Christus Mensch geworden ist. Wir glauben, dass er unsere Ohnmacht, unser Leid teilt. Das ist für Gläubige anderer Religionen anstößig, wenn nicht skandalös. Dietrich Bonhoeffer hat einmal gesagt, es sei die große Herausforderung, die Allmacht Gottes und seine Ohnmacht zusammenzudenken.

KHORCHIDE: Warum hat der christliche Gott es überhaupt nötig, sich als ohnmächtig zu erweisen?

KÄSSMANN: Nötig hat er es nicht, aber aus Liebe hat er sich auf die Seite seiner Geschöpfe gestellt und sogar den Tod erlitten. Gott steht uns zur Seite, wenn wir Unrecht oder Leid ertragen müssen, ja sogar, wenn wir sterben müssen.

KHORCHIDE: Im Islam kann der, dem Unrecht angetan wurde, auf den Tag der Gerechtigkeit im Jenseits hoffen. Nach islamischem Verständnis vergibt Gott nicht über die Köpfe der Betroffenen hinweg. Wenn ich einem anderen Unrecht getan habe, und er verzeiht mir das nicht, wird auch Gott mir nicht vergeben – bis ins Jenseits nicht.
KÄSSMANN: Das ist ja interessant. Es hängt also vom Opfer ab, ob dem Täter vergeben wird oder nicht? Welch eine Last für das Opfer! Wir glauben dagegen, dass Gott Täter und Opfer „richtet", sie also jeweils ganz neu ausrichtet.

KHORCHIDE: Der Gedanke des Gerichtstages Gottes meint eine Begegnung zwischen Täter und Opfer. Der Täter soll erkennen, was er angerichtet hat und dadurch geläutert werden, um so in die Gemeinschaft mit Gott eintreten zu können.

173

KÄSSMANN: Im christlichen Verständnis könnte ein Täter, der seine Schuld erkennt und sie aufrichtig bereut, bereits auf die Vergebung Gottes hoffen und einen Neuanfang wagen. Zumal niemand ein Opfer zur Vergebung drängen oder gar verpflichten kann. Zwar glaube ich, dass auch das Opfer nur frei wird, wenn es vergibt, aber erzwingen lässt sich das nicht.

KHORCHIDE: Damit verlangen Sie den Opfern ja einiges ab – und verurteilen sie zur Passivität. Da werden Menschen umgebracht und müssen im Jenseits auch noch erleben, dass Gott ihren Mördern über ihre Köpfe hinweg vergibt. Das ist für die Opfer doch doppelt frustrierend.

KÄSSMANN: Da können wir also gemeinsam aufs Jenseits gespannt sein, wie sich das dann dort auflöst!

Aber der Täter kann es sich doch auch im Islam einfach machen. Wenn ein radikaler Moslem einen Ungläubigen tötet, bestreitet er wahrscheinlich, dass er diesen Menschen zu einem Opfer unrechtmäßiger Gewalt macht.
KHORCHIDE: Dieser Mensch ist aber Opfer, weil er ein Mensch ist, dem Unrecht getan wurde. Die Religionszugehörigkeit spielt dabei keine Rolle.

Das erleben wir beim Morden der IS-Milizen im Irak und Syrien gerade ganz anders.
KHORCHIDE: Zunächst einmal bringen die islamistischen Extremisten und Terroristen mehr Muslime um als Nicht-Muslime. Das Problem dabei ist, dass sie tatsächlich glauben, sie täten etwas Gerechtes, indem sie diejenigen beseitigen, die in ihren Augen Feinde des Islams sind.

Eben. Das Opfer wird nicht als Opfer gesehen.
KHORCHIDE: Darum brauchen wir ja den Gerichtstag, bei dem Gott das Ganze dann sozusagen objektiv beurteilt, um die Gerechtigkeit wiederherzustellen. Dennoch bleibt auch derjenige, der nicht vergibt, hinter dem Ziel der Vollkommenheit zurück.

Ist es denn gerecht, wenn das Opfer dazu einen mindestens so schwierigen Schritt machen muss wie der Täter?
KHORCHIDE: Das Ziel der Religion ist die Überwindung des eigenen Egos, der Selbstzentriertheit. Wer auf der Befriedigung seiner Rachegelüste beharrt, der kreist um sich selbst, der macht sich gewissermaßen selbst zu Gott. Davon muss man sich befreien, um in die Gemeinschaft Gottes zu gelangen.

Sie predigen einen Islam der Barmherzigkeit. Das Gottesbild, das dahintersteht, passt aber vielen Muslimen nicht.
KHORCHIDE: Das passt lediglich denen nicht, die nur etwas mit einem repressiven Gott anfangen können, einem Gott, der dem Menschen Gesetze und Vorschriften auferlegt, um damit seine Macht zu demonstrieren. Er verlangt Gehorsam und droht mit Bestrafung. Mit diesem Gott auf seiner Seite kann man ja viel mehr Macht im Namen dieses Gottes demonstrieren. Solche Vorstellungen eines Diktator-Gottes machen Gott aber klein und minderwertig. Wir tun ihm damit überhaupt keinen Gefallen. Ich glaube an einen Gott, der meint: „Ihr Menschen, ich will gar nichts von euch. Ich will etwas für euch. Meine Gebote sind nicht für mich gut, sondern für euch." Deswegen sehe ich den Islam auch weniger als eine Gesetzesreligion, in der Gesetze Selbstzweck sind, sondern vielmehr als eine geistliche Quelle gelingenden Lebens. Gott ist glücklich, wenn es uns Menschen gutgeht.

Sagen Sie.
KHORCHIDE: Viele Muslime würden das unterschreiben, was ich sage.

Mit den muslimischen Verbänden liegen Sie dennoch dauernd im Clinch.
KHORCHIDE: Da geht es weniger um Inhalte, sondern um Deutungshoheiten und Konkurrenzen. Einige haben noch immer nicht verstanden, dass wir Muslime uns durch solche Rivalitäten nur selbst im Wege stehen. Wir sollten uns stattdessen gemeinsam Gedanken darüber machen, wie wir als Muslime diese Gesellschaft bereichern können.

Aber wer ist denn nun auf der richtigen Spur? Sie oder Ihre Gegner, die Ihnen Missdeutung des Korans vorwerfen?
KHORCHIDE: Meine Sicht des Islams ist eine Bedrohung des Gelehrten-Establishments. Als der Prophet Mohammed einmal von jemandem um Rat gefragt wurde, wie er sich verhalten solle, hat er dreimal hintereinander geantwortet: „Frag dein Herz!" Ich will die Menschen durch den Glauben ermutigen, Verantwortung für ihr Leben zu übernehmen und sich nicht von außen fremdbestimmen zu lassen.

KÄSSMANN: Das ist auch gut christlich und speziell lutherisch!

KHORCHIDE: Für religiöse Autoritäten aber schwer zu ertragen.

KÄSSMANN: Die Erfahrung hat Luther ebenfalls gemacht. Außerdem gibt es bei manchen Menschen eine Sehnsucht nach dem strafenden Gott. Einem Gott, der sagt, wo's langgeht. Ich habe erst vor kurzem wieder den Vorwurf gelesen, die evangelische Kirche predige zu wenig über die Sünde.

Und? Stimmt das?
KÄSSMANN: Darauf antworte ich mit der Geschichte vom Pfarrer, der in seinem Garten Äpfelklau verhindern will und deshalb ein Schild an den Baum hängt: „Gott sieht alles." Am nächsten Tag sind die Äpfel weg, und auf dem Schild steht der Zusatz: „Aber Gott petzt nicht." Eine Anekdote, klar. Aber sie weist uns auf das Geheimnis der Liebe Gottes hin.

KHORCHIDE: Dieser Anspruch an einen autoritären Gott ist im Wesentlichen eine patriarchale Projektion – im Christentum wie im Islam.

Das Ganze wäre also kein Problem der Religion, sondern des Patriarchats?
KÄSSMANN: Das ist zu simpel und verkennt die Gewaltanfälligkeit der Religionen. Sie sind für machtpolitische Zwecke missbrauchbar, und leider haben religiöse Menschen auch allzu oft der Versuchung nachgegeben, sich benutzen zu lassen. Oder sie haben machtpolitische Ziele religiös verbrämt. Wenn ich allein die Predigten lese, die

vor 100 Jahren von deutschen Kanzeln herunter gehalten wurden: Da wird der Krieg verherrlicht, da gehen deutsche Soldaten mit dem Segen Gottes in den Kampf. So etwas beunruhigt mich.

KHORCHIDE: Mein Hinweis auf das Patriarchat soll auch nichts entschuldigen, sondern erklären, wie sich eine Religion in einer bestimmten Zeit zur Gewalt verhalten hat. Gott wurden die Eigenschaften und Machtmittel eines unumschränkt autoritären Stammesfürsten oder Clanchefs zugeschrieben. In unserer Tradition hat das sicher auch mit den Bedingungen zu tun, unter denen sich die islamischen Gesellschaften entwickelt haben: Die Menschen auf der Arabischen Halbinsel im 7. Jahrhundert hätten nicht mitgemacht, wenn das von Mohammed verkündete Gottesbild weniger autoritär gewesen wäre oder wenn er gar zum völligen Gewaltverzicht aufgerufen hätte.

Schlechte Karten für Jesus und die Bergpredigt?
KHORCHIDE: Vermutlich ja. Der gesellschaftspolitische Kontext war aber auch ein völlig anderer. Wobei Sie nicht vergessen dürfen, dass der Gott des Islams – trotz des manchmal autoritären Auftritts im Koran – an erster Stelle ein liebender, barmherziger Gott ist. Es gibt im Koran unterschiedliche Positionen und Schwerpunkte. Die Herausforderung an uns heißt: Wie verorten wir diese in ihrem historischen Kontext? Welche davon machen wir stark? Und welche Interpretationen bringen wir selbst hervor? Das sind nicht primär nur theologische, sondern auch soziologische und sozialpsychologische Fragen. Menschen in demokratischen Gesellschaften haben andere Erzählungen und heben andere hervor als Menschen in Diktaturen.

KÄSSMANN: Wenn ich das Bild des liebenden Gottes stark mache, kriege ich regelmäßig zu hören, ich wolle Gott weichspülen.

Käßmanns Kuschel-Christentum ...
KÄSSMANN: Warum ist es eigentlich so schlimm, wenn Gott die Liebe ist? Was beängstigt Menschen bei diesem Gedanken?

Vielleicht ihre Erfahrung, dass es auf dieser Welt alles andere als liebevoll zugeht? Das wollen sie nicht weggesäuselt haben.

177

KÄSSMANN: Das tut doch auch niemand! Ich jedenfalls nicht. Gerade die Bibel zeichnet von den ersten Seiten an ein sehr realistisches Bild vom Menschen – in seiner Gewalttätigkeit wie bei Kain und Abel, in seinem Größenwahn wie beim Turmbau zu Babel, in seiner Sündhaftigkeit, die durch die Sintflut bestraft wird.

KHORCHIDE: Ich glaube, das Unbehagen bei der Botschaft vom liebenden Gott, dem die Freiheit des Menschen heilig ist, hat mit der Scheu des Menschen vor der letztendlichen Verantwortung zu tun. Ein autoritärer Gott erwartet mehr Passivität als ein dialogischer Gott.

Wirkt deshalb der Sog der Freiheit in der islamischen Welt nicht so stark, wie manche Neokonservative gehofft haben?
KÄSSMANN: Der Arabische Frühling ist doch eine gewaltige Befreiungsbewegung.

Bei gleichzeitigem Erstarken des religiösen Fundamentalismus und mit autoritär-repressiven Rückschlägen.
KÄSSMANN: Der Regimes, nicht der Menschen.

KHORCHIDE: Es ist eine politische, keine genuin religiöse Frage, warum Demokratien in den arabischen Ländern verhindert werden. Meine Antwort darauf: unter anderem, weil der Westen selbst, der vor allem im Nahen Osten stark mitmischt, kein wirkliches Interesse daran hat. Man hofiert despotische Regime wie in Saudi-Arabien oder Katar. Saddam Hussein oder Muammar al-Gaddafi waren viele Jahre Hätschelkinder des Westens.

Weil der Westen nicht will, dass die Menschen in den arabischen Ländern frei und demokratisch über ihre Ressourcen verfügen?
KHORCHIDE: Der Westen will selbst die Verfügungsgewalt behalten. Dafür hat er seine Mechanismen. Eine Ölkrise, wie in den 1970er Jahren, darf sich nie mehr wiederholen. Gerade die arabischen Länder müssen unter Kontrolle gehalten werden. Schauen Sie: Sowohl die Taliban in Afghanistan als auch Al-Kaida und heute IS im Irak sind auch ein Produkt westlicher Politik. Die Taliban wurden instru-

mentalisiert als Gegner der Sowjetunion in den 1980er Jahren. Osama bin Laden war ursprünglich der Freund der Amerikaner. IS hat man gestärkt im Kampf gegen das Assad-Regime in Syrien. Nur sind alle diese vermeintlichen Verbündeten total aus dem Ruder gelaufen.

Fatale Fehleinschätzungen des Westens.
KHORCHIDE: Deshalb reagieren die Menschen im Nahen und Mittleren Osten heute auch so allergisch, wenn ihnen Vertreter des Westens etwas von ihren Werten, von Demokratie und Menschenrechten erzählen: „Welche Werte? Welche Rechte? Schaut doch her, was hier gerade mit uns passiert – dank eurer Politik!" Ich will nicht alle Probleme der islamischen Welt auf den Westen schieben, ich will nur auf diese meist verdrängte Seite aufmerksam machen.

Trotzdem kann die Konsequenz doch nicht sein, zerknirscht dreinzuschauen und den IS weitermorden zu lassen. Was also konkret tun – als Mensch mit einem ausgeprägten Gerechtigkeitsgefühl, das womöglich religiös motiviert ist? Was tut man, wenn man gegen Gewalt ist, sie aber täglich brutal vorgeführt bekommt?
KÄSSMANN: Mit Gewalt zu antworten ist auf jeden Fall nicht die einzige Antwort. Sie, Herr Khorchide, haben vorhin gesagt, der Pazifismus verurteile die Opfer von Gewalt zur Passivität. Das ist nicht mein Verständnis von Gewaltlosigkeit. Es gibt zahllose Möglichkeiten, Aggressionen entgegenzutreten. Denken Sie an Sitzblockaden. Denken Sie an friedliche Demonstrationen.

Frau Käßmann! Sie werden IS-Terroristen doch nicht mit Sitzblockaden stoppen.
KHORCHIDE: Das Problem ist doch, dass wir immer vom Ende her denken. Wir fragen nach dem Feuerlöscher erst, wenn die Scheune schon brennt.

Mag sein. Aber während Sie das beklagen, brennt die Scheune weiter.
KÄSSMANN: Jeder, der auch nur einen Funken Empathie hat, ist bestürzt über das Leid der Menschen im Nordirak und fühlt mit ih-

179

nen. Jeder denkt: Wie wäre das für mich, wenn ich in Syrien oder im Irak lebte, meine Heimat verlassen müsste, ständig Todesangst hätte? Und jeder fragt: Wie können wir helfen?

Genau das.
KÄSSMANN: Ich habe darauf nicht die eine, klare Antwort. Aber ich finde es zu einfach, bloß zu sagen: Waffen liefern! Ich bin keine Militärexpertin. Aber als Theologin gebe ich zu bedenken: Vielleicht müssen wir es aushalten, dass wir alle miteinander hilflos und ohnmächtig sind angesichts dieser Gewalt. Wer das zugibt, kann doch nicht länger so tun, als wären Bombardements und Waffenlieferungen die einzige Antwort auf solch schreckliche Ereignisse wie im Irak. Es muss auch ein Nein zu Waffenlieferungen erlaubt sein. Dass diese Antwort heute lächerlich gemacht wird, ist ein Problem.

Sie wollen mit Ihrem Pazifismus nicht für deppert erklärt werden?
KÄSSMANN: Das Plädoyer zur Gewaltlosigkeit wird heute – anders als zur Zeit der Friedensbewegung – leichthin als naiv, traumtänzerisch oder hirnverbrannt abgetan. Nach dem Motto: „Mit Gebeten kann man nichts verändern." Vor 25 Jahren haben Gebete und Kerzen sehr wohl etwas verändert. Jemand, der sich daran offenbar nicht erinnern will, hat übrigens den Vorschlag gemacht, mich über dem IS-Gebiet mit dem Hubschrauber abzuwerfen; dann würde ich schon lernen, wie weit ich mit Gewaltlosigkeit komme ... So hält man sich doch nur die Zumutung vom Leib, über andere Wege nachzudenken.

Ist es nicht feige, sich vom Schreibtisch aus gegen Waffenlieferungen zu entscheiden?
KÄSSMANN: Ach ja? Ist es etwa mutig, vom Schreibtisch aus für den Einsatz von Waffen zu votieren? Keiner von uns, wie wir hier sitzen, gefährdet sich durch das, was er zu diesen Fragen sagt.

Kennen Sie eigentlich nicht dieses Gefühl der Genugtuung, wenn Clint Eastwood als rächender Westernheld zur Waffe greift und die Schurken über den Haufen schießt, die es mehr als verdient haben?

KÄSSMANN: Niemand von uns weiß, wie wir handeln würden, wenn wir persönlich ganz existenziell bedroht sind. Ob ich dann bereit wäre, Gewalt anzuwenden? Ich – weiß – es – nicht. Ich kann nur sagen, dass die Menschen, die mich beeindruckt haben, immer die anderen waren: ein Mahatma Gandhi, ein Martin Luther King.

KHORCHIDE: Ich gebe zu, ich habe dieses Eastwood-Gefühl, wenn es den IS-Kämpfern und anderen Terroristen an den Kragen geht, die andere auf bestialische Weise umbringen. Vielleicht liegt es daran, dass ich selbst von Fundamentalisten mehrfach mit dem Tod bedroht worden bin. Aber ich weiß auch, dass es falsch wäre, bei solchen subjektiven Empfindungen stehen zu bleiben. Wir müssen nach den politischen Ursachen eines Konflikts wie jetzt im Irak fragen und nach dem Versagen der Weltpolitik.

KÄSSMANN: Als ob wir mit Waffenlieferungen unser Gewissen beruhigen könnten! Schuldig werden wir in solch einer Lage alle. So oder so. Jeder, der für Gewaltfreiheit eintritt, kann sich schuldig machen mit Blick auf die Opfer. Das weiß ich. Ich nehme aber die Option in Anspruch, schuldig zu werden, indem ich sage: keine Waffen liefern und nach anderen Wegen der Hilfe suchen! Ich verurteile diejenigen nicht, die zu anderen Ergebnissen kommen. Aber sie sind nicht im alleinigen Recht.

Wer behauptet das denn?
KÄSSMANN: Wenn ein General meint, er müsse sich über gewaltfreie Wege amüsieren, dann muss er das wohl. Ein Militär denkt nun mal in militärischen Kategorien. Umso wichtiger ist aber das Denken in Alternativen. Und woher sollten die Ansätze dafür kommen, wenn nicht aus dem Raum der Religion? Die Kirchen jedenfalls haben in den 1980er Jahren einen entscheidenden Paradigmenwechsel vollzogen: weg vom Konzept des gerechten Kriegs und hin zum gerechten Frieden.

Es gibt keinen gerechten Krieg?
KÄSSMANN: Das sagt die EKD, das sagt die katholische Bischofskonferenz. Wie soll es einen gerechten Krieg geben, wenn Gewalt doch immer mit Unrecht verbunden ist?

Die christliche Tradition hatte den Begriff des gerechten Kriegs entwickelt. Der Islam sprach den Krieg sogar heilig.

KHORCHIDE: Es gibt weder einen heiligen noch einen gerechten Krieg, weil Gott den Krieg an sich niemals gutheißen kann. Allerdings schildert der Koran die Erfahrungen, die Menschen zur Zeit Mohammeds gemacht haben – Krieg war für den damaligen Kontext eine legitime Alternative, vor allem, um sich zu wehren.

KÄSSMANN: Unter sehr strengen Bedingungen – auch das ist EKD-Position – kann Gewalt auch heute als rechtserhaltendes Mittel geboten und theologisch legitim sein.

Sind Waffenlieferungen an die Kurden im Irak denn ein Beitrag zu rechtserhaltender Gewalt?

KÄSSMANN: Ich bin Schirmherrin der „Kampagne gegen Rüstungsexporte". Mein Eindruck ist nicht, dass die Nahost-Region einen Mangel an Waffen hätte.

Die Region vielleicht nicht, aber die kurdischen Kämpfer gegen die IS-Milizen schon.

KÄSSMANN: Ich kann das ebenso wenig beurteilen wie die Frage, ob deutsche Panzerabwehr-Raketen den Konflikt lösen. Was ich aber sehr wohl höre, ist den Schrei nach humanitärer Hilfe, der mindestens so laut ist wie der Ruf nach Waffen. Die Menschen brauchen Wasser, Medikamente, Unterkünfte. Da könnten wir mindestens ebenso viele Milliarden investieren wie in Rüstungsgüter. Bildung ist vielleicht der wichtigste Schlüssel zur Veränderung. Auch religiöse Bildung. Gläubige Menschen sollen kritisch sein, Fragen stellen dürfen, weil sie dann weniger verführbar sind durch Fundamentalisten und religiöse Führer, die sie auf Irrwege locken wollen.

KHORCHIDE: Wenn ich mir Mohammeds Biografie anschaue, weiß ich, wie ich mich zur Frage der Gewalt verhalten kann: Als der Prophet kurz vor seinem Tod siegreich vor Mekka stand und die Bewohner sich ihm ergaben, fürchteten sie, Mohammed werde grausam an ihnen Rache nehmen und sie alle abschlachten lassen. Doch der Prophet sprach die berühmten Worte: „Was denkt ihr wohl, was ich mit euch machen werde? Geht, ihr seid alle frei!" Das heißt: Auf dem Höhepunkt militärischer Stärke hat Mohammed auf Gewalt und Rache verzichtet. Gewaltlosigkeit ist also nichts, was dem Islam fremd wäre, sondern ein Teil seiner Geschichte. Dieser Teil muss für uns heute das Modell sein, wenn wir über Krieg und Frieden nachdenken.

KÄSSMANN: Nach all den Kriegen, die nicht zuletzt im Namen Gottes geführt wurden, setze ich auf einen Lernprozess, der ja längst begonnen hat. „Krieg soll nach Gottes Willen nicht sein", haben die Kirchen aus aller Welt schon 1948 in Amsterdam gesagt – als Konsequenz aus den Gräueln zweier Weltkriege. Und wenn ich nicht glaubte, dass die Menschen auch heute lernfähig sind, ja, dann müsste ich verzagen und verzweifeln.

Die Moderation führte Bascha Mika und Joachim Frank

III.
Wie wir leben wollen

„Menschen wollen
Anerkennung, sie
wollen geschätzt werden,
für das was sie tun. Es
geht nicht nur um Geld."

„Das ideale Wirtschaftsmodell ist die Kooperative"

Ein Gespräch mit dem Universalgelehrten Jeremy Rifkin

Jeremy Rifkin ist Sozialtheoretiker, Ökonom und Kulturanthropologe. Er entwickelt kühne Theorien über die Zukunft unserer Gesellschaften sowie über die sozialen und politischen Folgen der technologischen Umwälzungen. In seinem Buch „Die Null-Grenzkosten-Gesellschaft: Das Internet der Dinge, kollaboratives Gemeingut und der Rückzug des Kapitalismus" entwirft Rifkin eine Utopie vom Potenzial globaler Vernetzung. Rifkin berät die chinesische, die deutsche Regierung und die UN.

Herr Rifkin, Sie proklamieren in Ihrem neuen Buch das Ende des Kapitalismus ...
So würde ich das nicht formulieren. Ich spreche davon, dass der Kapitalismus einen neuen Partner hat, der eine neue Ära einleiten wird.

Also Sie glauben nicht, dass der Kapitalismus ausgedient hat?
Ich glaube, dass wir derzeit den Anbruch eines neuen Wirtschaftssystems erleben, das ich das „kollaborative Gemeingut" nenne. Das kollaborative Gemeingut floriert Seite an Seite mit dem kapitalistischen Markt. Es ist das erste neue Wirtschaftssystem seit dem Auftauchen sowohl des Kapitalismus als auch des Sozialismus im 19. Jahrhundert. Noch befinden wir uns im Anfangsstadium, aber ich bin davon überzeugt, dass wir auf einem unumkehrbaren Weg zu einer neuen ökonomischen Ära sind.

Wodurch unterscheidet sich das neue System von den alten?
Die feudale Wirtschaft war eine Nutzwirtschaft, die kapitalistische Wirtschaft war eine Tauschwirtschaft. Das „kollaborative Gemeingut" ist eine Wirtschaft des Teilens. Das Spannende daran ist der Auslöser: Dass wir nämlich an einen Punkt gelangt sind, an dem wir Dinge zu praktisch Null Grenzkosten produzieren können. Was wir erleben, ist die Folge eines Paradoxons, das in das kapitalistische System quasi

eingebaut ist. Auf der Suche nach immer neuen Technologien, welche die Produktion effizienter gestalten und die Grenzkosten jeder Produkteinheit senken, haben die kapitalistischen Unternehmen eine neue Wirtschaftsform geschaffen. Wir haben jetzt Technologien, die es ermöglichen, viele Produkte praktisch kostenlos zur Verfügung zu stellen. Darin liegt eine gigantische Ironie. Der Kapitalismus hat triumphiert, in dem er sich selbst verzichtbar macht.

Wird damit auch die extreme soziale Ungerechtigkeit abgeschafft, die der Kapitalismus bis heute erzeugt?
Ja, vorausgesetzt wir können Netzneutralität im „Internet der Dinge" bewahren, das gerade entsteht. Dazu müssen sich jedoch Hunderte Millionen Nutzer dieses Internets organisieren.

Was ist das „Internet der Dinge"?
Wie Sie als Journalist am besten wissen, ist in der Informationsbranche der Übergang zu Null Grenzkosten praktisch vollzogen. Millionen Menschen sind zu „Prosumenten" geworden, die ihre eigenen Nachrichten produzieren, ob als Blogs oder in anderer Form. Das Gleiche gilt für die Musikbranche und die Film- und Fernsehbranche. Neuerdings erleben wir diese Revolution auch im Bildungsbereich, wo man praktisch kostenlos online von einigen der besten Wissenschaftler ihres Feldes unterrichtet wird. Insgesamt hat die Null-Grenzkosten-Gesellschaft die komplette Informationsindustrie aufgerüttelt und zur Innovation gezwungen.

Informationen können digitalisiert werden, aber wie können echte physische Dinge zu Null Grenzkosten hergestellt werden?
Es ist schwieriger, aber die Grenze ist längst überschritten. Heute kann man mit 3D-Druckern bereits eine enorme Menge an Nutzgegenständen zu Null Grenzkosten selbst produzieren.

Der Kapitalismus setzt sich doch nicht kampflos zur Ruhe.
Vermutlich nicht. Larry Summers, der Finanzminister unter Clinton und einer der engsten Obama-Berater in dessen erster Amtszeit, hat schon im Jahr 2000, nach dem Platzen der ersten Dotcom Blase, einen Aufsatz geschrieben, in dem stand, dass der Kapitalismus

187

neue Modelle braucht, weil er bei einem dramatischen Absinken der Grenzkosten nicht mehr funktioniert.

Und was war seine Antwort?
Seine Antwort war, dass man Monopole fördern muss.

Sie sehen einen anderen Weg.
Wissen Sie, die meisten Ökonomen haben keine Ahnung von Kulturanthropologie. Sie verstehen nicht, wie sich ökonomische Paradigmenwechsel vollziehen. Wenn wir vergangene Paradigmenwechsel anschauen – von Sammlern und Jägern zur Agrarwirtschaft, zur Feudalwirtschaft und dann zur Marktwirtschaft – dann sieht man, dass sie immer auf einer dreigeteilten Technologie-Revolution beruhen: Neue Kommunikationsformen, um wirtschaftliche Aktivität zu steuern, neue Energieformen, um wirtschaftliche Aktivität anzutreiben, und neue Transportformen. Wenn diese drei Dinge zusammen kommen, erleben wir einen Paradigmenwechsel. In der ersten industriellen Revolution sind wir vom manuellen Drucken zum dampfgetriebenen Drucken übergegangen; wir haben den Telegrafen und kohlegetriebene Motoren erfunden, konnten Güter billig über weite Strecken transportieren, haben vertikal integrierte kapitalistische Großunternehmen geschaffen. In der zweiten industriellen Revolution hatten wir auf der Kommunikationsseite Telefon, Radio und Fernsehen, auf der Transportseite Öl und das Automobil zusammen mit nationalen Straßennetzen.

Und jetzt kommt das Internet der Dinge?
Ja, das Informationsinternet fügt sich mit einem Logistik- und Transportinternet sowie mit einem Energieinternet zu einem Superinternet der Dinge zusammen. Firmen wie Cisco und IBM platzieren Milliarden Sensoren quer über die Wertschöpfungskette. Wir haben Sensoren im Mutterboden, die uns anzeigen, wie schnell die Saat aufgeht, Sensoren auf den Straßen, die uns den Verkehrsfluss in Echtzeit mitteilen, Sensoren in Lagerhallen und Vertriebszentren, die uns sagen, wo unsere Fracht ist, Sensoren in den Fabrikhallen, die uns helfen, die Produktion zu optimieren. Wir haben sogar in unseren Wohnungen Sensoren, die uns dabei helfen, unseren Energieverbrauch zu

messen und zu optimieren. Bis zum Jahr 2030 wird es 100 Billionen Sensoren geben.

Das klingt nach einem Albtraum für den Datenschutz.
Der Schlüssel hierzu ist, wie oben angesprochen, die Frage der Netzneutralität. Es wird unsere kritischste Aufgabe in den nächsten Jahren, die Netzneutralität zu wahren, weil natürlich die großen Telekommunikations- und Energiefirmen das Internet der Dinge und diesen immensen Datenfluss kontrollieren wollen.

Wenn es gelingt, die Netzneutralität zu wahren, wird das Internet der Dinge ein Paradies der sozialen Gerechtigkeit?
Es hat dieses Potenzial. Die Hälfte der Menschheit hat heute Smartphones, die andere Hälfte wird sie innerhalb der nächsten zehn Jahre bekommen. In China gibt es heute schon ein Smartphone für 25 Dollar. Damit kann jeder Mensch ein „Prosument" werden, ein Produzent und Konsument zugleich. Jeder Mensch hat Zugang zum Datenstrom des Internets der Dinge. Man kann seine eigene erneuerbare Energie produzieren und mit anderen teilen und seine eigenen Produkte auf 3D-Druckern herstellen und sie mit anderen teilen.

Bislang ist doch trotz aller neuer Technologie von einer Demokratisierung der Wirtschaft keine Spur. Im Gegenteil, die wirtschaftliche Ungleichheit innerhalb der Industrienationen sowie zwischen den Industrienationen und der Dritten Welt ist so groß wie noch nie.
Das ist nicht ganz richtig. Schauen Sie sich Deutschland an. Es deckt 27 Prozent seines Energiebedarfs aus erneuerbaren Quellen, bis 2020 werden es 35 Prozent. Es gab im Mai 2014 einen Sonntag, an dem 75 Prozent der verbrauchten Energie aus Solar- und Windenergie kam und somit zu Null Grenzkosten produziert wurde. Es gab den ganzen Tag über Negativ-Preise. 1970 kostete es 66 Dollar, ein Solarwatt zu produzieren. Heute kostet es 66 Cents. Das nenne ich einen Fortschritt in sozialer Gerechtigkeit.

Die Kosten für den Verbraucher sinken, aber die Einkommenslücke insgesamt wächst.

Es geht zunächst einmal um die Ermächtigung des Konsumenten. Es gibt vier große Energieanbieter in Deutschland: EnBW, RBW, Vattenfall und Eon. Sie sind heute in einer ähnlichen Lage wie vor zehn Jahren die behäbigen, vertikal organisierten Musikkonzerne. Damals haben ein paar Kids mit ihrer Sharing-Software die Musikriesen ins Wanken gebracht. Nur noch sieben Prozent der erneuerbaren Energien werden heute von diesen vier Großkonzernen zur Verfügung gestellt. Der Rest wird durch Kooperativen verwaltet. Die alten Riesen können mit den neuen Energien gar nicht umgehen, die können nur von Millionen kleiner Teilnehmer gemanagt werden, die im Energieinternet zusammen kommen, um die Energie, die sie selbst produzieren, miteinander zu teilen. Die einzige Chance der Konzerne, zu überleben, wird es sein, das Energie-Internet zu betreiben, anstatt das Geld mit der Energieerzeugung zu verdienen.

Wovon soll der einzelne Mensch leben? Ich kann doch nicht lediglich die Energie, die ich in meiner Autobatterie gespeichert habe, an meinen Nachbarn weitergeben? Genauso wenig, wie heute kaum jemand vom Bloggen oder Musizieren leben kann.
Die Ära der Massen-Arbeitnehmerschaft geht zu Ende, so wie in der ersten industriellen Revolution die Sklavenarbeit verschwand und in der zweiten industriellen Revolution Landwirtschaft und Handwerk. Fabrikarbeit ist praktisch schon verschwunden, in 20 Jahren wird es sie nicht mehr geben. Es gibt schon längst vollautomatisierte Fabriken, die billiger produzieren, als man das in China je tun könnte. Aber es sind nicht nur die Arbeiterjobs, die heute verschwinden, es sind auch die Büro- und Dienstleistungsjobs. Sogar Ärzte und Rechtsanwälte werden durch Algorithmen ersetzt.

Noch einmal: Wovon sollen die Menschen leben?
Ich denke, wir werden in ein Zeitalter der Menschheit eintreten, in dem wir uns höheren Dingen zuwenden. Ich sehe ein enormes Wachstum dessen, was ich die „soziale Ökonomie" nenne. Der gemeinnützige Sektor ist jetzt schon eine enorme Wachstumsbranche. Wir erzeugen dort soziales Kapital statt Markt-Kapital. Menschen erzeugen dort allerlei Güter und Dienstleistungen, die weder der Markt noch die Regierungen in hinreichender Qualität und Quan-

tität bereitstellen. Ich denke an das Gesundheitswesen, an Schulen, Umweltgruppen, Kultur, Sport. Es gibt Millionen von Organisationen und Kooperativen, die Millionen von Menschen beschäftigen.

Der gemeinnützige Sektor wird aber doch wohl kaum Vollbeschäftigung erzeugen können?
Das, was ich die „soziale Ökonomie" nenne, wächst derzeit zu 42 Prozent pro Jahr in den USA, das Volkseinkommen wächst zu 16 Prozent. In einigen europäischen Ländern beschäftigt der gemeinnützige Sektor 15 Prozent aller Arbeitnehmer, in den USA und in Großbritannien sind es 10 Prozent. Ein Großteil des kollaborativen Gemeinguts ist gemeinnützig, da geht es nicht nur darum, Profite zu machen. Es gibt jetzt eine Generation, die aus den Business-Schools kommt, die sich „soziale Unternehmer" nennt. Sie verstehen, dass ihre Fähigkeit, als Unternehmer zu funktionieren, davon abhängt, Netzwerke bereit zu stellen, innerhalb derer Güter und Dienstleistungen geteilt werden können, die einst von vertikal integrierten kapitalistischen Unternehmen bereitgestellt wurden. Die Grenze zwischen kapitalistischen Unternehmen und gemeinnützigen Unternehmen wird immer mehr verwischt. Und für die Sozialunternehmer ist soziales Kapital wichtiger als Profit.

Und wie finanzieren sie das?
Der „Economist" hat geschrieben, der soziale Markt sei eine parasitäre Wirtschaft, die alleine von Regierungszuwendungen und Spenden lebt. Aber das stimmt nicht. Laut einer Untersuchung der Johns Hopkins-Universität beziehen „Non-Profits" die Hälfte ihrer Einkommen aus Gebühren und Honoraren. Nur 15 Prozent stammen aus Spenden und nur 34 Prozent kommt von der Regierung – weniger als das Einkommen der Industrie aus Regierungsaufträgen. Wer ist also hier parasitär? Wir müssen im Grunde Reagan und Thatcher dafür dankbar sein, dass sie aufgehört haben, den gemeinnützigen Sektor zu subventionieren.

Wieso?
Sie haben uns gezwungen, Geschäftsmodelle zu entwickeln, die unsere soziale Agenda vorantreiben. Wir haben heute eine echte

Wirtschaft des Teilens. Sie existiert parallel zur kapitalistischen Wirtschaft. Sie kann den Klimawandel aufhalten und das Wirtschaftsleben demokratisieren.

Was macht sie so sicher, dass das kollaborative Gemeingut sich gegen den Kapitalismus durchsetzt?
Natürlich kann sich an den derzeitigen Entwicklungen jederzeit etwas ändern, durch Katastrophen, durch schlechte Führung. Aber ich bin sehr hoffnungsvoll, dass wir das erleben werden, und zwar aus folgendem Grund: Ich habe gesehen, wie sich Null Grenzkosten auf große Industriezweige ausgewirkt hat, die einst unverwundbar erschienen. Egal, ob das nun die Verlage waren oder die Musikindustrie oder die Fernsehsender. Sie haben Schläge eingesteckt, von denen sie sich nicht mehr erholen werden. Es gibt etwa 500 Unternehmen heute, die für einen großen Teil unseres Wirtschaftslebens verantwortlich sind, und viele von ihnen operieren mit ganz engen Profitmargen. Wenn nur zehn Prozent ihrer Kunden weglaufen und zu Prosumenten werden, dann können sie das nicht auffangen.

Die großen Firmen im Internet, Facebook, Google, Amazon, sind aber auch nur traditionelle kapitalistische Unternehmen, mit Neigung zum Monopol.
Wie schon gesagt, es wird die große Frage der Zukunft werden, ob sich die Prosumenten gegen das Monopol der Aggregatoren organisieren können, um Netzneutralität zu garantieren. Google hat im vergangenen Jahr 50 Milliarden Umsatz gemacht, ein Großteil der Menschheit verlässt sich auf Google, um ihr Wissen über die Welt zu beziehen. Ein Drittel der Menschheit ist auf Facebook. Wir brauchen eine Debatte über diese neuen kapitalistischen Unternehmen, deren Erfolg darauf beruht, dass sie das kollaborative Gemeingut geschaffen haben.

Was kann man gegen ihre Monopolstellung tun?
Das wissen wir noch nicht, weil wir keine globalen institutionellen Strukturen haben, die sie regulieren können. Es wird im kollaborativen Gemeingut wohl etwas Vergleichbares zur Gewerkschaftsbewegung geben, daran führt kein Weg vorbei.

Um zum Thema der sozialen Gerechtigkeit zurückzukommen: Droht den Entwicklungsländern, dass die digitale industrielle Revolution sie gar nicht erreicht?

Ich denke, die sogenannte Dritte Welt wird rasch aufholen. Die UN haben offiziell die dritte industrielle Revolution anerkannt. Der neue Premier von China hat sie anerkannt, mein Buch war in China ein Bestseller. Die chinesische Regierung gibt 80 Milliarden Dollar für ein Energie-Internet aus und verzahnt es mit dem Informations-Internet, das bereits existiert. Die Chinesen wollen die dritte industrielle Revolution anführen, so wie England die erste und die USA die zweite angeführt haben. Deutschland und China treiben die Entwicklung voran, nur die USA hinken hinterher.

Was ist in den USA passiert? Es schien doch so, als ob Obama die Zeichen der Zeit erkannt hätte?

Er hat nicht verstanden, wie neue ökonomische Paradigmen entstehen. Es geht nicht darum, einfach in ein paar Firmen zu investieren. Die US-Regierung hat Milliarden in isolierte Projekte gesteckt, eine Solarfabrik hier, eine Elektroauto-Fabrik dort, ein Smart-Grid-Experiment anderswo. Das reicht aber nicht, man braucht eine komplette Infrastruktur. Man braucht die Möglichkeit, Energie zu speichern, man braucht ein Energie-Internet usw. Obamas Herz war am rechten Fleck, aber er hat Milliarden verschleudert.

Also zieht die Demokratisierung der Wirtschaft, wie Sie sie ausmalen, an den USA vorbei?

Es gibt Regionen, wo wir großen Fortschritt sehen – der Nordwesten, Kalifornien, Zentraltexas rund um Austin und San Antonio. Der Rest des Landes lebt hinter dem Mond. Ich sehe ehrlich gesagt in den USA ein Land, das müde ist und das beginnt zu verstehen, dass seine großen Zeiten vorbei sind. Man kann es riechen, wenn man hier durch die Straßen geht. Es stinkt nach Verfall. Unser Schulsystem bricht zusammen, unsere Infrastruktur bröckelt, die Mitte des Landes und große Teile des Westens sind Trümmerhaufen. Ich weiß nicht, ob dieses Land sich erholen kann. Unsere große Stärke war einst, dass wir das Risiko nicht gescheut haben, daraus haben wir unsere Erneuerungskraft gezogen. Außer im Silicon Valley sehe ich das jedoch nicht mehr.

**Wie kann die Dritte Welt von der digitalen Revolution profitie-
ren, wenn die erste und zweite in manchen Regionen noch nicht
einmal abgeschlossen ist?**
Die Tatsache, dass sie dort keine Infrastruktur haben, ist ein Vorteil
und kein Nachteil. Es ist immer einfacher ein neues Haus zu bau-
en, als ein altes zu renovieren. Sie müssen nicht erst alte Strukturen
loswerden, bevor sie neue implementieren. Wir sehen in Afrika und
Indien junge Unternehmer, die Dorf für Dorf Mikro-Grids aufbauen.
Es kostet gerade einmal 2000 Dollar, um ein Energienetz mit Son-
nenkollektoren für ein Dorf aufzubauen und dauert höchstens ein
paar Tage. Dann hat dieses Dorf ein Energie-Internet. Informations-
Internets haben sie ohnehin schon, die haben doch alle Mobiltele-
fone. Um es kurz zu machen: Ich glaube, man wird in der dritten
Welt den Übergang schneller schaffen als bei uns. Sie müssen sich
beispielsweise nicht mit Energiekonzernen herumschlagen, die versuchen, den Prozess aufzuhalten und zu sabotieren.

**Fehlt es vielen Menschen dort nicht eher an elementareren Din-
gen?**
Elektrizität ist das Wichtigste. Deshalb haben ja auch die UN univer-
sellen Zugang zu Elektrizität zur globalen Priorität gemacht. Mangel
an Elektrizität ist die Hauptursache für Armut. Ohne Elektrizität gibt
es keine Bewässerung, keinen Transport. Man kann keinen 3D-Dru-
cker anschließen, um nützliche Dinge zu geringen Kosten zu produzieren. Meistens sind in diesen Regionen die Frauen dafür zuständig,
Wasser und Brennholz zu beschaffen. Die Frauen leben deshalb in
Unterdrückung, die Kindersterblichkeit ist hoch. Elektrizität befreit
diese Frauen, ermöglicht ihnen, eine Ausbildung zu bekommen, ver-
langsamt das Bevölkerungswachstum und befähigt sie, ihre Gemeinschaft voranzubringen.

**Eine Wirtschaft des Teilens dürfte den großen Energiekonzernen
nicht gefallen.**
Nein, das gefällt ihnen ganz und gar nicht. Manche von ihnen begreifen, dass sie nur überleben können, wenn sie mithelfen, diese
Infrastrukturen aufzubauen. Andere, wie Exxon, interessiert es einen
feuchten Kehricht. Ich denke, die traditionellen kapitalistischen Un-

ternehmen müssen sich entscheiden, ob sie Partner des kollaborativen Gemeinguts sein wollen oder nicht.

Glauben Sie, dass der alte Kapitalismus das einsieht?
Das Internet der Dinge kann entweder zu Monopolisierung oder zu Demokratisierung führen. Ich tippe langfristig auf Demokratisierung, und zwar, weil das Internet demokratisch angelegt ist. Es funktioniert nur, wenn ein Maximum an Teilnehmern Zugang hat. Wenn nicht Millionen von Teilnehmern Inhalte produzieren und teilen, dann funktioniert es nicht und niemand hat etwas davon, auch nicht die Konzerne. Letztlich haben die Teilnehmer die Macht. Das Internet braucht Google nicht, auch wenn Google dabei geholfen hat, das kollaborative Gemeingut zu schaffen. Das ideale Wirtschaftsmodell der dritten industriellen Revolution ist die Kooperative. Es gibt keinen Profit, keine dritte Partei verdient etwas. Es wäre perfekt.

Das Interview führte Sebastian Moll

Index für das gute Leben

Von Joachim Wille

Nic Marks singt ein hohes Lob auf Costa Rica. Das zentralamerikanische Land sei „die glücklichste Nation auf dem Planeten", sagt der britische Statistiker und Ökologe, „glücklicher als die Schweiz und Dänemark". So liegt die durchschnittliche Lebenserwartung der Costa Ricaner relativ hoch, nämlich bei knapp 80 Jahren, sie ist damit länger als zum Beispiel die der US-Bürger. Hinzu kommt, und das ist für Marks genauso wichtig: Costa Rica verbraucht pro Kopf nur ein Viertel der Ressourcen, die von reichen Staaten der westlichen Welt konsumiert werden. Das Land ist daher der Spitzenreiter im „Happy Planet Index" (HPI), der von der britischen „New Economics Foundation" entwickelt wurde – einer von Marks mitgegründeten Öko-Denkfabrik.

Der Statistiker preist das kleine Costa Rica mit seinen 4,7 Millionen Bürgern als Modell für die anderen Staaten der Welt. Er zählt auf: „99 Prozent des dort verbrauchten Stroms stammen aus erneuerbaren Energiequellen. Die Regierung hat sich dazu verpflichtet, das Land bis 2021 CO_2-neutral zu machen. Die Costa Ricaner haben die Armee abgeschafft, schon 1949. Und sie haben in soziale Programme investiert, in Gesundheit und Bildung. Sie haben eine der höchsten Alphabetisierungsraten Lateinamerikas und der Welt. Bei ihnen herrscht eine große soziale Verbundenheit." Das i-Tüpfelchen: „Sie haben diese wunderbare Latino-Stimmung", sagt Marks.

Das klassische Modell der „Wohlstandsmessung" von Staaten, das Bruttoinlandsprodukt (BIP), ist seit langem in der Kritik. Das BIP misst nur die Wirtschaftsleistung eines Landes. Unbezahlte Arbeit, etwa im Haushalt, und ehrenamtliche Tätigkeiten bleiben unberücksichtigt. Ebenso sagt das BIP nichts über Einkommensverteilung, Bildung, Gesundheit und Zufriedenheit der Bürger aus. Zudem fehlt die ökologische Dimension. Ein mit wirtschaftlicher Tätigkeit verbundener Raubbau an der Natur wird nicht als negativ in der Bilanz verbucht, sondern steigert meist sogar das BIP – zum Beispiel die Förderung und Verstromung von Braunkohle, die Natur und Siedlungen vernichtet sowie stark zum Klimawandel und künftigen Klimaschäden beiträgt.

Der Happy Planet Index ist einer der zahlreichen Versuche, dieses Manko zu beheben – allerdings mit einem ganz speziellen Ansatz. Er soll erstens messen, „was wirklich wichtig ist für uns – unser Wohlbefinden in Form eines langen, glücklichen und gesunden, bedeutungsvollen Lebens". Und zweitens, „was wichtig ist für den Planeten – unseren Ressourcenverbrauch". Konkret berechnet die New Economics Foundation den HPI, indem sie die Zahl der erwarteten „glücklichen Lebensjahre" im jeweiligen Land durch dessen Pro-Kopf-Rohstoffnutzung teilt. Der HPI gibt also an, wie viel „Natur" verbraucht wird, um ein gutes Leben möglich zu machen. Ein „gutes Leben", das die Lebensgrundlagen künftiger Generationen zerstört, ist nicht das Ziel.

Um die Anzahl der „glücklichen Jahre" zu ermitteln, wird beim HPI die durchschnittliche Lebenserwartung mit einem Wert für die „Lebenszufriedenheit" (auf einer Skala von null bis zehn), der in Befragungen ermittelt wird, multipliziert. Die Daten für die Lebenserwartung übernimmt die New Economics Foundation vom Weltentwicklungsbericht der Vereinten Nationen. Bei der Bewertung des Ressourcenverbrauchs orientiert sich der HPI am „ökologischen Fußabdruck", der vom World Wide Fund For Nature (WWF) berechnet wird. Er zeigt an, wie viel natürliche Ressourcen für den Konsum der Bürger eingesetzt werden.

In der Spitzengruppe des HPI liegen Länder, in denen die Menschen viele glückliche Lebensjahre erwarten dürfen, gleichzeitig aber den ökologischen Fußabdruck klein halten. In der jüngsten Ausgabe des Index von 2012 folgen auf Costa Rica Vietnam und Kolumbien. Unter den ersten 20 in der Liste, die insgesamt 151 Länder umfasst, sind aber auch Länder wie Bangladesch, Israel und Albanien. Die Industriestaaten schneiden deutlich schlechter ab, weil ihr ökologischer Fußabdruck im internationalen Vergleich sehr hoch ist.

Im europäischen Vergleich liegen Norwegen (Platz 39) und die Schweiz (44) vorne, Deutschland schafft es nur auf Platz 56. Das liegt nicht daran, dass die Deutschen nun besonders unglücklich sind, sondern daran, dass sie im weltweiten Vergleich hohe „ökologische Kosten" verursachen, um zufrieden zu sein. Das Schlusslicht bildet der afrikanische Staat Botswana. Dessen Ressourcenverbrauch ist zwar niedrig, doch ebenso die Lebenserwartung (53 Jahre) und die Lebenszufriedenheit.

Dass der HPI ein innovativer Ansatz ist, der die richtigen Ziele ins Visier nimmt, ist unumstritten. Befürworter loben auch, dass der Index relativ leicht zu berechnen und damit gut zu kommunizieren ist. Kritiker des Konzepts stellen allerdings in Frage, ob es überhaupt möglich ist, „Glück" und „Wohlbefinden" zu messen und als Basis für einen sich objektiv gebenden Index zu verwenden. Hinzu komme, dass der HPI wichtige Faktoren wie Freiheit, Menschen- und Arbeitnehmerrechte ignoriere und kaum dazu tauge, gesellschaftliche Entwicklungen oder die Politik von Regierungen in der gesamten Breite zu bewerten.

Der Heidelberger Ökonomie-Professor Hans Diefenbacher, der selbst mit dem „Nationalen Wohlfahrtsindex" (NWI) eine BIP-Alternative entwickelt hat, meint: „Es ist zwar problematisch, eine einzige Maßzahl zur Lebenszufriedenheit international zu vergleichen." Trotzdem sei es richtig, den Happy Planet Index fortzuführen und seine Entwicklung zu verfolgen. Wenn sich das Bruttoinlandsprodukt und das Glück à la HPI unterschiedlich entwickeln, müssten die Gründe dafür herausgearbeitet und diskutiert werden. Diefenbacher: „So kann durchaus ein neues Bewusstsein dafür entstehen, wie man Wohlstand und Wohlfahrt wirklich messen kann."

Das glücklichste Land Europas

Von Clemens Bomsdorf

Ausländische Touristen schwärmen nach einer Dänemark-Reise immer wieder davon, wie wohlhabend die Dänen im Schnitt seien. Armut ist anders als in Deutschland auf der Straße kaum zu sehen, fast alle sind gut gekleidet und die meisten fahren Fahrrad. Dagegen muss man selbst in der Hauptstadt Kopenhagen schon tagelang warten, bis man mal einen Porsche oder einen BMW der 7er-Reihe vorbeifahren sieht.

Vielen Dänen ist dies hingegen gar nicht bewusst – wohl, weil das schon lange so ist. "Wir sind eine kleine Gesellschaft und einander sehr ähnlich. Über so etwas wie Einkommensunterschiede denke ich kaum nach. Auch, weil ich meine, dass Geld nun wirklich nicht alles ist", sagte Camilla Ingemann. Die Angestellte ist zufrieden damit, wie ihr Land funktioniert.

Dänemark ist laut viel zitierten Studien das Land mit den glücklichsten Einwohnern, und dort sind auch die Einkommen besonders gleich verteilt. Laut einer Untersuchung der Industrieländerorganisation OECD liegt Dänemark, bezogen auf die Haushalte in der EU, was Einkommensgleichheit angeht auf Platz zwei – gleich hinter Slowenien, wo die Leute ärmer sind.

„Gleichheit und Chancengleichheit scheinen mit einem höheren Glücksniveau einherzugehen. Dänemark ist dafür ein gutes Beispiel", sagt Martin Møller Rasmussen, Forscher in vergleichender politischer Ökonomie an der Copenhagen Business School und Senior Analyst beim Think Tank Mandag Morgen in Kopenhagen. Dass die Einkommen in Dänemark so gleich verteilt sind, hat mehrere Gründe. Zum einen klaffen die Gehälter nicht so stark auseinander. Vereinfacht gesagt verdienen Arbeiter mehr als in Deutschland, während der Topmanager sich mit einem geringeren Einkommen zufrieden geben muss. So bekommen beispielsweise Frisöre in Dänemark einen Stundenlohn von mindestens 17 Euro – sofern sie laut Tarif bezahlt werden. Allerdings kostet in der Hauptstadt ein Haarschnitt selbst bei jenen, die nicht zu absoluten Stars ihrer Branche gehören, schnell 35 bis 50 Euro – schließlich müssen die hohen Löhne bezahlt werden.

Das scheint aber die Dänen nicht davon abzuhalten, sich die Haare schneiden zu lassen. Jedenfalls wimmelt es in der Kopenhagener Innenstadt nur so von Läden wie „Street Cut", „Reno Blvd" und "Kliim Coiffure", die teilweise sogar noch mehr nehmen. Gesundheitspersonal wie Krankenschwestern oder Ergotherapeuten verdienen in Dänemark ebenfalls erheblich besser. Allerdings sind auch die Preise höher. „Das ist nun einmal so", sagt Ingemann dazu und ergänzt. „Aber in Norwegen ist es noch viel teurer."

In der OECD-Übersicht werden die verfügbaren Einkommen verglichen. Also nicht, was die Leute verdienen, sondern was sie ausgeben können – nach Steuern und Sozialtranfers, und das ist für den Einzelnen letztlich das Wichtigste. Schaut man in die Zahlen, die der amerikanische Forscher Frederick Solt unter dem komplizierten Namen Standardisierte Welteinkommensungleicheitsdatenbank, abgekürzt SWIID, zusammengetragen hat, dann ist ganz klar zu sehen: Erst Umverteilung macht die Dänen besonders gleich. Denn während die Ungleichheit, gemessen in Markteinkommen, in Dänemark zwar niedriger ist als in den USA und auch Deutschland, aber nicht so viel geringer, wird der Abstand zwischen den Ländern nach Umverteilung größer. In den USA verringern sich die Einkommensunterschiede durch Steuern und Sozialleistungen nur leicht, in Deutschland stärker und in Dänemark besonders drastisch.

Das liegt daran, dass das Steuersystem und der Wohlfahrtsstaat in dem nordeuropäischen Land mehr für Ausgleich sorgen. So liegt der Spitzensteuersatz bei fast 52 Prozent und muss schon ab rund 60.000 Euro Jahreseinkommen bezahlt werden und fällt damit an bei Verdiensten, die zwar überdurchschnittlich, nicht aber enorm sind. „Dafür sind hier die Arbeitgeberanteile niedriger, viele Sozialleistungen sind kostenlos", merkt Rasmussen an.

In Dänemark ist das Gesundheitssystem steuerfinanziert. Jeder muss acht Prozent seines Einkommens für dessen und andere Leistungen an den Staat abgeben, während es in Deutschland eine Obergrenze gibt. Die besser verdienenden Erwerbstätigen werden in Nordeuropa also stärker belastet.

Viele Leistungen des Wohlfahrtsstaates sind ebenfalls umfangreicher als in den meisten anderen Ländern. So liegt beispielsweise die Arbeitslosenunterstützung in Dänemark bei rund 2.200 Euro, sobald man zuvor einen Monatslohn von knapp 2.900 Euro oder mehr hatte. Diese Summe muss dann aber noch versteuert werden. Anders als in Deutschland ist die Arbeitslosenversicherung in Dänemark freiwillig und muss über die Steuer hinaus extra bezahlt werden.

Liberale Ökonomen behaupten, dass größere Einkommensunterschiede kein Problem seien, weil so Wachstum stimuliert werde und davon alle profitieren würden. Doch neben dieser klassischen Lehre hat sich mittlerweile der Gedanke durchgesetzt, dass auch eine gleichere Gesellschaft positiv sein kann: "Höhere Einkommensgleichheit stabilisiert die Wirtschaft, denn der Konsum wird gestützt. Hohe Löhne und hohe Steuern müssen auch kein Wettbewerbsnachteil sein, denn sie gehen in Dänemark mit sehr gut ausgebildeten Arbeitskräften einher – schließlich sind Schule und Studium kostenlos", sagt Rasmussen. Er weist aber auch darauf hin, dass es bei den hohen Löhnen schwer ist, für die am schlechtesten Ausgebildeten Arbeit zu finden – leider sind davon Einwanderer vermehrt betroffen.

In der Tat stellt die Bertelsmann-Stiftung in einer Studie zur Gerechtigkeit in Europa fest: „In Dänemark ist die Arbeitslosigkeit unter Einwanderern aus nicht-westlichen Ländern höher und deren Bildungsniveau niedriger." Diese Studie misst Einkommensungleichheit anders, weshalb Dänemark nicht ganz so gut abschneidet.

Zwar sind die verfügbaren Einkommen in Dänemark besonders gleich verteilt, aber die Ungleichheit nimmt auch in dem nordeuropäischen Land zu. So ist die Schere zwischen Arm und Reich in den vergangenen zehn Jahren stärker auseinander gegangen als in Deutschland, wie die SWIID-Daten zeigen, wenngleich der Abstand zwischen Arm und Reich weiterhin geringer ist.

Manche sehen schon das Ende des dänischen Models: „Traditionell gehen in Dänemark die Kinder ärmerer und reicherer Familien oft auf die gleiche Schule und wohnen in derselben Gegend," so Lars Olsen, Autor des Buches „Klassekampen fra oven" (Der Klassenkampf von oben). „Das heißt auch, dass man das Leben anderer Gesellschaftskreise kennt und fördert den Zusammenhalt. In letzter Zeit kann man aber sehen, dass die Kinder der Reichen mehr unter sich bleiben." Liberalere Ökonomen und Politiker weisen darauf hin, dass die wachsenden Einkommensunterschiede mit einer generellen Zunahme des Wohlstandes in Dänemark einhergehen und auch in

anderen Ländern zu beobachten ist. Deshalb werde Dänemark auch in Zukunft auf der Liste der gleichsten Länder weit oben stehen. Das geht zumindest zum Teil auf Kosten der ärmeren Länder – Arbeiter aus Osteuropa, die niedrigere Löhnen akzeptieren, versuchen die dänischen Gewerkschaften vom Arbeitsmarkt auszuschließen.

„Früh investieren lohnt sich"

*Ein Expertengespräch über Benachteiligung qua Geburt und Ansätze,
den Kreislauf der Ungleichheit zu überwinden*

Alexandra Sann ist Fachgruppenleiterin im Nationalen Zentrum Frühe Hilfen im Deutschen Jugendinstitut (DJI). Andreas Eickhorst koordiniert im DJI die Prävalenzforschung, die sich mit Erkrankungsraten befasst.

Wann wird die Weiche gestellt, die ein Leben gelingen lässt oder nicht?
ALEXANDRA SANN: Sehr früh. In welche Familienkonstellation wird ein Kind hineingeboren? Unter welchen Umständen kommt es überhaupt zu einer Schwangerschaft? Wenn die Mutter viel Stress erlebt, wirkt sich das auf das Ungeborene ungünstig aus – bis hin zu genetischen Veränderungen. Dann kommt es schon mit der Disposition zur Welt, dass es schlecht Stress verarbeiten kann.

ANDREAS EICKHORST: Aus der Hirnforschung weiß man, dass das gesamte erste Lebensjahr, in dem die Nervenzellen an Synapsen gekoppelt werden, von großer Bedeutung ist. Wenn das Kind vor allem negative Erfahrungen macht, werden sich in seinem Gehirn die negativen Dinge ausbreiten. Kinder können einiges aushalten. Wenn aber immer wieder Schlechtes passiert, wird in dieser sensiblen Zeit ein unguter Grundsatz gelegt. Das ist aber nicht unumkehrbar. Deshalb sind wir im ersten Lebensjahr aktiv, denn es wird immer schwieriger.

Wenn gewisse Faktoren vorliegen, geht es also, überspitzt gesagt, den Bach hinunter?
SANN: Man kann auf verschiedenen Ebenen Bedingungen identifizieren, die zum Gelingen oder auch Misslingen beitragen. Das fängt beim Kind selbst an, bei seinem Temperament, seinen Anlagen. Ist es ein Typ, der seine Eltern anspricht, Erwachsene dazu animieren kann, es zu versorgen, anzunehmen, zu trösten, zu liebkosen? Kinder mit Behinderung oder chronischen Krankheiten können es ganz schwer haben, weil vielleicht ihre Mimik oder ihr ganzes Verhalten

nicht so einfach zu interpretieren sind. Sind die Eltern feinfühlig, können sie wahrnehmen, was das Kind braucht.

Warum ist das für manche Eltern schwer?
SANN: Die Eltern bringen auch eine Geschichte mit, haben vielleicht selbst wenig Fürsorge erfahren oder sind traumatisiert – durch Gewalt in der Herkunftsfamilie, Krieg, Flucht oder Katastrophen.

Wie können wir den Kreislauf unterbrechen, dass regelmäßig die Kinder benachteiligter Menschen wieder benachteiligt sind?
SANN: Das ist ja nicht zwangsläufig so. Natürlich gibt es eine gewisse Wahrscheinlichkeit, dass zum Beispiel Armut über Generationen vererbt wird. Wir müssen unterscheiden zwischen temporärer Armut und chronischer Armut über viele, viele Jahre hinweg – die führt letztlich zu Resignation. Die Eltern glauben irgendwann einfach nicht mehr, dass sich noch etwas ändern kann.

Was kann man tun?
SANN: Wir wollen die Weitergabe von negativen Beziehungsmustern verhindern. Mit den Frühen Hilfen versucht man, Eltern so zu unterstützen, dass sie genug Ressource und auch Vorbild haben, um sich ihrem Kind wirklich zuzuwenden und den Aufbau einer guten Bindung zu ermöglichen.

EICKHORST: Es gibt ja auch Kinder, die in Armut aufwachsen, denen es aber wunderbar geht. Weil vielleicht Verwandte da sind, die helfen, weil die Eltern Fähigkeiten haben, trotz Armut eine Beziehung zu leben, die von Liebe geprägt ist. Wenn die Habenseite überwiegt und die belastenden Merkmale aufgefangen werden können, haben wir gute Chancen.

Wie funktioniert das konkret?
SANN: Die Idee ist, frühzeitig über das Gesundheitssystem den Kontakt herzustellen und eine grundlegende medizinische Versorgung zu gewährleisten. Wenn dort Familien ankommen, bei denen es Probleme gibt, wird versucht, sie zu motivieren, weitere Hilfe anzunehmen. Das kann eine Familienhebamme sein, eine Sozialpädagogin, aber

auch Familienpaten, Ehrenamtliche oder Freiwillige, die dieser Familie zur Seite stehen. Vielleicht ist die Wohnung zu eng? Dann wird zum Beispiel das Wohnungsamt einbezogen.

Wie vermeidet man, dass sich die Menschen bevormundet oder diskriminiert fühlen?
SANN: Es kommt vor allem auf die Haltung an, mit der man an die Familien herantritt.

EICKHORST: Die Primärprävention ist ja für alle da: Alle bekommen einen Elternkurs oder die Hebamme, die ins Haus kommt. Das ist etwas Gutes. Und bei manchen kommt dann eben eine Familienhebamme, die bleibt vielleicht ein bisschen länger und guckt auch noch auf andere Dinge. Man muss den Eltern klarmachen: Es geht nicht darum, dass ihr es nicht könnt, sondern dass wir euch etwas bieten.

Die frühe Unterstützung hat sich bewährt. Studien haben gezeigt, dass es nicht zuletzt wegen der Folgekosten ein Riesenfehler ist, bei präventiven Angeboten zu sparen. Warum setzt sich die Einsicht nicht durch?
SANN: Das gilt ja für alle Sozialleistungen. Gesundheit, Bildung – überall würden sich frühe Investitionen lohnen.

EICKHORST: In der Politik geht es immer darum, dass der Handlungsbedarf sichtbar ist. Wenn das Kind schon in den Brunnen gefallen ist, ist klar, dass man etwas tun muss. Wenn der Säugling aber erst wenige Wochen alt ist und ganz gesund aussieht, ist der Bedarf nicht so plakativ. Um es zynisch zu sagen: Dem Kind muss es erst schlechtgehen, bevor es Geld gibt.

SANN: Der Rechtsanspruch auf die Leistung im Ernstfall ist immer vorrangig. Man muss versuchen, diese Systeme nach und nach umzusteuern, um den Anteil an Präventivmaßnahmen zu erhöhen.

Eine Frage der Prioritäten.
SANN: Es gibt Kommunen, die haben praktisch kein Geld mehr und investieren trotzdem in Prävention. Zwei davon untersuchen wir

gerade eingehend. Wir wissen sicher, dass durch die Frühen Hilfen die Kosten in der Jugendhilfe zumindest nicht gestiegen sind wie im Rest der Republik, sondern sogar geringfügig zurückgegangen sind. Man kann solche Effekte erzielen, aber es braucht noch viel Überzeugungsarbeit.

Frühe Hilfen
Wer in eine Familie hineingeboren wird, die ihm nicht das nötige Rüstzeug fürs Leben mitgeben kann, hat auch im reichen Deutschland häufig schon verloren. So genannte Frühe Hilfen sollen den Stolperstart auffangen. Es handelt sich dabei um koordinierte Angebote für Eltern und Kinder bis zum dritten Geburtstag des Kindes. Sie sollen Entwicklungsmöglichkeiten verbessern und das Recht auf Schutz, Förderung und Teilhabe sichern. Familienhebammen mit Zusatzqualifikation spielen dabei eine wichtige Rolle. Sie besuchen regelmäßig die Familie, unterstützen sie bei der Versorgung und der Erziehung. Sie beraten aber auch – zum Beispiel im Umgang mit Behörden – und vermitteln bei Bedarf weitere Hilfen.

Das Interview führte Sabine Hamacher

Ungleichheit verstärkt die Arbeitslosigkeit

Ein Gastbeitrag von Heiner Flassbeck

Die große und zunehmende Ungleichheit in der Einkommens-
und Vermögensverteilung ist zu einem brisanten politischen
Thema geworden. Kaum ein Tag vergeht, an dem nicht von der einen oder anderen Partei Korrekturen gefordert werden, weil die Ungleichheit ökonomisch kontraproduktiv und sogar gefährlich für die
Demokratie sei.

Erstaunlich ist, dass wenig über die Ursachen der Ungleichheit gesprochen wird. Für viele, und Thomas Piketty hat dieser Sicht ein
voluminöses wissenschaftliches Mäntelchen umgehängt, ist die Ungleichheit quasi ein Naturgesetz. Im Kapitalismus ist das eben so,
sagt man, da ist das Kapital so stark und so wichtig, dass es seine
Einkommensverhältnisse dauernd zu Lasten der anderen, der Arbeit
und des Staates, verbessern kann.

Das ist eine gefährliche und falsche Sichtweise. Sie basiert auf
der neoklassischen Theorie, die vermutet, dass sich die Preise für
die Produktionsfaktoren auf Märkten bilden, die letztlich zum Ausgleich neigen, wenn man nur die nötige „Flexibilität" der Preise –
und der Löhne natürlich – zulässt. Zunehmende Ungleichheit ist aus
dieser Sicht immer auch ein Ergebnis der für das Funktionieren der
Märkte notwendigen Flexibilität. Deswegen kann es passieren, dass
die gleichen Autoren, die Ungleichheit der Einkommensverteilung
beklagen, auch mehr Flexibilität am Arbeitsmarkt fordern. Einige erwarten dann allerdings vom Staat, dass er die schlimmsten Folgen
der „natürlichen" Ungleichheit auf der Stufe der Sekundärverteilung,
also mit dem Steuer- und Sozialsystem, etwas korrigiert.

Diese Sicht ist ganz grundlegend falsch, weil sie unterstellt, der
Arbeitsmarkt funktioniere wie ein Kartoffelmarkt. Droht demnach
Arbeitslosigkeit, muss man die Löhne senken, selbst wenn das die
Ungleichheit vergrößert. Genau so funktioniert das kapitalistische
System aber nicht! Im Gegenteil: Steigt, wie im Gefolge der Finanz-
krise von 2008, die Arbeitslosigkeit, verschlechtert eine Lohnsenkung

unmittelbar die wirtschaftliche Situation, führt zu weiter steigender Arbeitslosigkeit und vergrößert die Ungleichheit.

Die steigende Arbeitslosigkeit nach 2008 war Folge des Nachfrageausfalls, der durch die Finanzkrise ausgelöst worden ist, also durch das Zusammenbrechen spekulativer Investments und deren negative Folgen für die Einkommensentwicklung der Spekulanten.

Vertraut man in einer solchen Situation auf den „Marktmechanismus" am Arbeitsmarkt, also auf den Druck, der von der höheren Arbeitslosigkeit auf die Lohnentwicklung ausgeht, verschlechtert man die Situation weiter. Weniger steigende oder gar sinkende Löhne verringern unmittelbar die Güternachfrage und führen zu neuer Arbeitslosigkeit. Man destabilisiert das gesamte System und die Ungleichheit nimmt zu, wenn man auf die „normale" Funktionsweise des Arbeitsmarktes (als Kartoffelmarkt) setzt. Man konnte das in den letzten Jahren in Südeuropa in großer Klarheit beobachten. Lohnsenkung wurde von der Troika verordnet und durchgesetzt, herausgekommen ist extrem hohe Arbeitslosigkeit und mehr Ungleichheit.

Arbeitsmarktflexibilität aber war und ist das Rezept, das die Wirtschaftspolitik in fast allen Industrieländern seit den 70er Jahren immer wieder anwendet. „Flexibilisierung des Arbeitsmarktes" und noch mehr Macht für die Arbeitgeber ist die Zauberformel, mit der eine aus welchen Gründen auch immer entstandene Arbeitslosigkeit bekämpft wird. Das hat nie funktioniert und schafft immer neue Arbeitslosigkeit, der dann nach dieser Lehre wieder mit Lohnkürzungen und einem Abbau sozialer Leistungen begegnet werden muss.

Die neoliberale Revolution, begonnen von Thatcher, Reagan und Kohl und fortgesetzt von Rot-Grün in Deutschland zu Beginn der 2000er Jahre, die sich die Rückkehr zum reinen Markt zum Ziel gesetzt hatte, ist unmittelbar verantwortlich für die entstandene und weiter entstehende Ungleichheit und zugleich für das Versagen der Industrieländer beim Abbau der Arbeitslosigkeit. Dass Deutschland trotz einer Unterbeschäftigung von vier Millionen Personen etwas besser dasteht, hat nur mit der Europäischen Währungsunion zu tun und mit der Tatsache, dass Deutschland mit einer Strategie der Lohnsenkung in der Währungsunion einen Teil seiner Arbeitslosigkeit exportieren konnte. Der gewaltige Überschuss der deutschen Exporte über die Importe ist der unmittelbare Beweis dafür.

Wer versucht, die Ungleichheit zu beseitigen, ohne die Fehlfunktion des Arbeitsmarktes zu analysieren, kommt keinen Schritt weiter. Hätten die Lohnsenkungen (relativ und absolut) in den vergangenen 40 Jahren so gewirkt, wie das die neoklassische Theorie vermutet, wäre es auch nicht zu permanent zunehmender Ungleichheit gekommen. Sinkende Arbeitslosigkeit und die Rückkehr zur Vollbeschäftigung hätten in diesem Fall die Machtverhältnisse am Arbeitsmarkt wieder zugunsten der Arbeitnehmerseite verschoben und wenigstens bei der Primäreinkommensverteilung (also bei der Verteilung über Lohnverhandlungen) eine Korrektur bewirkt. Dass es nicht dazu gekommen ist, sollte für jeden vernünftigen Menschen Anlass sein, das gesamte Konzept des neoklassischen Arbeitsmarktes in Frage zu stellen. Das aber passiert nicht, sondern man betrachtet die Ungleichheit unabhängig vom Arbeitsmarkt und läuft immer wieder in die gleiche Falle.

Solange zunehmende Ungleichheit als das Erfolgsrezept am Arbeitsmarkt gilt, ist der Kampf gegen die Ungleichheit nicht zu gewinnen. Weil in Wirklichkeit immer neue Ungleichheit immer neue Arbeitslosigkeit generiert, muss man sich vollständig vom Konzept des Arbeitsmarktes als Kartoffelmarkt emanzipieren, um erfolgversprechende Ansätze verfolgen zu können.

Mindestvoraussetzung für jede erfolgversprechende Politik ist die Durchsetzung der Regel, dass die Arbeitnehmer immer voll am Ergebnis des Produktionsprozesses zu beteiligen sind, was heißt, dass sich in den Nominallöhnen der (trendmäßige) nationale Zuwachs der Produktivität und die europäische Zielinflationsrate niederschlagen.

Ist das gewährleistet, muss der Staat die Sekundärverteilung normalisieren. In Deutschland heißt das, dass die massiven Steuersenkungen zugunsten der Unternehmen, die zu Beginn des Jahrhunderts in Kraft traten, infrage gestellt werden. Die Erwartung an diese Steuersenkungen, dass sich nämlich die Investitionstätigkeit der Unternehmen verbessern und verstetigen würde, trat nicht ein. Nichts spricht dagegen, hier zurückzukehren zu einem Niveau, wie es zu Zeiten des deutschen Wirtschaftswunders gegolten hat.

Heiner Flassbeck ist Volkswirt. Er war Staatssekretär unter Bundesfinanzminister Oskar Lafontaine. Er arbeitete zudem als Chefökonom für die Handels- und Entwicklungsorganisation der Vereinten Nationen (Unctad).

Das demokratische
Höchsteinkommen

Ein Gastbeitrag von Christian Felber

Laut Umfragen der Bertelsmann-Stiftung wünschen sich 88 Prozent der Menschen in Deutschland eine „neue Wirtschaftsordnung". In Österreich sind es sogar 90 Prozent. Die Wirtschaft solle nachhaltiger und sozialer, die Verteilung gerechter werden. Nur scheinen Regierungen und Parlamente wenig Interesse daran zu haben: Grenzenlose Ungleichheit, Rettung systemrelevanter Banken, weder Mindestrente noch Obergrenzen für Privateigentum, keine Vermögenssteuern, stattdessen freier Kapitalverkehr in Steueroasen.

Der Souverän muss ganz offenbar selbst zur Tat schreiten, denn seine Vertretung lässt ihn in puncto Gerechtigkeit – ein prominenter Verfassungswert – bitter im Stich. Souverän heißt im Lateinischen wörtlich „über allem stehend". Von daher könnte die Bevölkerung selbst definieren, was sie unter gerecht versteht – und dies in der Verfassung verankern. Die zukünftige Verfassung könnte direkt vom Souverän gemacht werden, die Ausführungsgesetze von der Vertretung. Das wäre eine ebenso effektive Arbeitsteilung wie Gewaltentrennung.

Ein demokratischer Verfassungsprozess könnte in dezentralen Wirtschaftskonventen in Kommunen, Städten und Regionen erfolgen. Nachdem grundsätzliche Ordnungsfragen der Wirtschaft lokal diskutiert und vorentschieden wurden, könnten Delegierte einen Bundeswirtschaftskonvent bilden, der die finalen Optionen zu den einzelnen Fragen ausarbeitet. Über diese entscheidet allein der Souverän gemäß seiner Rolle. Im Unterschied zu gewohnten Ja-Nein- oder All-in-one-Entscheidungen kann bei jeder Fragestellung zwischen mehreren Optionen ausgewählt werden – diejenige Option, die den geringsten (in Punkten gemessenen) Widerstand erfährt, wird Teil der Wirtschaftsverfassung.

Vorübungen dazu haben bereits stattgefunden. In „Demokratie-Spielen" von Skandinavien bis Südamerika durfte das Vortrags-Publikum die Maximaldifferenz zwischen den Höchst- und Mindesteinkommen vorschlagen und entscheiden. Unabhängig von der Zahl und Bandbreite der Vorschläge gewann mit magischer Verlässlichkeit der Faktor zehn: zwischen Höchst- und Niedrigsteinkommen. Parlamente sind derzeit weit davon entfernt, diese Frage auch nur zu diskutieren – mit Ausnahme des Kantonalparlaments in Glarus, das 2013 den Faktor zehn für öffentliche Banken beschlossen hat: ein Lichtblick.

Der Frage nach der Begrenzung der Einkommensungleichheit könnte die Überprüfung des gesetzlichen Mindestlohnes vorangehen: Wenn aus 8,50 Euro brutto zum Beispiel neun Euro netto würden, wären das monatlich rund 1.500 Euro verfügbares Mindesteinkommen. Bei einem maximalen Ungleichheitsfaktor 10 könnten die Höchsteinkommen monatlich 15.000 Euro netto erreichen. Die Höchsteinkommen können weiter steigen, wenn auch der Mindestlohn zulegt.

Sodann könnten progressive Vermögenssteuern ab etwa einer Million Euro eingeführt werden, das würde derzeit weniger als zehn Prozent der Bevölkerung betreffen. Ab einer Vermögenshöhe, welche die Freiheit anderer zu gefährden beginnt, zum Beispiel 30 Millionen Euro, könnte der Steuersatz auf 100 Prozent ansteigen. Eleganter wäre die „Verhinderung der Ansammlung von Riesenvermögen in den Händen weniger" (Wortlaut bayerische Verfassung) über das Erbrecht. Würde dieses auf eine Million Euro pro Person begrenzt (für selbst geführte Unternehmen bräuchte es eine eigene Regelung), dann könnte der Überschuss über einen Generationenfonds an jene verteilt werden, die nichts oder weniger erben – als negative Erbschaftssteuer. Das wäre eine Maßnahme zur Verbesserung von Chancengleichheit, von der so viele reden, aber kaum jemand danach handelt.

Um der notorischen Drohung der Abwanderung des Kapitals in Steueroasen jeden Wind aus den Segeln zu nehmen, müsste viertens der freie Kapitalverkehr an die vollständige Kooperation in Steuerfragen gekoppelt werden: Erst wenn jeder Einkommens- und Vermögenseuro an die zuständigen Finanzämter automatisch gemeldet und (nach)versteuert wird, wird der Kapitalverkehr auf die Kaiman-Inseln, nach Luxemburg, Österreich und in die Schweiz freigegeben. In einer liberalen Demokratie muss die Steuerpflicht gleich ernst genommen werden wie der Eigentumsschutz. Beides sind die Seiten derselben Medaille eines demokratischen Rechtsstaats.

Fünftens könnte in einem eigenen Konvent beschlossen werden, welche Güter öffentlich sein und in Form „demokratischer Allmenden" organisiert werden sollten. Das sind Einrichtungen der Basisversorgung, bei denen die Bevölkerung ein direktes Mitbestimmungsrecht genießt. Zu diesen Gemeingütern könnten neben der Gesundheitsversorgung, der Bildung und der Alterssicherheit der öffentliche Verkehr, Energie, Wasser, das Internet, aber auch das Geld zählen. Letzteres hieße unter anderem, dass die Ziele der Zentralbank direkt von der Bevölkerung vorgegeben werden und die Gremien der Zentralbank sich aus Vertretern aller Sektoren der Bevölkerung zusammensetzen.

Wer eine demokratische Wirtschaftsverfassung anstrebt, könnte mit der Sinn-und-Zweck-Frage beginnen. Die Kapitalrendite kann nicht der Weisheit letztes Ziel sein. Die bayerische Verfassung hilft: „Die gesamte wirtschaftliche Tätigkeit dient dem Gemeinwohl." Das sah auch Aristoteles so, der die „oikonomia" (das gute Leben ist das Ziel) von der Chrematistike (Gelderwerb wird zum Ziel) unterschied.

Geld und Kapital sind die Mittel, aber nicht der Zweck. Folgerichtig müsste der wirtschaftliche Erfolg an der Zielerreichung gemessen werden und nicht an den heutigen Maßstäben. Diesen Schritt könnten Gemeinwohl-Bilanz (vor der Finanzbilanz), Gemeinwohl-Prüfung (für Investitionen) und Gemeinwohl-Produkt (statt BIP) leisten. Unternehmen mit guten Gemeinwohl-Bilanzen könnten rechtliche Anreize erhalten. Wer zu Vollbeschäftigung, Gerechtigkeit, Integration und Umweltschutz aktiv beiträgt, zahlt weniger Steuern, Zölle und Zinsen auf Kredite. So würde die unternehmerische Energie und Kreativität umgelenkt von der Mehrung des Kapitals auf die Mehrung des Gemeinwohls.

Christian Felber ist Gründungsmitglied von Attac Österreich und prägte den Begriff der Gemeinwohl-Ökonomie.

„Sie sind Idealist!" – „Warum nicht?"

Ein Gespräch mit dem Ökonomen Giacomo Corneo

Giacomo Corneo ist Ökonom, er stammt aus Italien. Sein Studium absolvierte er in Mailand und in Paris. Seit zehn Jahren lehrt er an der Freien Universität Berlin. Seine Forschungsschwerpunkte sind die Ökonomie des Wohlfahrtstaates und Wachstums-Theorien. Das „Handelsblatt" zählt ihn zu den besten Volkswirten Deutschlands.

Die Inschrift an der Tür ist irritierend. „Kaiser-Wilhelm-Institut für Physik" steht rechts in Stein gemeißelt. Links behauptet ein Schild, dass hier Wirtschaftswissenschaftler arbeiten. Das Haus wurde für Albert Einstein gebaut, erklärt wenig später Giacomo Corneo. Der berühmte Physiker hat in den Räumen aber nie gearbeitet. Denn kurz vor dem Einzug erhielt Einstein einen Ruf nach Princeton. Seine Kollegen forschten allerdings in dem Haus an der Atombombe. Inzwischen sind die Ökonomen der Freien Universität Berlin eingezogen, unter ihnen auch Corneo, Professor für öffentliche Finanzen. Sein Büro wirkt nüchtern – abgesehen von ein paar Kinderzeichnungen an der Magnettafel hängt nur ein Mondrian-Druck an der Wand. Der Schreibtisch ist aufgeräumt. „Ich mag es ordentlich", sagt Corneo. Dabei will der Mann eigentlich die Welt auf den Kopf stellen und den Kapitalismus abschaffen, so wie wir ihn kennen.

Herr Corneo, freuen Sie sich, dass die Finanzkrise noch nicht überwunden ist, dass vielleicht doch noch alles ins Chaos stürzt?
Nein. Ich bin eher traurig, dass wir nach sieben Jahren Krise noch immer keine tragfähige Finanzarchitektur errichtet haben. Warum fragen Sie das?

Weil Sie eine Revolution im Sinn haben.
Nicht unbedingt. Außerdem wissen wir doch: Revolutionen fressen ihre Kinder, sie führen nicht zu rationalen und menschlichen Entwicklungen. Wir brauchen Fortschritt durch Versuche und ein klares Bewusstsein für die Schwächen und Gefahren unseres kapitalistischen Systems.

Die da wären?

Das wesentliche Problem des Kapitalismus ist, dass er dazu tendiert, mehr zu werden als ein Regelwerk, nach dem wir Produktion und Konsum organisieren. Er entwickelt mächtige Kräfte, die ins Politische überzugreifen drohen. Das Problem ist die große Ballung von Kapital in den Händen weniger. Das bedeutet Macht und Einfluss.

Das ist per se schlecht?

Ja, weil die Macht nur den Interessen des Kapitals folgt und nicht demokratisch legitimiert ist.

In Ihrem Buch „Bessere Welt" betrachten Sie die gängigen Wirtschaftsmodelle der Weltgeschichte, die realen sowie die Utopien. Alle scheitern an mindestens einer Ihrer zwei zentralen Bedingungen: Die Menschen zu motivieren, sich am Produktionsprozess zu beteiligen und an der gerechten Verteilung von Ressourcen wie Bildung, Einkommen und Rohstoffe. Ihr Ausweg heißt Aktienmarktsozialismus. Was ist das?

Die Grundidee ist: Wir schaffen aus Großkonzernen öffentliche Unternehmen, die autonom am Markt teilnehmen. Die Gewinne dieser Unternehmen fließen in den Staatshaushalt und damit der Allgemeinheit zu. Die Aktienmehrheit dieser Unternehmen ist in öffentlicher Hand, der Rest frei handelbar. Damit entsteht ein Markt, der genügend Anreize für wirtschaftliches Verhalten bietet. Es war die Achillesferse des Sozialismus, dass die öffentlichen Unternehmen nicht zu wirtschaftlicher Unternehmensführung animiert wurden.

Wie wollen sie denn die Teilverstaatlichung erreichen?

Man könnte zunächst eine Art öffentlichen Investitionsfonds gründen. Das wäre ein Finanzvehikel im öffentlichen Eigentum. So was gibt es schon in Norwegen. Dessen Zentralaufgabe wäre, Kapital im Namen des Gemeinwesens in den internationalen Kapitalmarkt zu investieren. Dadurch hätte man Einnahmen und gleichzeitig sammelt man Erfahrungen, quasi als stiller kollektiver Rentier. Der Fonds kann dann, nach ein paar Jahren, genutzt werden, um die Unternehmen auszuwählen, die in die öffentliche Hand übernommen werden sollen.

Und warum sollten die Eigentümer verkaufen wollen?
Aus demselben Grund weshalb auch heute verkauft wird: Weil der
Preis dazu einlädt.

Ab welcher Größe sollen die Unternehmen verstaatlicht werden?
Ich bin für eine flexible Vorgehensweise. Aus den Wirtschaftskata-
strophen haben wir doch eins gelernt: Wir wissen bis heute nicht,
was optimal für ein ganzes Wirtschaftssystem ist. Ich schlage einen
fairen Wettbewerb zwischen kapitalistischen und öffentlich-demo-
kratischen Großunternehmen und Banken vor. Und was sich nicht
bewährt, wird aufgegeben.

**Wie kommen Sie als Experte für öffentliche Finanzen auf die
Idee, der Staat könne der bessere Unternehmer sein? Der Berliner Flughafen, die Elbphilharmonie, die deutschen Landesban-
ken – das sind nicht gerade Erfolgskracher.**
Negative Erfahrungen mit staatlichen Unternehmensversuchen sind
wichtige Warnungen. Daher brauchen wir eine durchdachte institutionelle Organisation, damit nichts schief geht.

**Klingt nett, aber im wirklichen Leben wird die Politik versuchen,
die Unternehmen für ihre Interessen einzusetzen. Siehe Landes-
banken.**
Daher schlage ich ja eine Institution vor, den Bundesaktionär. Er
übernimmt die Rolle des Kapitalisten im öffentlichen Auftrag. Er
muss aber unabhängig sein, frei von politischen Einflüssen und dafür
sorgen, dass die Unternehmen nicht am kurzfristigen Gewinn interessiert sind, sondern Erträge langfristig rentabel anlegen.

Der Bundesaktionär?
Ja, durch ihn sollen die dann öffentlichen Unternehmen vor den Ein-
flussgelüsten der Politiker geschützt werden. Zweitens soll er die Un-
ternehmen dazu bringen, ihren langfristigen Gewinn zu maximieren.
Gleichzeitig verhindert seine Existenz die Ballung von Kapital und
Macht in der Hand weniger. Das müsste eine Behörde sein ähnlich
wie die Bundesbank. Die ist doch ein gutes Beispiel, das sich seit
Jahrzehnten bewährt hat.

Warum sollen die großen Problembereiter und Gegensätze der Weltgeschichte, die sozialistische Planwirtschaft und der Kapitalismus, zusammen besser funktionieren?
Halt, mein Modell ist nicht der Versuch, die Wirtschaft durch einen Plan zu lenken. Mein Ziel ist, die Vorzüge des Kapitalismus, nämlich Markt und Privatinitiative bei den klein- und mittelständischen Unternehmen, auf der einen Seite zu erhalten. Und auf der anderen, die Macht der Geldelite zu beschneiden. Die kontrollieren die Großunternehmen, daraus entwickelt sich ein übermäßiger politischer Einfluss. Dazu kommt, dass sie eine abwegige Vorbildwirkung entfalten. Nehmen Sie als krasses Beispiel Silvio Berlusconi, der bewiesen hat: Alles ist käuflich, von jungen Frauen über Richter bis hin zu politischen Entscheidungen.

Vielleicht liegen unsere Probleme gar nicht in der Struktur. Mit Blick auf das kapitalistische System schreiben Sie: „Dies regt Geiz, Neid und Habgier an, welche wiederum den Menschen dran hindern, ein gutes Leben zu führen." Nehmen wir noch Machtstreben und Trägheit dazu, haben Sie die menschlichen Eigenschaften, die jedem Wirtschaftssystem Probleme bereiten, auch in Ihrem Aktienmarktsozialismus.
Man darf da nicht resignativ oder fatalistisch herangehen. Wir müssen das Mögliche jenseits des Existierenden erforschen und ausprobieren. Wir müssen das Potenzial für mehr Ehrlichkeit und Selbstlosigkeit ausschöpfen.

Sie sind Idealist! Sie führen ins kapitalistische System allen Ernstes Kategorien wie Ehrlichkeit und Selbstlosigkeit ein?
Warum nicht? Den Menschen auf Geiz und Gier zu reduzieren, ist doch eher eine Karikatur. Menschen wollen Anerkennung, sie wollen geschätzt werden, für das, was sie tun. Es geht nicht nur um Geld. Eine Marktwirtschaft kann ohne diese Ziviltugenden überhaupt nicht funktionieren. Denn diese Tugenden sind Basis für Vertrauen. Und ohne Vertrauen funktioniert auch Marktwirtschaft nicht.

Sie gestatten, dass Zweifel bleiben. Was würde denn passieren, wenn nichts passiert?

Wenn wir nichts tun, werden wir zu einem amerikanisierten Wirtschaftssystem kommen mit einer gespaltenen Gesellschaft, mit scharfen Gegensätzen zwischen arm und reich, mit schweren sozialen Verwerfungen. Die Euro-Zone befindet sich in einem unguten Schwebezustand zwischen vollkommener Selbstverantwortung der Mitglieder und der Vergemeinschaftung der öffentlichen Schulden. Das ist eine prekäre Lage.

Kritik am Kapitalismus gab und gibt es viel. Gibt es denn unter Wirtschaftswissenschaftlern eine ernsthafte Debatte über Alternativen?
Nicht wirklich. Ich halte das intellektuell für feige. Junge Menschen fragen sehr wohl nach Alternativen. Und es ist politisch auch kontraproduktiv, wenn man nicht nach Auswegen forscht. Allein schon als Drohpotential gegenüber dem Großkapital. Aber da passiert zu wenig. Es war auch nicht einfach, für mein Buch einen Verlag zu finden. Die Überwindung des Kapitalismus ist derzeit nicht en vogue.

Das Interview führte Tobias Miller

Die Zaren und der Volkszorn

Von Sebastian Moll

Nick Hanauer möchte unter keinen Umständen als Linker gelten. „Traditionelle linke Doktrin", sagt der Unternehmer, „ist vollkommen nutzlos." Sicher, er sehe sich durchaus als Menschen mit Mitgefühl, aber den Armen zu helfen, weil man Mitleid mit ihnen habe, so wie das viele Linke wollen, das sei nicht sein Ding.

Die klassische Linke ist dem Internet-Milliardär aus Seattle so fremd wie lange Haare, Sandalen und die Zelte der Occupy-Bewegung. Deshalb kommt Hanauer die Lage, in der er sich derzeit befindet, manchmal vor wie ein schlechter Witz. Denn seit ein paar Wochen ist der Mann, der seine Firma Aquantive im Jahr 2007 für sechs Milliarden Dollar an Microsoft verkauft hat, so etwas wie ein Held der Progressiven in den USA.

Auslöser für die Popularität des Plutokraten unter den Linken des Landes, wie er sich selbst bezeichnet, war ein Aufsatz, den Hanauer im Juli in der Zeitschrift „Politico" veröffentlicht hat. Das Traktat wurde in dem Magazin als „Memorandum" präsentiert, Adressaten waren Hanauers „Mit-Zillionäre". Titel: „Die Heugabeln kommen!"

Natürlich, sagt Hanauer, habe er das mit den Heugabeln nicht bierernst gemeint. „Mein Privatjet wartet nicht ständig aufgetankt, damit ich nach Neuseeland abhauen kann." Die Unruhen von Ferguson hätten ihm jedoch gezeigt, dass er nicht völlig übertrieben habe: „Die Situation in Ferguson war kompliziert. Aber letztlich ging es doch auch dort um soziale Ungleichheit. Und wenn wir das nicht sehr schnell sehr ernst nehmen, dann wird es Unruhen geben."

Hanauer sorgt sich um die Vereinigten Staaten. Er sieht sie immer mehr als eine Art Feudalgesellschaft und immer weniger als eine kapitalistische. Wer glaube, Amerika sei gegen Aufstände immun, der sei naiv. Die Milliardäre des Landes seien nicht sicherer als weiland der russische Zar oder die französische Monarchie. „Es gibt kein Beispiel in der Geschichte, wo ein derartig extremes soziales Ungleichgewicht nicht irgendwann zu Gewalt geführt hat."

Bevor es ihm und seinen Genossen Zillionären an den Kragen geht – und das ist Hanauers vordringliches Anliegen – geht es ihnen jedoch an den Geldbeutel. Das derzeitige Wirtschaftsmodell der USA ist dazu verurteilt zu kollabieren. „Wenn wir die Mittelklasse zugunsten der Reichen ausdünnen, dann vernichten wir unsere wirtschaftliche Basis." Das, so Hanauer, sei sowohl dumm als auch kurzsichtig. Er selbst brauche trotz seiner Milliarden auch nicht mehr als fünf Paar Hosen und zehn Hemden im Jahr. Deshalb sei es selbstzerstörerisch, dass sich das Verhältnis der Einkommen von CEOs zum Einkommen von Arbeitern in den vergangenen 50 Jahren um 1.000 Prozent zugunsten der CEOs verschoben habe.

Wenn Hanauer so redet, dann klingt er wie ein Wortführer von Occupy. Das verwundert und befremdet ihn, nicht nur, weil er sich zu den 0,01 Prozent der reichsten Amerikaner rechnet. „Ich bin überhaupt kein Typ, dem es aus idealistischen Gründen um soziale Gerechtigkeit geht. Mir geht es um ein System, das richtig funktioniert."

Hanauer hält den Kapitalismus nach wie vor für „die beste Methode, den größtmöglichen Wohlstand zu erzeugen". Nichts liege ihm ferner, als ihn abzuschaffen. Der real existierende Kapitalismus der Vereinigten Staaten sei jedoch kaputt, und das aus rein ideologischen Gründen. Der Neoliberalismus mit seinem blinden Glauben an die magische Hand des Marktes und daran, dass der Wohlstand der Wenigen allen zugutekomme, bedrohe das Ganze. Deshalb habe er beschlossen etwas zu tun, nicht aus Mitleid.

Und Hanauer tut einiges. Neben Manifesten und Büchern, die er schreibt, hat er eine nationale Bewegung zur Anhebung des Mindestlohns losgetreten. Er fordert 15 Dollar pro Stunde, doppelt so viel wie die Bundesregierung. Konzernen wie Walmart und McDonald's, die ihren Arbeitern Löhne unter dem Existenzminimum bezahlen, rechnet er vor, dass sie ihr eigenes Geschäft kaputtmachen. „Von den langfristigen gesellschaftlichen Kosten einmal abgesehen – gesetzliche Krankenversicherung, Sozialhilfe – zerstören diese Firmen vor allem auch ihre eigene wirtschaftliche Basis. Wenn Arbeiter mehr Geld haben, haben Firmen mehr Kunden, so einfach ist das."

Lokal hat Hanauer mit seiner Bewegung bereits Erfolg gehabt. Der neue Bürgermeister von Seattle hat die 15 Dollar per Gesetz festgeschrieben, die Kleinstadt Sea Tac, in der die meisten Angestellten des Flughafens arbeiten, ebenso. In anderen Städten wie Chicago und New York wächst der Druck auf die Politik, es Seattle gleichzutun.

Doch damit ruht Hanauer nicht, er betreibt unermüdliche Lobbyarbeit für seine Philosophie, dass der amerikanische Kapitalismus nur überleben kann, wenn man die Mittelschicht stärkt. Und die Leute hören ihm zu, Senatoren und Bürgermeister fragen ihn um Rat. Selbst bei seinen „Zillionärs"-Freunden findet er mittlerweile ein offenes Ohr. „Vor fünf Jahren hat man mich in Unternehmer-Kreisen noch für verrückt gehalten", sagt er. „Heute muss man schon nach Texas gehen, um noch jemanden zu finden, der behauptet, dass die Ungleichheit in Amerika kein Problem ist."

Selbst Walmart hört mittlerweile auf ihn, „man hat mich angerufen", sagt er mit einem süffisanten Grinsen. Das Gespräch sei freundlich verlaufen. Er habe erklärt, dass er unter keinen Umständen wolle, dass Walmart Bankrott geht. „Ich habe nur gesagt, dass sie die Chance hätten, bei einer wichtigen Veränderung voranzugehen."

In seinem Kampf wird Nick Hanauer weiterhin den Applaus der Linken in Amerika ernten. Ob es ihm nun gefällt oder nicht.

„Immer wieder kleiner Protest"

Ein Gespräch mit dem Sozialwissenschaftler Harro Honolka

Harro Honolka engagiert sich beim globalisierungskritischen Netzwerk Attac und ist auch Mitglied der SPD. Ein Widerspruch sei das nicht, sagt er. In seinem Buch „Jetzt reicht's. Was jeder gegen Missstände tun kann. 50 Anleitungen zum Bürgerprotest" ermuntert er die Bürger in Deutschland, endlich für mehr Gerechtigkeit zu kämpfen – und mit kleinen Schritten zu beginnen.

Herr Honolka, warum wehren sich in Deutschland nicht mehr Menschen gegen Ungerechtigkeiten?
Protestbereitschaft ist schon da, manchmal sogar in überraschend hohem Ausmaß, das zeigt beispielsweise Stuttgart 21. Im Unterschied zu früher sind es heute auch die Älteren, Gebildeteren und materiell Abgesicherten, die sich protestbereit zeigen. Das ist doch erfreulich!

Aber es könnte viel mehr sein.
Vielleicht sind wir noch zu saturiert, noch zu sozialstaatlich abgefedert, noch zu wenig tatsächlich betroffen von Ungerechtigkeiten, als dass es zu Massenprotesten kommen könnte. Vielleicht haben viele Menschen wegen des Drucks in der Arbeitswelt einfach keine Zeit oder Kraft zum Widerstand. Vielleicht ist unsere Gesellschaft auch vom generellen Misstrauen gegen Politik und Politiker gelähmt. Vielleicht spielt auch die Vereinzelung der Menschen und die damit verbundene Entsolidarisierung eine Rolle.

Und was glauben Sie?
Es könnte an den Aktionsformen liegen! Infostand, Unterschriftensammlung, Demo, Sitzblockade – das ist für viele vielleicht nicht einladend genug. Menschen in einer individualisierten Gesellschaft brauchen individualisierte Handlungsangebote. Eine geeignete Demo steht aber nicht immer und überall an. An einer Sitzblockade teilzunehmen ist auch nicht jedermanns Sache. Und ein Plakat hochzuhalten kann ganz schön langweilig sein. Nötig sind neue Formen,

die man in vielen alltäglichen Situationen anwenden kann. Das Aktionsarsenal der Zivilgesellschaft muss reichhaltiger werden.

Sie haben ein Buch geschrieben mit konkreten Tipps, selbst aktiv zu werden. Was wollen Sie erreichen?
Die ersten 15 Aktionen im Buch sind Einstiegsaktionen, die jeder sofort und ohne große Mühe machen kann. Beispielsweise, indem er zu einem grünen Stromanbieter wechselt oder Petitionen und Protestaufrufe unterzeichnet. Hat er erst einmal so etwas unternommen, wird er eher zu aufwendigeren Aktionen bereit sein, zum Beispiel sein Bankkonto zu einer verantwortungsvollen Bank verlagern, einen Verwaltungsprozess um einen Hartz-IV-Bescheid führen oder sein Depot auf ethische Anlagen umstellen.

Das sind ja schon eher größere Schritte.
Ja, aber auch kleine Aktionen können politische Wirkung erzielen. Aufkleber auf unfair produzierten Produkten im Supermarkt beispielsweise machen andere auf Missstände aufmerksam und schädigen das Image der Hersteller. Online-Proteste können politische Entscheidungen beeinflussen, das hat im vergangenen Jahr die Rücknahme einer europäischen Verordnung zur Dienstleistungsvergabe gezeigt, die kommunal betriebene Wasserwerke gefährdet hätte. Und schon die ersten Drohungen mit Kaufboykott bringen Markenfirmen zum Einlenken, wie man am Verzicht der Jeanshersteller auf Sandstrahlbehandlung sehen konnte. Eine andere Wirkung ist aber fast noch wichtiger: Wenn viele Menschen immer wieder kleine Aktionen des Protests und des Widerstands ausüben und damit einüben, kommt die Zivilgesellschaft in den Sattel.

Was heißt das?
Durch die neoliberale Globalisierung ist das Gleichgewicht hin zu multinationalen Konzernen verschoben worden. Hier braucht es neue Gegengewichte, die Zivilgesellschaft könnte eines sein. Aber dazu muss sie lernen, wie man täglich Druck ausüben kann. Insofern bekommt Bürgerprotest heute fast konservative Ziele. In der Tat hat er inzwischen sein früheres, revoluzzerhaftes Image weitgehend verloren.

222

Das wollen Sie mit den 50 im Buch beschriebenen Aktionen erreichen?
Aus den 50 müssen 150 und mehr werden! Deswegen haben wir eine Webseite zum Buch eingerichtet, auf der die Leser neue Aktionsideen vorschlagen sollen.

Und was fällt denen so ein?
Zum Beispiel, wie man Versicherungen, die uns mit ihren Lebensversicherungspolicen über den Tisch ziehen, per Kündigung oder Rückabwicklung nerven und dabei noch kräftig profitieren kann. Oder in Telefon-Marktumfragen kräftig lügen, um die Verbraucher nicht noch gläserner zu machen.

Zumindest Ersteres klingt ziemlich kompliziert. Vergleichsweise einfach umzusetzen ist dagegen Ihr Vorschlag, einen Einkaufswagen voller unsinniger Waren einfach im Supermarkt stehenzulassen. Haben Sie das selbst schon gemacht?
Ja, schon drei- bis viermal! Das letzte Mal habe ich extrem plastikverpackte Waren eingepackt und einen Zettel darauf gelegt: „Diesen Plastikirrsinn kaufe ich nicht." Ich kann versichern, es macht großen Spaß! Die Vorstellung, dass der Supermarktmanager seine Waren wieder einräumen muss und andere Käufer ins Nachdenken kommen, wenn sie den Wagen sehen, befriedigt. Man bekommt auch schnell Routine, beim zweiten Mal geht es schon ganz ohne Herzklopfen.

Was kann denn ein Bürger erreichen, der Ihrer Aufforderung folgt, Kleinaktien zu kaufen und auf eine Hauptversammlung zu gehen?
Natürlich wird er nicht gleich die Firmenpolitik ändern. Aber oft berichten die Medien über gute Auftritte kritischer Aktionäre. Auch die Firmenleitungen beobachten die Hauptversammlungen genau. Dem Druck kritischer Aktionäre ist es mit zu verdanken, dass Daimler-Chrysler den serienmäßigen Einbau eines Rußpartikelfilters beschlossen hat.

Sie regen auch an zum Protest mit Filzstift und Spraydose – handelt man sich da nicht Ärger ein?

223

Ja, das sind riskantere Aktionen. Aber wenn man meine Tipps beachtet, kann man Sachbeschädigungen und eventuelle Konsequenzen vermeiden.

Und wenn Sie beschreiben, wie man einen von Schließung betroffenen Jugendtreff, eine Bücherei oder ein Schwimmbad besetzt: Da bewegen Sie sich doch am Rande der Legalität?
Nicht nur am Rande. Es handelt sich um Aktionen des zivilen Ungehorsams, bei dem Gesetze bewusst übertreten werden. Entscheidend ist, dass man solche – natürlich begrenzte und gewaltfreie – Gesetzesverletzung durch die Abwehr des Missstandes legitimieren kann.

Das Interview führte Sabine Hamacher

Für die Armen, für die Wirtschaft – für Brasilien

Von Wolfgang Kunath

Ein gewisses Pathos war ihm schon immer zu eigen. Mit Tränen der Rührung in den Augen versprach Brasiliens Präsident Luiz Inácio Lula da Silva seinen Landsleuten nach seinem Wahlsieg 2002, künftig solle sich jeder Brasilianer dreimal am Tag satt essen können – selbst wenn ihm nichts anderes gelingen sollte als das, sei seine Präsidentschaft schon ein Erfolg. Die Linke jubelte, die Rechte warf ihm Messianismus vor. Und die Armen, denen er den Wahlsieg verdankte, schauten voller Erwartung und Hoffnung der Zukunft entgegen.

Heute, nach zwölf Jahren unter Lula und seiner Parteigenossin und Nachfolgerin Dilma Rousseff, leben zwar immer noch vier Prozent der Brasilianer, rund acht Millionen Menschen, von weniger als umgerechnet 23 Euro im Monat, müssen also als extrem arm bezeichnet werden – und dennoch: Lulas Strategie zur Bekämpfung von Armut und Elend war ein Riesenerfolg. Brasilien wurde zum weltweit beachteten Musterbeispiel. Und Lula errang Prestige wie selten ein Staatsmann.

Denn tatsächlich haben sich im vergangenen Jahrzehnt die sozialen Verhältnisse wie nie zuvor in der Geschichte des Landes zum Besseren gewendet. Zwischen 30 und 40 Millionen Brasilianer sind aus der Armut in eine wenngleich bescheidene Mittelschicht aufgestiegen. Und über 14 Millionen Familien erhalten Zahlungen – von durchschnittlich 47 Euro monatlich – aus dem größten staatlichen Umverteilungsprogramm aller Zeiten, dem „Bolsa Familia".

Der Erfolg begann als Fehlschlag. „Fome Zero", Null Hunger, so hieß die erste, chaotische Phase. Idealisten sammelten Nahrungsmittel, die in einem Land von damals 180 Millionen Menschen kaum vernünftig zu verteilen waren. Missmanagement und Korruption – sogar der Hund eines Lokalpolitikers gelangte auf die Liste der Empfangsberechtigten – diskreditierten den guten Willen.

Aber als die neue Regierung Fuß gefasst hatte, bekam sie die Probleme schnell in den Griff. Die Hilfe wurde an Bedingungen geknüpft, etwa an die Impfung der Babys und den Schulbesuch der Größeren. Ein Kataster verringerte Missbrauch. Die Empfänger erhielten eine Bankkarte, wodurch sie subjektiv vom Bittsteller zum Berechtigten wurden. Und die Bankkarte lautete nicht auf den Namen des Mannes, sondern auf den des weiblichen Haushaltsvorstands – was die Gefahr drastisch verringerte, dass die Sozialhilfe versoffen wird.

Sozialpolitik sei „eine Frage für die Polizei" – das fand Präsident Washington Luís (1926-30). Sein Nachfolger Getúlio Vargas, ein populistischer Entwicklungsdiktator, besserte zwar die soziale Lage des sich damals bildenden Industrieproletariats. Aber dass die Armut auf dem Land oder in den städtischen Favelas jemals durch eine negative Einkommensteuer – wie „Bolsa Familia" genannt wurde – gemildert und bekämpft werden könnte, war jahrzehntelang kaum vorstellbar.

Die Industrialisierung der 50er, das sogenannte Wirtschaftswunder der 60er, der Abstieg der 70er oder die als „verlorenes Jahrzehnt" apostrophierten 80er – die Armen, die Arbeitslosen oder die nur prekär Beschäftigten waren bestenfalls Objekte karitativen Mitleids. So saß einem Sozialprogramm der Lula-Vorgängerregierung die damalige First Lady als Schirmherrin vor.

Zu Zeiten der Militärregierung 1964-86 galt Ungleichheit sogar als Rezept gegen Stagnation: Die Mittel- und Oberschicht sollte möglichst viel Einkommen haben, um die Nachfrage nach dauerhaften Konsumgütern anzuheizen, während die Kosten der Arbeit um der Gewinne willen möglichst weit gedrückt wurden.

Als in den 80ern die Militärs nicht nur in Brasilien, sondern auch in den Nachbarländern abtraten, kam in Lateinamerika der Neoliberalismus in Mode. Dessen Verheißung, die Folgen des Wachstums einer liberalisierten Wirtschaft würden schnell nach unten, zu den Habenichtsen, durchsickern, erfüllte sich jedoch nicht – im Gegenteil, Massenentlassungen waren die unmittelbare Folge der neuen Spielart des Kapitalismus. Die folgenden sozialen Unruhen galten natürlich als Gift für die Konsolidierung der wiedererlangten Demokratien, und so entstanden in den früheren 90ern die ersten größeren, wenn auch punktuellen, oft zeitlich befristeten Sozialhilfeprogramme.

„Assistenzialismus" – so lautet bis heute das Schimpfwort, mit dem die Rechte in Brasilien die Sozialprogramme belegt. Und wenn die

Stimmung gelockert ist, wird auch schon mal gegen „os vagabundos" gewettert, die nicht arbeiten und „von unserem Geld leben", wobei gern übersehen wird, dass es oft einfach keine Arbeit gibt oder nur zu ausbeuterischen Bedingungen. Allerdings bezeichnete die Vokabel ursprünglich die Vergabe bestimmter, auch sozialer Leistungen, im Tausch gegen Wählerstimmen. Also der Fall des Politikers, der mit Zahnarzt und Dentallabor im Schlepptau Wahlkampf auf dem Land führt. Oder Freibier, Ziegel, Wassertanks verteilt.

Bei „Bolsa Familia" bestehen solche Abhängigkeiten nicht. Zwar verdanken Lula und Dilma Rousseff ihre Wahlsiege zum Teil den Bolsa-Familia-Empfängern. Aber die haben eben gemäß ihren Interessen gewählt, wie das jeder tut. Hätte die Rechte gewonnen, würde man der Auto- oder Bauindustrie ja auch nicht unterstellen, sie sei durch Assistenzialismus geködert worden.

Bolsa Familia ist zwar kein von der Verfassung verbrieftes Recht, insofern ist seine Zahlung formal Gegenstand von Regierungs- und nicht Staatspolitik. In der Praxis allerdings wird es sich auch eine Rechtsregierung politisch nicht leisten können – und wollen –, das Programm zu streichen. Zumal es billig ist: Bescheidene 0,46 Prozent des Bruttoinlandsproduktes hat es 2012 gekostet.

Der Beitrag der Regierung Lula zur sozialen Gerechtigkeit geht aber – und das ist womöglich noch revolutionärer – über Bolsa Familia hinaus. Denn es gelang, den Binnenmarkt für Massenkonsumgüter auszuweiten. Im armen Nordosten freuten sich die Ladenbesitzer schon 2003 über neue Umsätze – Folge des staatlichen Transfers an die Armen, der die lokalen Ökonomien belebte.

Als Lula vor drei Jahren in den Vereinigten Staaten der World Food Price verliehen wurde, amüsierte er sich mit der Gewissheit des erfolgreichen Politikers über seine Gegner, die ihm vorgeworfen hatten, die Armen würden das Geld, das sie bekommen, doch umgehend ausgeben. Genau das sei doch das Ziel, erklärte Lula dem Publikum. Denn für die Wirtschaft sei es alleweil sinnvoll, wenn sie Lebensmittel oder Kühlschränke kaufen würden.

Von 2004 an wurde der Massenkonsum in ganz Brasilien zu einem der Faktoren, die die Volkswirtschaft dynamisierten. Ausgelöst wurde das natürlich nicht in erster Linie durch die bescheidenen Bolsa-Familia-Mittel. Auch der Mindestlohn, der eine wichtige Bemessungsgrenze für andere Zahlungen wie Pensionen ist, stieg. Er wurde von 2002 bis 2013 um immerhin 75 Prozent angehoben.

Die gute Weltkonjunktur, die rege Nachfrage nach Brasiliens Rohstoffen und Industriegütern, ein in Infrastruktur und Soziales investierender, an Entwicklungszielen orientierter Staatsapparat – das waren die Voraussetzungen für höhere Einkommen und einen Arbeitsmarkt, der offiziell fast Vollbeschäftigung erreichte. Kredite wurden billiger – die Brasilianer gingen einkaufen wie selten zuvor in der Geschichte.

Seit 2011 allerdings ist die Konjunktur ins Stocken geraten – eine Krise des Modells? Kritiker werfen der Regierung mangelnde Haushaltsdisziplin vor, tatsächlich grassiert die Korruption in Staatsbetrieben wie dem Ölkonzern Petrobras. Die Haushalte sind verschuldet, was die Möglichkeiten erschöpft, Wachstum durch Massenkonsum zu erzeugen – selbst Steuernachlässe, etwa auf Autos, wirken immer weniger als Kaufanreiz.

Aber der wichtigste Grund für die trübe Stimmung ist zurzeit wohl die Konjunktur im Ausland. Allein 2014 ist der Preis des Eisenerzes um 42 Prozent gefallen, weil China nicht mehr so schnell wächst. Im Oktober 2014 hat Brasilien 40 Prozent weniger Fahrzeuge nach Argentinien exportiert als ein Jahr zuvor, wegen der Krise dort.

Wie Willkommenskultur aussehen müsste

Ein Gastbeitrag von Migrationsforscher Klaus J. Bade

Die Programmierung von Willkommenskultur beginnt zu einer Willkommensindustrie zu werden. Alle reden von „Willkommenskultur" – die Integrationsbeauftragten auf kommunaler, Länder- und Bundesebene, das Bundesamt für Migration und Flüchtlinge, Unternehmen und Unternehmerverbände, Stiftungen und private Agenturen, die dazu ihre „Werkzeugkoffer für Willkommenskultur" anpreisen.

Willkommenskultur gegenüber Neuzuwanderern predigen heute in salbungsvollem Vokabular auch Politiker, deren Parteien sich jahrzehntelang überboten haben mit schrillen Warnungen vor Zuwanderung. Abwehrbereitschaft wurde beschworen gegenüber den vermeintlich andrängenden „Sozialschmarotzern" aller Länder. Die hätten es abgesehen auf das vermeintliche Sozialparadies in der Mitte Europas, besonders geeignet für ausländische Faultiere im üppigen Baum des deutschen Wohlfahrtsstaates.

Das waren oft giftig populistische, mitunter auch sozial- und kulturrassistische Saatbeete für schnellwüchsige und nachhaltige Fremdenfeindlichkeit. In ihrer Folge erleben wir heute bereichsweise den Durchbruch von offenem Rassismus gegenüber Muslimen, Juden, Roma, aber auch Flüchtlingen und Asylsuchenden.

Und jetzt plötzlich „Willkommenskultur"? Schauen wir genauer hin: Im Rechtsrahmen hat sich seit dem Zuwanderungsgesetz von 2005 Grundlegendes geändert. Aus dem griesgrämigen „Zuwanderungsland" mit Anwerbestopp als Regel und Zuwanderung als Ausnahme ist ein offenes Einwanderungsland geworden. Es versteht sich auch selber so und verfügt heute über eines der liberalsten Zuwanderungssysteme, vom prekären Asylrecht abgesehen. Und auf die große Torte hat der politische Konditor mit der Sahnespritze das Wort „Willkommen" gemalt. Willkommenskultur wird dabei oft als Allheilmittel für Probleme der sich entfaltenden Einwanderungsgesellschaft verstanden. In Wahrheit handelt es sich meist nur um

Willkommenstechnik. Es geht darum, qualifizierte Zuwanderer als Einwanderer auf Dauer zu bekommen. Sie sollen den wachsenden Druck des demografischen Wandels auf Arbeitsmarkt und Sozialsysteme abfedern.

In Sachen Willkommenstechnik gibt es die vielfältigsten Konzepte und Initiativen für Unternehmen, Ausländerbehörden und Kommunalverwaltungen. Sie sind hilfreich, aber kein Ersatz für Inklusionspolitik im Sinne einer teilhabeorientierten Gesellschaftspolitik als Fundament für Willkommenskultur. Gelebte Willkommenskultur muss mehr sein als eine nette Verbindung von attraktiver Außenwerbung und freundlichen Begrüßungsritualen im aufgeklärten Eigeninteresse an möglichst qualifizierten Neuzuwanderern. Denn das wäre nichts anderes als jene Willkommenstechnik, die von PR-Agenturen angeboten wird.

Das Gleiche gilt für die neuerdings viel beschworene Anerkennung. Gemeint ist damit meist, im Sinne des Anerkennungsgesetzes zur Fachkräftesicherung von 2012, die Anerkennung des von Migranten mitgebrachten sozialen und kulturellen Kapitals. Im engsten Sinne geht es um die Anerkennung ihrer formalen Abschlüsse und beruflichen Erfahrungen. Auch das ist wichtig und nötig, für sich allein aber nur Anerkennungstechnik und noch keine Anerkennungskultur; denn die darf kein qualifikationsorientiertes Selektionsprogramm sein.

Im Gegensatz zu Willkommens- und Anerkennungstechnik am Hauseingang müssen Anerkennungs- und Willkommenskultur auch das Innenleben im gesellschaftlichen Haus verändern. Das betrifft den Umgang mit der schon seit Generationen im Land lebenden Einwandererbevölkerung, auch wenn sie zum Beispiel muslimisch-türkischer Herkunft ist. Gäbe es schon die viel gerühmte Willkommenskultur auch im Inneren und nicht nur Willkommenstechnik in der plakativen Außenwerbung und am Hauseingang, dann würden nicht so viele hier ausgebildete Qualifizierte und Hochqualifizierte mit türkischem Migrationshintergrund an Auswanderung in die fremde Heimat ihrer Eltern denken. Sie werden wegen ihrer schon am Namen ablesbaren Herkunft bei der Jobsuche nach wie vor benachteiligt.

Damit nicht genug: In einer schon mehrere Generationen von Einwanderern umfassenden Gesellschaft kann es nicht mehr nur um die

Inklusion von Migranten gehen. Es geht um eine teilhabeorientierte Gesellschaftspolitik für alle, ob nun mit oder ohne den sogenannten Migrationshintergrund, der Einwanderern in diesem Land anhaftet wie ein erbliches Vorstrafenregister. Auch die Mehrheitsbevölkerung muss gesellschaftspolitisch begleitend einbezogen werden im eigendynamischen und unübersichtlichen Wandel zur Einwanderungsgesellschaft. Sonst wächst trotz zunehmender Akzeptanz von Zuwanderung die Zahl derer, die sich als Fremde im eigenen Land übergangen fühlen und sich aggressiv gegen „Überfremdung" wenden. Deshalb brauchen wir eine für alle tragfähige Inklusionsdefinition. Sie könnte lauten: Inklusion ist messbar am Grad der Teilhabe an den zentralen Bereichen des gesellschaftlichen Lebens. Die reichen von der vorschulischen Erziehung über Bildung, Ausbildung und Teilhabe am Arbeitsmarkt sowie an den sozialen und rechtlichen Schutzsystemen bis hin zur politischen Teilhabe, die vom rechtlichen Status abhängig ist. Inklusionsförderung wäre dann das Streben nach möglichst chancengleichen Teilhabeangeboten für alle, unabhängig von der sozialen, kulturellen oder ethnischen Herkunft. Es geht nicht um die Illusion gleicher Teilhabe, sondern um das Streben nach möglichst gleichen Teilhabechancen. Erst das böte eine tragfähige Basis für Willkommenskultur.

Über Behördenreformen und Diversity-Konzepte für Unternehmen hinaus ist der Weg zur gelebten Willkommenskultur also noch weit. Eine bloß appellative Willkommenskultur mit einem Mix von kommunikativen Anerkennungs- und Willkommenstechniken ist kein Ersatz für teilhabeorientierte Gesellschaftspolitik und eher ein aktueller Beitrag zum alten Märchen von des Kaisers neuen Kleidern.

Klaus J. Bade ist Mitgründer des Osnabrücker Instituts für Migrationsforschung und Interkulturelle Studien und Publizist.

231

Mehr Scharia wagen

Ein Gastbeitrag von Klaus von Stosch und Idris Nassery

Nahezu unbemerkt von der westlichen Öffentlichkeit machte im August 2014 eine Studie der Universität Teheran im Iran Furore. Darin werden alle Länder der Welt daraufhin untersucht, wo die Scharia am besten realisiert ist. Das Ergebnis: Den ersten Platz hat Neuseeland inne, gefolgt von Luxemburg und den skandinavischen Ländern. Das erste islamische Land auf dieser Liste ist Malaysia auf Platz 38, weitere islamische Staaten folgen erst ab Platz 138 und der angeblich muslimische Gottesstaat Iran selbst ist weit abgeschlagen auf Rang 163. Wie ist das möglich? Wie kann es sein, dass aus dem Blickwinkel der Scharia westliche Länder mit einer mehrheitlich christlichen Bevölkerung muslimischer sind als Länder, die fast ausschließlich von Muslimen bewohnt sind?

Es ist nicht einfach, solche Fragen zu stellen, ohne entsetzte Reaktionen zu provozieren. Denn leider scheinen die meisten Menschen in Deutschland bei Scharia nur an archaische Körperstrafen, Frauenunterdrückung und Religionsdiktatur zu denken – eine Situation, zu der leider auch Muslime beigetragen haben. Nicht zuletzt durch die terroristischen Attentate vom 11. September 2001 avancierte das Wort Scharia in westlichen Ländern zum Gegenpol des Rechts säkularer Rechtsstaaten und ihrer Menschrechtsvorstellungen. Die Gräueltaten des sogenannten Islamischen Staates tun ihr übriges, um dieses negative Bild zu verfestigen.

All das führt nicht nur zur Ablehnung und Angst vor der Scharia, sondern zu einer generellen Skepsis gegenüber allem, was wir als islamisch erachten. Doch ein solches Verständnis greift nur einen winzigen Teil dessen heraus, worum es in der Scharia eigentlich geht und schließt sich hier auch noch den Interpretationen wenig gebildeter Extremisten an.

Was also ist die Scharia? Der Begriff geht auf den Koran zurück (Sure 45, Vers 18) und meint wörtlich „der von Gott gebahnte Weg" bzw. „der Weg zur Quelle". Zugleich steht die Scharia als Fachbegriff für die gesamte islamische Werte-, Normen- und Rechtslehre einschließlich ihrer Methodologie. Unterschieden werden muss dabei zwischen den „gottesdienstlichen Handlungen" einerseits und Normen der „zwischenmenschlichen Beziehungen" auf der anderen Seite. Anders als die religionspraktischen Vorschriften (zu Gebet, Fasten etc.) sind diese rechtlichen Normen nicht ein für alle Mal festgesetzt, sondern sie unterliegen, als positives Recht, stets der Interpretation und dem Verständnis der Menschen. Dies bedeutet, dass sie grundsätzlich immer modifizierbar und sogar verhandelbar sind und für jede Zeit neu formuliert werden müssen.

Doch wie kann diese neue Formulierung aussehen? Woher weiß ich, ob die traditionellen Körperstrafen oder das Familienrecht immer noch so anzuwenden sind wie in der Zeit der ersten Muslime? Um derartige Fragen zu beantworten, entwickelte sich im Islam u.a. bereits seit der klassischen Zeit die wissenschaftliche Erforschung der sog. Maqasid al-Scharia, der Zwecke bzw. Ziele der Scharia. Um sie ist in der gegenwärtigen islamischen Rechtswissenschaft eine intensive Debatte entstanden, die versucht, die traditionellen Zielformulierungen entsprechend ihrem ursprünglichen Sinn neu zu bestimmen.

Folgt man der traditionellen Bestimmung der Ziele der Scharia bei dem berühmten, im Jahr 1111 verstorbenen muslimischen Theologen al-Gazali, dann kann man fünf verschiedene Güter unterscheiden, die durch die Maqasid zu schützen sind: Glaube, Leben, Vernunft, Nachkommenschaft und Eigentum. Bei allen fünf Gütern hat sich die aktuelle innerislamische Wissenschaftsdebatte entscheidend verschoben.

So ging es beim ersten Ziel ursprünglich darum, die Religion zu schützen – ein Grundsatz, der etwa zur schweren Bestrafung des Glaubensabfalls führen kann, wenn man vor allem an die Idee der einen wahren Religion denkt. Heute wird der Grundsatz zunehmend so verstanden, dass die Religionsfreiheit zu schützen ist. So entwickelt der in Kuala Lumpur lehrende und weltweit renommierte Professor für Islamisches Recht, Muhammad Hashim Kamali, seit Jahrzehnten Konzepte, wie die Scharia die rechtliche Begründung einer multiethnischen und multireligiösen Gesellschaft liefern kann.

Im viel diskutierten Fall der im Sudan zum Tode verurteilten Christin Mariam Jahia Ibrahim Ishak machte er deutlich, dass Apostasie auch nach traditionellem islamischen Recht niemals zur Todesstrafe führen kann. In Afghanistan war er Vorsitzender der Verfassungskommission von 2006 und in Malaysia hat er durch seine zahlreichen Bücher zu

Grundfreiheiten wie der Religions-, Versammlungs- und Pressefreiheit
dazu beigetragen, dass diese zu Verfassungsgütern wurden.

Der Schutz des zweiten Gutes, des Lebens, wurde traditionell eng
mit dem Schutz der Ehre des Menschen verbunden – allerdings nie so
weit, dass Ehrenmorde muslimisch gerechtfertigt werden könnten.
Heute wird der Grundsatz im Sinne des Schutzes der Menschenrechte und der gleichberechtigten Menschenwürde von Mann und Frau
verstanden – etwa vom sudanesischen Juristen Abdullahi An-Na'im.

Konzentrierte man sich traditionell beim Schutz der Vernunft auf
die Bewahrung des Verstandes vor Alkohol und anderen Rauschmit-
teln, geht es den muslimischen Gelehrten heute vordringlich um die
Verbreitung wissenschaftlichen Denkens – auch um auf diese Weise
den katastrophalen „brain drain" aus den muslimischen Ländern zu
stoppen. Und aus dem traditionellen Schutz der Aufforderung zum
Kinderreichtum wurde in einigen Ländern eine grundlegende Famili-
enorientierung der gesamten Politik, die sich auch für Frauenrechte
einsetzt – nicht zuletzt durch das Engagement islamischer feministi-
scher Theologinnen wie Kecia Ali in Boston.

Schließlich wird das fünfte Gut, der Schutz des Eigentums, heute
durch einen geweiteten Wachstumsbegriff als Propagierung einer hu-
maneren Fortentwicklung verstanden, wie sie etwa der Human Development Index (HDI) erfasst. Vertreter dieses Ansatzes sind etwa
Habi Ahmed in Durham und Jasser Auda in Doha/Katar.

Auda ist einer der bekanntesten Gelehrten in der Debatte um die
Ziele der Scharia. Er sieht mit vielen anderen muslimischen Gelehrten die Maqasid als eines der wichtigsten intellektuellen Mittel, um
den Islam aus der Mitte seiner eigenen Quellen und Schultradition
heraus zu erneuern. Als wichtigstes Hindernis sieht er dabei die Willkür an, mit der zukunftsweisende Koranverse in der Tradition umin-
terpretiert wurden. Deshalb kommt aus seiner Sicht alles darauf an,
sich der Forschung um die Ziele der Scharia zu widmen, um solcher
Willkür entgegentreten zu können und die normativen Texte wieder
in ihrer ganzen Breite zu lesen.

Politisch gesehen gibt es einen recht einfachen Grund dafür, warum die weltweit geführte Debatte um die Ziele der Scharia nicht zu
den emanzipatorischen Resultaten führt, die sich eigentlich vom De-
battenverlauf her nahelegen würden. Die besonders einflussreichen

arabischen Golfstaaten, die auch in diesen Tagen wieder einmal als wichtigste Verbündete des Westens im Kampf gegen islamisch verbrämten Terror auftreten, versuchen doch jede Entwicklung zu mehr Demokratie und Pluralismus im Keim zu ersticken.

Nach Kräften propagieren sie weltweit einen intellektuell anspruchslosen und gegenüber jeder kritischen Erneuerung immunen Islam, der sich durch ihren Einfluss leider immer mehr verbreitet. Denn den Regimes der Golfstaaten ist völlig klar, dass die Grundprinzipien der Scharia bestens dazu geeignet sind, die muslimischen Länder grundlegend zu reformieren und ihre Anwendung von daher geradewegs zu ihrer eigenen Entmachtung führen würde.

Die Ziele der Scharia sind aber nicht nur für die autokratischen Herrscher in muslimischen Ländern gefährlich. Sie könnten auch unsere westlichen Gesellschaften zu mehr Gerechtigkeit ermutigen. Wenn man etwa das im islamischen Diskurs so wichtige Grundrecht auf Mobilität mit unserer Flüchtlingspolitik in der Wohlstandsfestung Europa konfrontiert oder sich vergegenwärtigt, wie weit wir in Deutschland noch von einem ganzheitlichen Wachstumsbegriff entfernt sind, der Wachstum und Wohlergehen nicht auf Kosten unserer Umwelt und künftiger Generationen denkt – dann wird sofort deutlich, wie gut es uns auch in Deutschland täte, wenn die Grundsätze der Scharia besser umgesetzt würden. Immerhin ist Deutschland nicht so weit abgeschlagen im Ranking der islamischsten Länder wie die islamischen Länder selbst. Aber es ist noch viel Luft nach oben im Streben nach mehr Gerechtigkeit, und wir sollten in diesem Sinne ruhig mehr Scharia wagen.

Klaus von Stosch ist katholischer Theologieprofessor. Er leitet das Zentrum für Komparative Theologie und Kulturwissenschaften der Universität Paderborn. Sie sucht nach Gemeinsamkeiten verschiedener religiöser Überzeugungen und will auf diese Weise, so Stosch, „Pazifierungspotenziale von Religionen stärken".

Idris Nassery ist Wissenschaftlicher Mitarbeiter am Paderborner Zentrum für Komparative Theologie und Stipendiat der Mercator Stiftung. In Deutschland hat er ein Jurastudium absolviert und in Oxford, London und Johannesburg Master-Abschlüsse in Islamischem Recht erworben.

Freihandel – aber nur nach demokratischen Regeln

Ein Gastbeitrag von Andreas Fischer-Lescano

Dass die Welt gerecht eingerichtet sein soll, ist eine triviale Forderung. Kein Mensch würde für ungerechte Zustände demonstrieren. Die Forderung nach Gerechtigkeit ist billig zu haben. Die Wahlprogramme der Parteien überbieten sich mit Gerechtigkeitsforderungen: soziale Gerechtigkeit, intergenerationelle Gerechtigkeit, Umweltgerechtigkeit. Wer das einfordert, kann mit Zustimmung rechnen. Niemand will Ungerechtigkeit. Diskussionswürdig ist daher nicht, ob es gerecht zugehen soll, sondern wie – und vor allem wie wo wer darüber entscheidet, was gerecht ist. Gerechtigkeit und Demokratie sind so unmittelbar miteinander verbunden.

Radikale Gerechtigkeit: Damit wir über die Ausgestaltung der Gerechtigkeit nicht mehr autokratisch, sondern demokratisch entscheiden können, benötigen wir Verfahren. Diese müssen ermöglichen, dass unterschiedliche Weltzugänge Artikulationsmöglichkeiten haben, dass Minderheiten Mehrheit werden können, dass unterschiedliche Vorstellungen über die Ausgestaltung der Gesellschafts- und Sozialordnung miteinander ringen und dass sie gesellschaftliche Realität werden können.

Erst in ihrer auf diese gesellschaftlichen Realitäten bezogenen Kritik zeigt sich das Potenzial der Gerechtigkeit. Unkritisch verwendet kann die Rede von der Gerechtigkeit noch die empörendsten gesellschaftlichen Zustände mit dem Mäntelchen der Natur- oder Gottgegebenheit – heute auch: der Alternativlosigkeit – bedecken. Kritisch gewendet, ist die Forderung nach Gerechtigkeit der Stachel im Fleisch ungerechter Zustände. Gerechtigkeit kann radikal sein. Sie muss dafür, so hat das Walter Benjamin formuliert, auf die ungeheure Kluft hinweisen, die zwischen Recht und Gerechtigkeit existiert. Konkret wird die Forderung nach Gerechtigkeit im Widerstand gegen Unrecht da, wo sie gegen Repression sich wendet.

Globale soziale Frage: Wo diese Forderung dann geschichtlich wirksam wird, lässt sich nicht abstrakt beantworten. In der transnationalen Konstellation, in der die Unterdrückung von Prozessen der Weltwirtschaft, der Weltpolitik, des Weltsports, des Weltmilitärs usw. ausgeht, müssen wir über Gerechtigkeit anders nachdenken als im System der klassischen Nationalstaaten.

Heute können wir uns nicht mehr damit zufrieden geben, eine gerechte Verteilung des Wohlstands in Volkswirtschaften zu fordern. Die Welt hat sich verändert: Die Krisendimensionen der Weltwirtschaft, der Klima- und Ernährungskrise spielen so zusammen, dass aus der sozialen Frage eine globale soziale Frage geworden ist. Klimawandel und Welternährungskrise lassen sich national nicht lösen. Sie bedürfen globaler Antworten. Selbst der Abbau sozialer Rechte in den Nationalstaaten ist von globalen Entwicklungen abhängig. Diesen müssen wir uns stellen und die transnationale Wirtschafts- und Sozialordnung gestalten. Tun wir das nicht, überlassen wir das Terrain den transnationalen Eliten, die feine Techniken entwickelt haben, um sich nationalen Steuer- und Sozialsystemen zu entziehen und ihre globalen Gewinne zu maximieren.

Nie, so die Zahlen aus dem jüngsten Weltwohlstandsbericht, gab es so viele reiche und superreiche Menschen auf der Welt wie heute. Nie hatten diese Menschen mehr Geld angehäuft. Während die 13,7 Millionen Superreichen ein Gesamtvermögen von 38,7 Billionen Euro für sich arbeiten lassen, leben weltweit 842 Millionen Menschen in Hunger, sterben jährlich 2,9 Millionen Kinder an Unterernährung. Während die Deutsche Bank AG allein im Jahr 2013 einen Gewinn von 2,1 Milliarden Euro vor Steuern einstreicht, leiden die Länder an den Peripherien Europas unter einer Austeritätspolitik, die Millionen Menschen in die Arbeits- und Hoffnungslosigkeit geführt hat.

Ungerechtes Ceta: Diese empörenden Missverhältnisse lassen sich in nationalen Schemata nicht mehr verstehen und auch nicht mehr lösen. Natürlich macht es einen Unterschied, ob es in Deutschland ein Mindestlohngesetz gibt oder nicht. Aber das Lohnniveau wäre auch in Deutschland höher, wenn kik, Nestlé und Deutsche Bank ihr Geld nicht dadurch vermehren könnten, dass sie im Ausland Menschenrechtsverletzungen begehen.

Während aber die Global Player der Weltwirtschaft ihre Strategien der Gewinnoptimierung längst global ausrichten und durch komplizierte Rechtskonstruktionen absichern, gibt es eine transnationale

Rechtspolitik, die die Kräfteverhältnisse im Hinblick auf die globale
soziale Frage verschieben würde, bestenfalls im Ansatz.

Die Diskussionen um die Freihandelsabkommen der EU mit Ka-
nada (Ceta) und den USA (TTIP) sind hierfür ein gutes Beispiel.
Die beiden Abkommen fügen sich in ein Netz bilateraler Investiti-
onsschutzabkommen. Die Liberalisierung von Dienstleistungen und
Handel sowie der Schutz direkter und indirekter Investitionen durch
transnationale Schiedsverfahren in den Abkommen sichern aber
allzu einseitig die Interessen des global flottierenden Kapitals. So-
zialstandards, Menschenrechte, Umwelt-, Arbeits- und Gesundheits-
anforderungen werden in dieser Logik zu Handelshemmnissen. Um
Menschen- und Umweltrechten zur Durchsetzung zu verhelfen, wird
es aber nicht hinreichend sein, ein paar kosmetische Änderungen an
den Vertragstexten vorzunehmen. Man muss die Struktur der Ver-
tragswerke grundlegend verändern. Tut man dies nicht, wird selbst
eine Klausel, die die Abkommen an die Menschenrechte bindet, im
Mühlwerk der neoliberalen Institutionen zermahlen werden: Die
transnationalen Schiedsgerichte werden die Menschenrechte zu blo-
ßer Lyrik erklären und der Wirtschaftslogik nachordnen. Die in den
Freihandelsverträgen eingerichteten Regulierungsräte werden ein-
schränkende Vorgaben machen usw.

Kampf um globale soziale Rechte: Wir werden die institutionelle
Struktur der Freihandelsverträge verändern müssen, wenn wir der
Gefahr, die diesen Verträgen innewohnt, begegnen wollen. Um zwei
Beispiele zu nennen: 1. Es darf keine globale Paralleljustiz geben,
die unabhängig von verfassungs- und europarechtlichen Anforderungen die Investitionen schützt. Rechtsstaaten, die in ein internatio-
nales Netz von Gerichtshöfen eingebettet sind, dürfen und müssen
die rechtsprechende Gewalt nicht in dieser Weise outsourcen. 2. Die
Parlamente müssen in den Vollzug der Verträge einbezogen werden.
Das Ceta ermächtigt derzeit Regelungsausschüsse, die aus Exeku-
tivvertretern gebildet sind, das Abkommen weiterzuentwickeln und
beispielsweise neue Regelungsmaterien in das Abkommen einzubeziehen. Das entzieht den Geltungsbereich des Abkommens demokratischer Kontrolle.

Die Demokratisierung und Repolitisierung der Weltwirtschaftsord-
nung muss sich in der Umgestaltung der Institutionen widerspiegeln.

Das setzt voraus, dass wir die institutionelle Privilegierung des globalen Eigentumschutzes beenden. Auch transnationale Unternehmen und internationale Organisationen werden sich zukünftig rechtlich und politisch verantworten müssen, wenn sie demokratische und menschenrechtliche Standards verletzen. Zu diesen gehören auch die Normen des UN-Sozialpaktes und der Europäischen Sozialcharta. Durch die Ratifikation der Zusatzprotokolle zu diesen Abkommen, die die Einlegung von Individual- bzw. Kollektivbeschwerden ermöglichen, könnte man sie nachhaltig aufwerten.

Der Kampf um globale soziale Rechte darf nicht dabei stehen bleiben, der globalen Ökonomisierung ein soziales Antlitz zu geben. Eine gerechte Wirtschafts- und Sozialordnung auf der globalen Ebene ist nur möglich, wenn wir Institutionen schaffen und stärken, die sicherstellen, dass Sozial- und Wirtschaftsordnung als solche zur demokratischen Disposition steht.

Andreas Fischer-Lescano ist Professor und Studiendekan des Fachbereichs Rechtswissenschaft an der Uni Bremen. Einer seiner Forschungsschwerpunkte ist Staatlichkeit im Wandel.

„Welche Ungleichheit wollen wir eigentlich?"

Ein Gespräch mit Stefan Liebig

Stefan Liebig ist Soziologe und Professor für Soziale Ungleichheit und Sozialstrukturanalyse an der Universität Bielefeld. Er ist seit 2007 Forschungsprofessor am Deutschen Institut für Wirtschaftsforschung (DIW) in Berlin. Einer seiner Forschungsschwerpunkte ist die empirische Gerechtigkeitsforschung.

Herr Liebig, seit einigen Jahren gibt es Protestbewegungen wie Attac oder Occupy, die die wachsende materielle Ungerechtigkeit auf der Welt scharf kritisieren. Warum schaffen sie es nicht, so viel politischen Druck aufzubauen, dass sich etwas ändert?
Diese Bewegungen werden ja zunächst einmal von einer bestimmten Gruppe von Personen getragen. Es sind zumeist Gebildete, die sich mit den jeweiligen Verhältnissen intensiv auseinandersetzen und sich aufgrund eines so gewonnenen Ungerechtigkeitsempfindens engagieren. Damit derartige Bewegungen in einer Demokratie aber tatsächlich politischen Druck aufbauen können, müssen sie Mehrheiten mobilisieren. Bei Stuttgart 21 hat man das beobachten können, aber auch bei den Montagsdemonstrationen in Leipzig 1989. Entscheidend ist dabei, ob diese Gruppen auf ein breiteres, in anderen Bevölkerungsgruppen bestehendes Ungerechtigkeitsempfinden bauen können und diese dann auch für ihre Ziele oder ihr Engagement motivieren können. Es sind also zwei Hürden zu nehmen: Erstens, ob auch andere in der Gesellschaft die jeweiligen Verhältnisse als ungerecht empfinden und zweitens, ob diese dann auch bereit sind, sich der Bewegung anzuschließen und politisch aktiv zu werden.

Woran könnte das scheitern?
Einmal natürlich daran, dass ein Ungerechtigkeitsempfinden nicht geteilt wird. Es ist einfach so, dass die Menschen unterschiedliche Gerechtigkeitsvorstellungen haben. Für manche ist eben das, wogegen sich Attac oder Occupy wenden, überhaupt nicht ungerecht.

240

Zum anderen folgt aus einem Ungerechtigkeitsempfinden nicht notwendigerweise politisches Engagement. Eine berühmte Studie hat das schon in den 1930er Jahren verdeutlicht. Damals befragten und beobachteten Maria Jahoda und Paul Lazarsfeld mit ihren Kollegen die Bewohner eines kleinen Ortes in Österreich über ihr Leben in der Arbeitslosigkeit, die Mehrzahl der Einwohner von Marienthal war nämlich arbeitslos geworden, nachdem der einzige Arbeitgeber vor Ort geschlossen hatte. Die Forscher wollten wissen, wie sich die Arbeitslosigkeit und das damit verbundene Ungerechtigkeitsempfinden auf den Alltag der Menschen auswirkt. Und schon damals konnte man zeigen, dass die Erfahrung von Arbeitslosigkeit und Ungerechtigkeit nicht dazu führte, dass die Leute aktiviert wurden, sondern eher dazu geführt hatte, dass sich die Menschen in ihr Schicksal gefügt hatten, ganz fatalistisch.

Die Studie ist 80 Jahre alt. Lähmt dieser Fatalismus trotz Aufklärung, breiterer und besserer Bildung immer noch die Masse?
So ist es. Es lässt sich immer noch zeigen, dass Menschen sich für ihre Schicksalsschläge wie Arbeitslosigkeit selbst verantwortlich machen. Nicht das System, innerhalb dessen sich unser Leben abspielt, wird verantwortlich gemacht, sondern die individuelle Person. Insbesondere diejenigen, die eine Beschäftigung haben, neigen zu dieser Sicht. Das liegt auch daran, dass wir es zunehmend als wichtig ansehen, dass jeder Einzelne für sein Schicksal selbst verantwortlich ist und dass die individuelle Leistung zählt. Je höher dieses Leistungsprinzip anerkannt ist, umso eher werden Menschen für ihre persönliche Situation auch selbst verantwortlich gemacht.

Könnte man dieses Denkgebäude, das eine Gesellschaft pflegt, auch als ein Herrschaftsinstrument begreifen?
Das kann man durchaus so sehen. Doch braucht Herrschaft immer auch die Zustimmung der Beherrschten. Und wenn wir uns die Geschichte anschauen, so hat dieses Leistungsprinzip ja auch für die Beherrschten durchaus positive Konsequenzen. Es ist ja auch eine wesentliche Triebfeder für den gesellschaftlichen und wirtschaftlichen Fortschritt – und davon profitieren wir ja gerade in Deutschland in ganz besonderer Weise.

Sie beschäftigen sich auch mit der „Legitimation von Ungleichheit", so heißt eines Ihrer Projekte. Was legitimiert denn eine ungerechte Gesellschaft?

Die Frage ist dabei nicht, was eine ungerechte Gesellschaft legitimiert, sondern wie Ungleichheiten legitimiert werden. Ungleichheit und Gerechtigkeit sind zwei unterschiedliche Dinge. Die werden zwar immer in einem Atemzug genannt, weil man davon ausgeht, dass Gleichheit gerecht ist. Das ist aber nicht immer richtig. Denn auch Gleichheit kann ungerecht sein. Etwa dann, wenn diejenigen, die sich für etwas ganz besonders engagieren, viel Mühe aufwenden und Entsagungen in Kauf nehmen, am Ende die gleichen Belohnungen erhalten, wie diejenigen, die überhaupt nichts getan haben. In dem Fall werden gleiche Belohnungen als höchst ungerecht wahrgenommen. Es gibt – und auch hier finden wir zahlreiche Beispiele aus der Geschichte – viele Versuche, Gleichheit in einer Gesellschaft herzustellen, die eben am Ende nur Ungerechtigkeiten produziert haben. Denken sie an die chinesische Kulturrevolution oder auch das, was in den sozialistischen Staaten in der zweiten Hälfte des 20. Jahrhunderts geschehen ist.

Gleiche Bildungschancen würden Sie jetzt aber nicht als ungerecht bezeichnen, oder?

Auch die Forderung nach absoluter Chancengleichheit in der Bildung ist letztlich nicht realisierbar, weil sie dann den Einfluss des Elternhauses komplett ausschalten und die Kinder aus den Familien nehmen müssten. Deshalb sollten wir eher darüber reden, welche Ungleichheiten wir für richtig und notwendig halten, welche Begründungen überzeugend sind und in welchem Ausmaß Ungleichheiten eben gerecht sind. Und dies ganz besonders auch im Bildungsbereich.

Warum ausgerechnet in der Bildung?

Gerade hier haben wir ja auch Fortschritte im Abbau von herkunftsbedingten Ungleichheiten erzielt – zumindest bis zum Abitur sind die Unterschiede zwischen Kindern aus sogenannten bildungsfernen und bildungsnahen Familien deutlich zurückgegangen. Wir beobachten aber auch, dass hier neue Ungleichheiten aufgebaut werden – wenn etwa gerade Mittelschichtseltern ihre Kinder zunehmend in

Privatschulen schicken, um ihnen eine bessere Bildung zuteilwerden zu lassen. Es wäre sicherlich aus der Sicht dieser Eltern höchst ungerecht, wenn man ihnen dies verbieten würde.

Was treibt die Mittelschicht dazu, ihre Kinder auf Privatschulen zu schicken – die Angst vor einem ökonomischen Abstieg oder eher der Wunsch nach guter Entwicklung des Kindes?
Sicherlich beides. Aber die Angst vor einem Abstieg ist sicherlich ein sehr starkes Motiv. Die Angst, etwas zu verlieren, ist eine sehr starke Triebfeder. Sie ist besonders in der Mittelschicht zu finden, weil sie sich über den Status sehr stark definiert. Andere Forscher verweisen darauf, dass in dieser Schicht viele Menschen beständig mit der Angst leben, abzusteigen.

Wie wirkt sich diese Angst aus, wenn es um soziales Engagement für mehr Gerechtigkeit geht? Macht sie uns zu Egoisten?
Ich glaube, dass wir Menschen sowieso Egoisten sind. Auch unser Engagement für Gerechtigkeit ist mit dem Wunsch verbunden, uns dadurch Vorteile zu verschaffen. Entweder weil wir dadurch materielle Zugewinne erwarten können, weil wir in einer Welt leben möchten, in der unsere Anstrengungen auch belohnt werden und andere sich nicht auf unsere Kosten bereichern sollen, oder weil wir für unser Engagement für die Gemeinschaft von anderen Anerkennung erhalten wollen.

Aber die Erkenntnis, dass es in einer gerechteren Gesellschaft eher zu weniger Gewalt und Kriminalität kommt, die müsste doch zu sozialerem Denken und Handeln führen.
Dafür sind viele auch bereit, bestimmte Abschläge des Einkommens zur Verfügung zu stellen. Aber das hängt eben wieder damit zusammen, dass wir die Erwartung haben, dass wir dafür etwas bekommen, wie zum Beispiel mehr Sicherheit.

Und trotzdem gelingt es Bewegungen wie Occupy Wallstreet oder Attac nicht, nachhaltig zu mobilisieren.
Man weiß, dass Revolutionen bestimmte Phasen durchlaufen. Es gibt zum Beispiel intensive Analysen der Montagsdemonstrationen von

1989 in Leipzig, aus denen deutlich wird, dass diese Bewegung unterschiedliche Phasen hatte. Und in diesen unterschiedlichen Phasen tragen unterschiedliche Personengruppen die Proteste. Häufig sind es moralisch sehr integre Personen, die etwas als sehr ungerecht empfinden und die Proteste initiieren. Und damit eine Bewegung größer wird, müssen andere Menschen mitgezogen werden. Oft sind auch die, die am Anfang dabei sind, später nicht mehr in politischer Funktion. Wenn also eine breite Bewegung gegen die Ungerechtigkeit entstehen soll, dann muss eine breite Masse dieses Ungerechtigkeitsgefühl auch teilen. Und das scheint wohl bei Occupy Wallstreet nicht der Fall zu sein. Deren Themen beschäftigen viele Menschen in ihrem Alltag eben nicht.

In Deutschland konzentriert sich der Wohlstand immer stärker in den Händen weniger, das ist mittlerweile Allgemeinwissen. Widerstand dagegen gibt es aber kaum, können Sie das erklären?
Seit 2005 fragen wir regelmäßig 10.000 bis 15.000 Menschen, wie gerecht sie ihr Erwerbseinkommen empfinden. Es zeigt sich, dass zwei Drittel konstant ihr Einkommen als gerecht einschätzen. Die Daten zeigen, dass der Glaube, dass die Einkommen ungerecht sind, eher von einer Minderheit wahrgenommen wird. Wir haben auch Daten über die vergangenen 30 Jahre zu der Frage, ob man in Deutschland ein gutes Leben führen kann. Die Meinung verändert sich im Prinzip nicht: 1984 sagten 91 Prozent, dass man in Deutschland gut leben kann. 2008 waren es 88 Prozent. Andererseits glauben auch heute mehr Menschen, dass die Unterschiede in Deutschland wachsen. Doch das schlägt auf die Gesamtmeinung nicht durch. Meiner Meinung nach liegt darin auch der Schlüssel für die Diskussion. Wenn die Mehrheit denkt, dass ihr Leben eigentlich gut so ist, wie es ist, dann können solche eher an abstrakten Themen orientierten Bewegungen wenig mobilisieren.

Jeder möchte ein Leben in Wohlstand, aber Sie sagen, das Thema sei zu abstrakt, um die Menschen anzusprechen?
Ja, aber Wohlstand bedeutet ja nicht Gleichheit! Eine gleiche Gesellschaft muss nicht – und das wissen wir ja nun heute besser als vor 100 Jahren – allen ausreichend Wohlstand gewähren. Und ich

bezweifele auch, dass die Menschen Gleichheit wollen. Sehen Sie sich den Wahlkampf der letzten Bundestagswahl an, die Linke hatte damals groß plakatiert: Reichtum für alle. Es war eine ganz klare Message, Gleichheit von Einkommen, Reduktion von Ungleichheit – eine politische Option für die Bürger gibt es also. Aber wenn Sie mal anschauen, wie viele Menschen die Linke wählen, dann ist klar, dass es dafür keine Mehrheiten gibt.

Was ist falsch an dieser Message?
Ich bin überzeugt, dass die Vorstellung, dass eine Gesellschaft gleich sein soll, sicher nicht das ist, was viele Menschen sich vorstellen. Hierbei spielt das Bedürfnis nach Einzigartigkeit eine große Rolle, sich von anderen zu unterscheiden und der Wunsch nach Status. Status bedeutet nun einmal, dass es ein „höher" und „niedriger" – eben Ungleichheit – gibt. Es scheint eine menschliche Disposition zu sein. Individualität ist wichtig und die drückt sich auch darin aus, dass der eine mehr hat und der andere weniger. Ein gewisses Ausmaß an Ungleichheit ist durchaus gewünscht, Extreme dagegen nicht. Und wenn sie die Ungleichheitsstrukturen in Deutschland mit denen in anderen Regionen der Welt vergleichen, dann muss man sagen, dass wir hier auf einer Insel der Seligen sind. Armut in Bangladesch ist eine ganz andere Armut als hier. Bevor wir also beständig Ungleichheiten als ungerecht bezeichnen und dabei Gleichheit im Kopf haben, sollten wir eher darüber reden, welche Ungleichheiten wir wollen, welche unvermeidbar sind und welche eigentlich gerecht sind.

Das Interview führte Viktor Funk

Herausgeber

Bascha Mika, langjährige Chefredakteurin der taz, hat seit April 2014 gemeinsam mit Arnd Festerling die redaktionelle Leitung der Frankfurter Rundschau übernommen. Sie hat vielfältig zu gesellschaftspolitischen Themen veröffentlicht, für Aufsehen sorgte unter anderem ihre Biografie über Alice Schwarzer (1998).

Arnd Festerling, seit Juli 2012 Chefredakteur der Frankfurter Rundschau, übte in verschiedenen Ressorts leitende Funktionen aus, darunter acht Jahre als Chef der Redaktion Politik/Wirtschaft. Zuletzt war er Leiter der Stadtredaktion Frankfurt und der Regionalredaktion Rhein-Main.

Autoren

Daniel Baumann leitet das Wirtschaftsressort.

Clemens Bomsdorf beobachtet die Entwicklung im skandinavischen Raum.

Pamela Dörhöfer arbeitet im Wissen- und Bildungsressort.

Nadja Erb arbeitet im Politikressort.

Joachim Frank schreibt aus Köln über Glaubensthemen.

Viktor Funk arbeitet im Politikressort.

Mira Gajevic schrieb bis Frühjahr 2015 in Berlin über die Bundespolitik.

Steven Geyer beschäftigt sich in Berlin mit der Bundespolitik.

Claus-Jürgen Göpfert ist Lokal-Reporter.

Sabine Hamacher arbeitet im Politikressort.

Stephan Hebel schreibt für das Meinungsressort.

Stephan Kaufmann beschäftigt sich in Berlin mit Wirtschaft.

Ursula Knapp berichtet aus Karlsruhe über juristische Themen.

Kerstin Krupp schreibt für das Feuilleton aus Berlin.

Wolfgang Kunath ist Südamerika-Korrespondent.

Nina Luttmer arbeitet im Wirtschaftsressort.

Claudia Michels, im Dezember 2014 verstorben, war fast ein halbes Jahrhundert Lokal-Reporterin.

Tobias Miller ist Leiter des Wirtschaftsressorts in Berlin.

Sebastian Moll berichtet aus New York.

Peter Riesbeck beobachtet die EU-Politik in Brüssel.

Eva Roth beschäftigt sich in Berlin mit Wirtschaft.

Franziska Schubert arbeitet im Wissen- und Bildungsressort.

Tobias Schwab arbeitet im Wirtschaftsressort.

Markus Sievers berichtet aus Berlin über Wirtschaftsthemen.

Corina Silvia Socaciu schreibt im Ressort Lokales.

Timot Szent-Ivanyi schreibt in Berlin über Wirtschaft.

Joachim Wille beschäftigt sich mit Umweltthemen.